하이테크 교실 수업

챗GPT 시대 인공지능 디지털 소양을 키우는

AI 융합 교육 대학원 교수진과 선도 교사들이 직접 쓴 챗GPT, 파이썬, 엔트리, 오렌지, R, 챗봇, 구글 코랩, 구글 시트 활용 교실 수업 가이드

저자: 정대홍, 손미현, 이동준, 노동규, 김종헌, 민재식, 김성모, 전인엽

하이테크 교실 수업

챗GPT 시대 인공지능 디지털 소양을 키우는

| 초판 1쇄 인쇄 | 2023년 2월 20일
| 초판 1쇄 발행 | 2023년 3월 1일
| 저   자 | 정대홍, 손미현, 이동준, 노동규, 김종헌, 민재식, 김성모, 전인엽
| 총 괄 기 획 | 변문경
| 책 임 편 집 | 문보람, 김현
| 디   자   인 | 김민철, 오지윤, 디자인 다인
| 인   쇄 | 영신사
| 종   이 | 세종페이퍼
| 홍   보 | 박정연
| IP 제작투자 | ㈜메타유니버스 www.metauniverse.net
| 펴   낸   곳 | ㈜메타유니버스
| 유   통 | 다빈치Books
| 출 판 등 록 일 | 2021년 12월 4일
| 주   소 | 서울특별시 중구 청계천로 40, 14층 7호
                        서울특별시 마포구 월드컵북로 375, 21층 7호
| 팩   스 | 0504-393-5042
| 전   화 | 070-4458-2890
| 출판 콘텐츠 및 강연 관련 문의 | 정대홍 jeongdh@snu.ac.kr, 손미현 79algus@snu.ac.kr

하이테크 교실 수업

챗GPT 시대 인공지능 디지털 소양을 키우는

정대홍·손미현·이동준·노동규·김종헌·민재식·김성모·전인엽 저

CONTENTS

CHAPTER 07 공공 데이터의 시각화로 융합 수업하기

CHAPTER 09 ChatGPT의 의미와 융합 수업하기

CHAPTER 10 구글 인터랙티브 시트와 자동화봇을 활용한 데이터 탐구

추천사

테크놀로지는 계속 발전하고 있지만 교실은 모습이 크게 달라지지 않았습니다. 칠판 대신 프레젠테이션 기기가 추가되었을 뿐, 배우는 내용과 수업이 진행되는 방식은 여전히 30년 전 그대로입니다. 그러나 교육 전문가들은 지금이 물이 차오른 티핑 포인트(Tipping Point)라고 보고 있습니다. 인공지능이 교육을 보조할 수 있는 새로운 도구로 제시되고 있기 때문이기도 하지만, 더 결정적인 것은 어떤 지식이 중요하고 필요하며 핵심인가 하는 기존의 관점을 인공지능이 바꾸고 있기 때문이기도 합니다. 모든 분야의 문제를 해결하는 방법으로 등장한 인공지능. 미래 세대 시민들은 문제를 해결하고 의사 결정을 하기 위해 디지털 역량, 데이터 리터러시, 컴퓨팅 사고력, 인공지능을 이해하고 활용하는 능력을 갖추는 것이 중요해졌습니다. 배워야 하는 내용이 인공지능과 디지털을 도구로 활용하는 능력이기에, 배움의 방법 역시 이러한 도구를 충분히 활용해야 하며 모든 과목에서 문제를 다루는 변화된 접근법을 경험해야 합니다. 새로운 교실의 장면을 만들어내야 하는 큰 도전 과제를 풀고 있는 교사들의 앞서가는 노력의 성과가 많은 이들에게 영감이 될 수 있을 것입니다. 많은 교육 주체들이 여전히 열려 있는 이 과제를 해결하는 데 동참할 수 있게 하는 좋은 자극이 되길 바랍니다.

서울대학교 수학교육과 교수
서울대학교 AI융합교육학과 학과장
유연주

머리말

인류는 혁신적인 도구의 발명으로 문명의 큰 도약을 이루어왔지만, 21세기에 인공지능이 등장하면서 새로운 국면을 맞이하게 되었습니다. 간단한 사칙연산을 도와주는 주판, 복잡한 계산을 수행하는 계산기, 알고리즘에 따라 판단하여 행동하는 컴퓨터, 들고 다니는 컴퓨터이자 생활의 필수품인 휴대폰에 이르기까지 기계는 어디까지나 도구였을 뿐 인간의 지능과는 비교할 수 없었습니다. 그런데 인공지능 알파고는 인간 최고의 바둑 고수를 물리쳤습니다. 인간이 지닌 지적 능력의 최고 수준을 보여준다고 생각했던 바둑과 같은 지적 활동에서 인공지능이 더 뛰어난 능력을 보여준 것입니다. 최근에는 ChatGPT에 세간의 관심이 집중되고 있습니다. 거의 모든 주제에 답을 하고 에세이, 보고서, 논문 등 다양한 형태와 수준의 글을 작성합니다. 당장 교육기관에서는 평가 부정에 대한 우려가 커지는가 하면, 기존 웹 검색으로 얻은 정보는 정확성 판단 없이 우리에게 주어졌지만 ChatGPT는 공개된 모든 정보를 학습하여 답을 합니다. 검색 기술 격차 없이 누구나 대화하듯이 정보를 찾을 수 있다는 것은 놀라운 일입니다. 이미 놀라움을 지나, B2B 시장에서는 단순 문서 작업으로 대부분의 시간을 소비하는 일에 도움을 받을 수 있을 것으로 기대하는 등 큰 변화가 예측되고 있습니다.

세상은 이렇게 빨리 변해가고 적응해가고 있는데, 전통적으로 학교는 느리고 보수적입니다. 늘 해오던 교육 내용과 교육 방법으로 지금도 바삐 돌아가는 현실 속에서 새로운 기술을 다시 배우고 그 기술을 어떻게 적용해서 수업에 활용할 것인지 고민하고 연구할 틈이 없습니다. 하지만, 정부는 이미 2022 개정 교육과정을 개편하면서 디지털 역량을 모든 교과에서 키워야 할 가치로 강조하고 있으며 모든 교사의 AI·디지털 역량을 함양하기 위해서 대학원 AI융합교육학과를 신설해서 운영하는 등 많은 정책과 예산을 투입하고 있습니다. 하지만, 교육 시스템이라는 수많은 톱니바퀴의 조합이 계획적으로 잘 돌아서 각 교실에서 가르칠 수업 내용에 AI·디지털 소양이 유기적으로 융합해 학생들에게 전해지기란 정말 쉬운 일이 아닙니다. 교과마다 특성이 있고, 학교급마다 학생의 인지 수준에 차이가 있으며, 지역적 차이도 있고, 정보 교육에 대한 사회적 접근성도 차이가 나는 등 너무 많은 조건과 상황이 다릅니다. 또 선도적인 교육학자들이 좋은 교육 모델을 만들었다고 해도 그것이 선생님 각자의 손에서 쉽게 이해되고 활용되기는 쉽지 않습니다.

이 책은 그런 문제의식에서 출발했습니다. 이런 변화를 바라보고 조금 앞서 공부하고 몸소 경험하고 학교 수업에 어떻게 적용할지 고민한 교사들이 모여서 어떻게 하면 동료 교사들이 기술의 문턱을 조금이나마 쉽게 넘어서 수업과 연계하는 데 도움이 될지 논의했습니다. 그 결과로 이 책 <**챗GPT 시대 인공지능 디지털 소양을 키우는 하이테크 교실 수업**>을 기획했습니다. 이 책은 두 파트로 구성되었습니다. 첫 파트는 'AI·디지털 역량을 키우는 교실'이라는 제목으로 교실에 찾아온 변화, 교실에서 요구되는 새로운 교육 역량을 다루고, 두 번째 파트에는 11가지 수업 사례를 묶었습니다. 수업 사례는 웹 크롤링, 파이썬, 엔트리, 오렌지, R, 챗봇 등 현장에서 사용하기에 접근성이 있는 도구들을 선택하여 구성했습니다. 각 수업 사례는 도구의 소개, 따라 할 수 있는 구체적인 과정, 수업 결과물, 다른 교과의 활용 방안으로 구성했습니다. 특히, 특정 교과에만 활용할 수 있는 것이 아니라 여러 교과에서 활용할 수 있다는 가능성을 보여주려고 노력했습니다. 이 책 하나로 해결할 수 있는 것이 많지는 않을 것입니다. 하지만, 이 책을 통해서 두렵기만 하고 거부감만 느끼던 기술 활용의 문턱이 조금이나마 낮아지고, 내 수업에서도 활용이 가능하겠구나 하는 마음이 든다면 이 책이 추구하는 목적은 달성한 것으로 봅니다.

이미 변화는 시작되었습니다. 거대한 해일은 우리 앞에 밀려오고 있습니다. 이런 변화에 우리가 대응하는 방식은 여러 가지입니다. 가장 바람직하지 않은 시나리오는 그 거대한 파고를 인식하지 못하거나 시간을 놓쳐 파고에 휩쓸려가는 것입니다. 그 반대의 시나리오도 가능합니다. 미리 그 파고의 크기와 방향을 인식하고 준비해서 그 파고의 끝에 올라타 멋지게 파도를 타고 넘어가는 것입니다.

저자 일동

PART 01

AI · 디지털 역량을 키우는 교실

PART 01
들어가며

약 300년 전, 증기기관의 발명으로 시작된 산업혁명은 전기 기술이 상용화되는 2차 산업혁명기를 거쳐 컴퓨터와 인터넷 활용이 일상화된 3차 산업혁명기에까지 도달했습니다. 이 과정에서 그 변화 속도는 점점 가속화했습니다. 현재 우리는 인공지능과 사물인터넷으로 상징되는 4차 산업혁명기의 시작점에 놓여 있습니다. 지식기반사회 또는 지식정보사회라고 불리는 4차 산업혁명기는 정보통신기술(ICT)이 제조업 등 다양한 산업들과 결합하며 지금까지는 볼 수 없던 새로운 형태의 제품과 서비스, 비즈니스를 창출하고 있습니다.

4차 산업혁명에 따른 빅데이터 기반의 산업 변화, 사물인터넷을 활용한 새로운 도구의 등장, 인공지능 기술을 도입한 맞춤형 서비스 등 전에는 경험할 수 없던 변화가 우리 일상에서 일어나고 있습니다. 이런 사회 환경의 변화는 학교 교실 환경의 변화까지도 견인합니다. 특히 전 세계가 코로나 팬데믹을 겪으면서 학교에는 이전 어느 때와도 비교가 안 될 속도로 기술이 도입되고 있으며, 교사는 이 변화에 적응해야 하는 도전을 요구받고 있습니다.

사회의 변화는 기존에 요구되는 문제 해결력을 넘어 새로운 문제 해결력 및 역량 교육을 요구하고 있고, 학교에 도입된 첨단기술은 시대가 요구하는 교육 실천의 기회를 제공합니다. 그러나 그 변화 속도가 너무 빨라 학교와 교실에서 변화에 대응하는 데 어려움을 겪는 중입니다. 이에 정부에서는 2022 개정 교육과정에서 인공지능·디지털 역량을 강조하고 있으며, 전 교과 교사를 대상으로 한 인공지능·디지털 역량 강화를 위해 대학원 재교육과정을 운영하는 등 다양한 방법으로 교원 역량 강화를 지원하고 있습니다. 이번 파트에서는 변화하는 교실의 모습과 달라진 필수 역량에 대해 살펴보고자 합니다.

01 교실에 찾아온 변화

인터넷과 온라인 플랫폼 기술의 혁신과 더불어 교실 환경의 변화는 지난 10년간 꾸준히 일어났지만, 코로나19 팬데믹을 거치면서 우리 사회는 여러 측면에서 큰 변화를 겪고 있습니다. '2022 Educause Horizon Report'에서는 코로나19 팬데믹 이후 앞으로 교육에서 나타날 변화와 관련해 사회적 측면, 기술적 측면, 경제적 측면, 환경적 측면, 정치적 측면에서 살펴보고 [표 1-1-1]과 같이 고등교육에서 주요한 각각의 쟁점을 제시했습니다. 이 장에서는 사회 전반에서 일어나는 이러한 변화 속에서 특히 학교 환경의 변화와 학생에게 새로이 요구되는 역량에 대해서 정리해봅니다.

[표 1-1-1] Educause(2022)가 제시한 교육의 변화

사회적 (Social)	– 하이브리드와 온라인 학습(Hybrid and Online Learning) – 기술 기반 학습(Skill-Based Learning) – 원격 작동(Remote Work)
기술적 (Technological)	– 학습 분석학과 빅데이터(Big Data) – 교육 양식에 대한 재정의((Re)Defining Instructional Modalities) – 사이버 보안(Cyber Security)
경제적 (Economic)	– 학사 학위의 비용과 가치(Cost and Value of College Degrees) – 디지털 결제(Digital Economy) – 자금 부족(Financial Deficits)
환경적 (Environmental)	– 물리적 캠퍼스 구조(Physical Campus Structures) – 지속 가능한 발전 목표의 증가(Increase in Sustainable Development Goals) – 행성의 건강(Planetary Health)

정치적
(Political)
	– 고등교육의 불확실성을 주도하는 정치적 불안정(Political Instability Driving
	  Uncertainty in Higher Education)
	– 교육학에 영향을 미치는 정치 이데올로기(Political Ideology Impacting
	  Pedagogy)
	– 공공 자금의 감소(Decrease in Public Funding)

1. 디지털 도구의 도입

불과 몇 년 전과 비교해도 찾아볼 수 없던 디지털 온라인 도구를 활용하는 경우가 늘고 있습니다. 가장 대표적인 것이 온라인 화상회의입니다. 코로나 대유행이라는 특수한 상황에서 우리 일상에 침투한 화상회의 기술은 너무나 편리해서 수업이나 소규모 회의를 진행하는 데 불편함을 거의 느낄 수 없습니다. 또한 인터넷에 접속되는 한 지구상 어디에서나 회의를 할 수 있다는 장점이 있습니다. 이런 환경의 변화는 코로나 비대면 시기에 전국 학교에서 비대면 수업을 수행하는 데 크게 기여했고, 현재 대면 시기에는 멀리 떨어진 전문가 초청 강의나 학 외 자원 활용 수업에 활용됩니다.

정보 공유 도구의 활용도 큰 변화 중 하나입니다. 대표적인 예로 패들릿(Padlet)은 학생들이 조별이나 개별로 활동한 내용을 동료들과 서로 공유하면서 수업하는 데 매우 활발하게 쓰이고 있습니다. 비대면 상황에서 탐구 활동 등 활동 수업을 하는 데 큰 역할을 했지만, 대면 상황에서도 조별 토론을 하고 결과물을 공유하는 데 없어서는 안될 정도로 필수적이고 보편적인 역할을 하는 중입니다.

또한 보다 적극적으로 교실 수업을 지원하는 온라인 플랫폼이 다양하게 활용되고 있습니다. 예를 들면, 구글 클래스룸과 같은 학습관리시스템은 온라인과 오프라인 모든 환경에서 수업 자료를 제공하고 학생 활동 자료의 수집이 자유로우며 학생 상호 간에 실질적인 협업이 이루어지게 하는 역할을 합니다. 또 메타버스 플랫폼은 단편적인 화상강의 시스템의 한계를 벗어나서 학생들이 가상의 공간에서 창작 활동을 할 수 있도록 환경을 지원합니다. 여기에 덧붙여 요즘은 사회적 관계도 강조합니다.

예를 들어 Social VR은 가상현실 기술과 네트워크 기술을 통해 구현된 가상세계에서 이용자 간 공간과 감각 및 정보를 공유하는 콘텐츠 기반의 서비스로, 쉽게 말하면 가상현실(VR)을 이용하는 사용자가 영화 감상이나 콘서트 참석, 직장 및 게임 등 다양한 공동 작업에 상호작용하고 참여할 수 있도록 구성된 가상환경을 의미합니다. 즉, 3차원 컴퓨터 가상환경에서 사회적·심리적 몰입이 일어나게 되므로, Social VR 환경을 가상몰입환경 또는 여러 사용자 가상환경으로 부르기도 합니다. Social VR 역시 VR과 마찬가지로 헤드마운트 기기나 모바일 기기 등을 이용하여 경험할 수 있습니다. Social VR은 가상현실 기술의 중요한 애플리케이션 중 하나로, 전 세계 사용자가 실제와 유사한 환경에 함께 모여 공유하고 생산함으로써 지리적 장벽을 넘을 수 있다는 장점이 있습니다. 애플리케이션에서 주최하는 라이브 이벤트에 참여하거나 게임을 할 수 있으며, 친구와 함께 콘텐츠를 소비할 수 있고 메타 환경에서 소셜 게임을 제공하기도 합니다.

[그림 1-1-1] Social VR의 한 예시

이러한 기술과 더불어 가격이 저렴한 IoT 센서(예: 아두이노 센서, 마이크로 비트 등)를 활용하여 생활 속 데이터를 수집하거나, 공공기관에서 제공하는 공개 데이터를 활용하여 실질적 데이터에 기반한 학습을 추구하는 교수 학습 방법의 변화도 이전에 기대할 수 없었던 큰 변화입니다. 특히, 과학 교과에서는 데이터를 활용한 과학탐구를 학생들이 경험하고 있으며 창의적인 문제 해결 역량을 키우기 위한 정책도 추진되고 있습니다. 전통적인 과학탐구에서는 잘 계획된 실험 설계를 바탕으로 측정을 통해 데이터를 확보하는 과정이 전형적이었는데, 새로운 형태의 데이터 기반 탐구는 전통적인 측정을 포함하여 환경 센서, 인공위성 기상 데이터, 코딩에 의한 시뮬레이션 등 더다양하고 실질적인 맥락의 데이터를 활용하여 수업을 운영합니다.

[그림 1-1-2] 교실에 들어온 첨단기술 사례

2. 인공지능 도구의 도입

학습에 인공지능 기술을 활용하는 사례가 눈에 띄게 늘고 있습니다. 여러 가지 형태의 활용이 가능하지만, [표 1-1-2]와 같이 학습 분석을 위한 활용과 학습 도구로의 활용이 주요하게 논의됩니다. 학습 분석을 위한 활용에서는 인공지능의 자체 모델 생성 능력을 활용하는 것으로, 자체 분석 모델을 생성하고 학습해 모델을 개선하는 능력을 바탕으로 학생 데이터를 더 쉽게 처리하고 분석 결과를 생성하는 데 활용합니다. 코로나19 팬데믹으로 새로운 온라인 및 클라우드 기반 애플리케이션과 플랫폼이 등장하게 되었고, 이를 통해 수집하는 데이터가 풍부하여 학생 각각에 대한 적응형 및 개인화된 교육 경험을 생성할 수 있게 되었습니다. 인공지능은 학습에 도움을 주는 역할을 수행합니다. 예컨대, 가정에서 공부하는 학생은 AI Alexa에게 역사 문제에 관한 도움을 요청해 도움을 받을 수 있고, 소셜미디어 피드를 활용하여 다른 학생들과 나누는 상호작용을 도울 수 있습니다. 점점 더 고도화되는 기술의 발달로 AI의 위치는 단순한 데이터 도구를 넘어 학생들의 지속적인 동반자이자 조력자가 될 것으로 예상됩니다.

[표 1-1-2] Educause(2022)가 제시한 주요 테크놀로지와 실천

주요 기술과 실천	– 학습 분석을 위한 AI(AI for Learning Analytics) – 학습 도구로서의 AI(AI for Learning Tools) – 하이브리드 학습 공간(Hybrid Learning Spaces) – 하이브리드/원격 학습 모드 주류화(Mainstreaming Hybrid/Remote Learning Modes) – 소규모 자격 증명(Microcredentialing) – 하이브리드/원격 교육을 위한 전문성 개발(Professional Development for Hybrid/Remote Teaching)

　인공지능 기술을 활용한 수업은 아직 본격적으로 학교 교실 속으로 들어왔다고 보기 어렵습니다. 정부에서는 전국 대학에 교사 재교육 프로그램으로 AI융합교육대학원 과정을 설립하여 AI융합교육 전문성을 갖춘 교사 5000명 양성을 목표로 운영하고 있습니다. 이 교육과정은 정보 및 기술 교사만을 위한 것이 아니라 전 교과의 교사를 대상으로 한 것으로, 모든 교과에서 두루두루 인공지능 기술을 활용한 수업이 이루어지기를 기대한 것입니다. 교육받은 교사들이 개발한 자료를 보면 매우 다양한 사례가 나오는데, 언어 교육에서는 다이아로그플로(DialogueFlow)와 챗봇을 많이 활용하고, 구글 코랩을 활용한 전문적인 파이썬(Python) 코딩을 활용하는 등 다양한 시도가 교실에서 이루어집니다. 가상으로 얼굴 사진이나 그림을 그려주는 딥페이크(Deepfake) 기술이나 작곡하는 인공지능 기술을 활용하여 예능 수업에 활용하는 사례도 제시됩니다.

　해외 사례를 살펴보면, Primary AI는 미국 인디애나대학 및 노스캐롤라이나주립대학이 초등학교 고학년을 대상으로 생명과학과 인공지능을 융합한 커리큘럼을 공동 개발한 프로젝트입니다. 학생들은 게임을 하면서 인공지능의 핵심 개념인 인공지능 계획, 기계 학습, 컴퓨터 비전을 학습하게 되며, 인공지능이 멸종위기종을 보호하는 데 이용될 수 있음을 직접 체험하고 학습합니다. 특히 학생들은 게임 환경에서 문제 기반 학습을 통해 과학 수업에 참여하면서, 인공지능 자체에 관한 이해와 인공지능이 실생활 문제를 해결한다는 점을 동시에 이해할 수 있습니다.

[그림 1-1-3] Primary AI

　국내 사례로는 인공지능 기술을 활용한 공교육 초등 수학 수업 지원 시스템인 '똑똑! 수학탐험대'를 소개할 수 있습니다. '똑똑! 수학탐험대'는 2020년 9월부터 초등학교 1~2학년을 대상으로 운영을 시작한 인공지능을 활용한 수학 학습 프로그램입니다. 인공지능 알고리즘을 활용하여 학생들의 현재 학습 수준을 진단·예측하고 학습 결과를 분석하여 학습자의 수준을 고려한 맞춤형 학습 활동을 제공합니다.

　이 외에 인공지능은 여러 측면에서 교육 활동에 활용될 수 있습니다. 미국 Putnam County School District의 학교에서는 인공지능 소프트웨어를 활용하는데, 학생들이 인터넷에 검색하는 위험한 단어 등을 모니터링하여 상담이 필요할 것 같은 학생들과 상담을 진행하는 데 사용합니다. 예를 들면, 인터넷 활용 정보를 기계 학습으로 관찰하여 학생들의 비행이나 자살 등을 예방하는 데 효과를 보이는 식입니다.

　교수 활동에서 반복적으로 요구되는 활동을 인공지능 도구가 하게 함으로써 교사의 업무를 줄일 수 있습니다. 예를 들어 개별 학생에게 제공되는 피드백은 많은 단어와 표현들이 반복되는 작업으로, 교사가 일일이 모든 학생에게 맞춤형의 피드백 문구를 작성해주지 않아도 됩니다. 특히 많은 수의 학생을 대하는 교사에게 반복적인 문구를 지속해서 작성하게 하는 대신 인공지능 도구가 이 일을 수행할 수 있습니다. 더 나아가 학습 활동 후 학생에게 제공하는 피드백을 작성하는 데 인공지능이 도움을 줄 수도 있습니다. 예를 들어 학교생활기록부 작성 지원 AI 솔루션은 학생 관리를 위한 주요 키워드를 입력했을 때 문장을 생성해줍니다. 최근 개발된 초거대 AI도 키워드를 입력하면 관련된 자동 문구를 생성해주는 기술을 지원해준다고 합니다. 이와 같은 업무 자동화를 통해 교사는 많은 시간과 노력을 아낄 수 있고, 삶의 질 향상과 동시에 창의융합 교육에 더 큰 에너지를 쏟을 수 있습니다.

3. 공간의 변화

교실 환경 공간도 바뀌고 있습니다. 전국적으로 학생 1인 1디바이스 정책을 펴고 있는데, 이는 기존에 교사 컴퓨터에 인터넷이 제공되어 인터넷상 자료를 수업에 활용하는 것과는 차별화되는 것입니다. 모든 학생이 인터넷에 원활하게 접속할 만큼 인터넷 회선이 확보된다는 것을 뜻하고, 학생의 인터넷 접근 통제가 완화되어 학생의 자율성이 확대되면서 보다 창의적인 수업 활동이 가능해진다는 것을 의미합니다. 교과서라는 정체되고 갇힌 지식의 우물에서 어디든지 연결되고 원하는 곳으로 갈 수 있는 정보의 바다로 활동 공간이 넓어진 것입니다. 지식은 정보의 정련 과정을 거쳐 만들어지므로 많은 정보를 접할 수 있다는 것은 다양한 지식을 구성할 수 있다는 맥락과 상통합니다. 일방적으로 전달되는 만들어진 지식을 습득하는 방식에서, 이제는 정보를 바탕으로 스스로 구성하는 방식으로 전환되고 있습니다.

또 다른 변화는 학생 주도적 프로젝트를 진행할 수 있는 쌍방향 상호작용이 가능한 형태의 교실이 만들어진다는 것입니다. 기존 모든 교실은 교사가 일방적으로 강의할 수 있도록 교실 앞면에 교탁과 텔레비전 또는 빔프로젝터가 부착되어 있었고 학생들이 교사를 바라보는 형태로 책상이 배열되어 있었습니다. 하지만 몇 년 전부터 학생들이 주도적으로 프로젝트를 기획하고 해결해나갈 수 있도록 지원해줄 수 있는 형태의 공간들이 학교에 만들어지고 있습니다. 대표적인 사례로 창의융합형 과학실과 [그림 1-1-4]의 지능형 과학실을 들 수 있습니다. 창의융합형 과학실이나 지능형 과학실은 하나의 과학실 공간이 목적에 따라 여러 곳으로 나뉜 형태입니다. 정보를 검색하는 공간, 실험을 수행하는 공간, 발표 자료를 제작하거나 연습할 수 있는 공간, 모두 함께 모여 공유할 수 있는 공간 등 학생들이 각자의 속도에 맞추어 자율적으로 탐구를 수행할 수 있도록 지원합니다. 또한 자연현상을 측정할 수 있는 센서와 데이터를 공유할 수 있는 온라인 플랫폼 등 학생들이 스스로 지식을 구성할 수 있도록 전방위적으로 지원하고 있습니다.

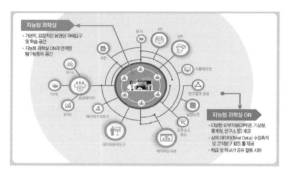

[그림 1-1-4] 지능형 과학실 개념도(좌)와 실제 사례 사진(우)(한국과학창의재단, 2021)

해외에서도 다양한 교실 환경 개선 사례가 보고되고 있습니다. Alt School은 첨단 테크놀로지를 활용하여 학생 개개인에게 맞춤화된 교육을 제공합니다. 특히, 포트레이트(Portrait)는 학생의 학습 진도에 관한 전반 기록을 포함함으로써 학생의 역량이 변화해나가는 과정을 보여주며, 교수자에게는 피드백을 제공할 수 있도록 안내합니다. 러닝 프로그레션(Learning Progression)은 학생의 활동 결과물을 저장하는 소프트웨어로, 학생들의 학습 과정을 상세하게 포착한다는 장점이 있습니다. 또한 알트비디오(AltVideo)라는 시스템을 이용함으로써 천장, 벽 등에 내장된 카메라를 통해 학생들의 말이나 행동, 상호작용을 기록하고 이를 학습 분석에 활용하고 있기도 합니다(Masschelein & Simons, 2015). 이를 통해 학습과 관련하여 수집된 방대한 양의 데이터로 의사 결정을 이루어나가는 형태를 보입니다.

4. 교사의 역할 변화

사회 산업 환경의 급속한 변화와 함께 미래 시민에게 요구되는 역량이 새롭게 강조되고, 이를 구현하기 위해서 교사의 역할 변화가 필요하다는 담론이 세계적으로 제기되고 있습니다. UNESCO에서는 2021년 <교육의 미래 보고서>를 통해 교사의 변혁적 역할 변화를 강조합니다. [표 1-1-3]과 같이 협력적 직업으로서 교사의 역할이 재정립될 필요가 있고 지속적인 교사 역량 개발이 필요하며, 교수 활동 변혁을 위해 공적 연대가 필요하고 대학과 교사의 지속적인 관계 형성이 중요함을 주장하고 있습니다.

[표 1-1-3] UNESCO(2021) <교육의 미래 보고서>에 제시된 교사의 변혁적 역할을 위해 필요한 노력들 (유네스코한국위원회, 2021)

협력적 직업으로서 교사 역할의 재정립	- **포용적 교육 환경 속의 교사**: 학생을 지원하기 위해 교사는 동료 교사 및 학교 내 다른 전문가들과 협력해야 함 - **교육과정 및 교육학의 구상과 실행**: 교사들에게 교육과정에 대한 폭넓은 자율권을 주면서 강력한 지원이 보완되기 위하여, 동료들과의 협력뿐 아니라 대학 교수나 과학자와 같은 해당 분야 전문가와의 파트너십을 지원해야 함 - **교사와 교육 연구**: 협력적 교수 활동은 자연스럽게 성찰과 동료들 간의 공유라는 차원을 포함하므로, 교사가 성찰적 실천가이자 지식 생산자로서의 역할을 해야 함
생애와 연계된 여정으로서의 교사 개발	- **교사 임용**: 자격을 갖춘 교사의 부족은 도시와 농촌 간 등에서 불평등하게 분포할 뿐 아니라, 이들의 교직 이탈을 방지할 긴급한 조치가 필요함 - **교사 교육**: 최근 사회 변화와 관련된 디지털 문화와 관련된 교사 교육이 필요함 - **신입 교사**: 신입 교사가 동료 교사들의 협력적 커뮤니티와 함께하면서 교직에 통합되도록 하는 기반을 형성해야 함 - **지속적 전문성 개발**: 다양한 여러 집단과 함께 일할 수 있는 전문성 개발, 실천으로 통합될 수 있는 전문성 개발 그리고 이것들이 지속적으로 이루어지는 것이 필요함
교수 활동 변혁을 위한 공적 연대	- **교사의 근로 조건**: 열악한 근로 조건과 보수, 전반적인 교사의 경력의 재디자인, 교사의 자율성을 위축시키는 요구 사항과 책무성 기술 등을 개선할 필요가 있음
대학과 교사의 지속적인 관계	- **교육적 의사 결정 및 공공영역에서의 교사**: 주요 교육적 사안과 공공 정책 마련에 공적 입장을 갖고 참여하는 것이 필요함

이러한 사회적 요구는 미래사회에서 요구되는 교사의 정체성을 묻게 합니다. 허주 외(2018)는 교직 환경 변화에 따른 교원 전문성 개발 지원 체제 구축 방안 연구에서 미래 교육에서 요구되는 새로운 교사 정체성을 다음과 같이 정리하고 있습니다. 교사는 반성적 주체(Reflective Agent)로서 맥락적 쟁점과 경험에 관한 사고 및 담론을 발전시

킬 수 있고, 지식 전문가(Knowledgeable Expert)로서 교과 기반 지식과 횡단적 지식을 포함하여 개인 지성과 집단지성에 관한 식견을 넓힐 수 있으며, 기예적 전문가(Skillful Expert)로서 신중하고 효과적인 전문적 사고와 행동을 할 수 있습니다. 또한 교실 연출가(Classroom Actor)로서 다양성과 포용성을 다룰 수 있는 역량을 갖추고, 사회적 주체(Social Agent)로서 사회적 맥락과 전문가 공동체 내에서 소통과 협력을 지향하고, 평생 학습자(Lifelong Learner)로서 구체적 행위로부터 지식을 형성하고 발전시킬 수 있어야 합니다.

이러한 새로운 교사의 역할 속에서 인공지능 및 다양한 에듀테크를 활용하는 역량도 요구받습니다. 인공지능 기술을 활용한 학습 분석은 단순히 교육 관련 데이터를 수집하거나 교육을 관리하는 것을 넘어 교육 공학적으로 교육을 최적화하고, 학생을 위한 교육적 진단과 교육 상담을 통해 학습을 최적화하도록 도와줍니다. 중도 포기 유무, 학기말 성적 등의 학생의 학습 결과를 사전에 예측하여 학생 상담 등에 활용하기 위해 앞서 설명한 바와 같이 학습 분석 데이터를 추출하여 예측하고자 하는 변인과의 관련성을 AI를 활용해 모델로 생성할 수도 있습니다. 이 과정을 수행하기 위해 교사에게는 데이터를 추출하는 능력과 추출된 데이터를 활용하여 모델을 생성하는 능력이 필요합니다. 학교에 따라서 학생의 상황이 다르며, 사용하는 학습 관리 시스템 등이 다르므로 범용적인 학습 분석 시스템은 개발될 수 없습니다.

물론, 학습 관리 시스템(LMS)을 제공하는 기업에서 학습 분석 시스템을 개발하여 함께 제공한다면 교사는 단순한 사용자가 될 수 있지만, 교사가 예측하고자 하는 내용을 학습 관리 시스템에서 제공하지 않거나, 그 내용이 일반적이지 않다면 교사는 해당 모델을 직접 개발할 필요가 있습니다. 모든 교사에게 요구되는 역량은 아니지만, 이 과정에서 교사는 적절한 수준의 프로그래밍을 통해 데이터마이닝 능력과 모델 훈련 능력을 갖추어야 하며, 데이터마이닝을 하기 위해서 학습 분석에 필요한 데이터를 이해할 수 있어야 합니다. 또한 모델 훈련을 위해서는 기계 학습 등의 다양한 AI 역량이 요구됩니다.

02 교실에서 요구되는 새로운 교육 역량

현재 우리가 사는 사회는 산업사회를 지난 4차 산업혁명의 시대로, 지식정보기반사회라고도 불립니다. '4차 산업혁명'은 빅데이터, 사물인터넷, 인공지능 기술이 제조업 등 다양한 산업들과 결합하며 지금까지는 볼 수 없던 새로운 형태의 제품과 서비스, 비즈니스를 창출하는 것(김성범, 강성현, 2016)으로, 빅데이터와 인공지능, 증강현실 및 가상현실, 로보틱스 등 새로운 도구가 생겨나고 이들이 삶과 융화되는 것입니다. 이에 따라 사회에서 해결해야 하는 문제의 양상이 기존과는 다른 형태로 나타나고, 기존 문제 해결 방법으로는 해결하기가 어렵게 되었습니다. 따라서 지식지능정보화사회가 요구하는 새로운 문제 해결력을 함양할 수 있도록 교육의 변화가 필요합니다.

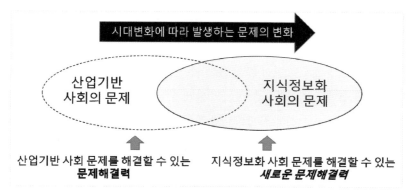

[그림 1-2-1] 패러다임의 변화로 새로운 문제 등장

OECD에서는 'Education 2030'에 문해력, 수리력, 건강 리터러시와 함께 디지털 리터러시, 데이터 리터러시 등을 포함하고 있으며, 우리나라에서는 2022 개정 교육과정(교육부, 2022)에서 디지털 리터러시를 문해력, 수리력과 함께 학업의 기초가 되는 리터러시의 하나로 강조하고 있습니다. 데이터 리터러시는 방대한 양의 데이터와 정보

를 선별하고 조직·활용하며, 해석할 수 있는 능력으로 디지털 시대의 시민이 반드시 갖추어야 하는 핵심적인 역량입니다(AASL & AEC, 1998; Eisenberg & Berkowitz, 1988; ALS, 2000). 시기에 따라 이 역량은 지식정보처리역량, 정보처리역량, 데이터 리터러시(소양), 정보 리터러시(소양) 등 다양한 용어로 불리고 있습니다.

컴퓨터·정보 소양에 관한 국제비교평가인 ICILS 평가에서 우리나라 중학생은 '컴퓨터 사용에 대한 지식 및 이해', '정보 접근 및 평가', '정보 관리'의 하위 요소로 구성된 '정보 수집 및 관리' 영역과 '정보 변환' 및 '정보 생성', '정보 공유'와 '정보의 안전한 사용'의 하위 요소로 구성된 '정보 생산 및 교환' 영역의 소양에서 14개 참여국 중 5위를 차지해 상위 수준으로 나타났습니다. 하위 수준인 1수준 미만 학생 비율이 상위국과 비교하였을 때 높은 편이고, 성별에 따른 컴퓨터·정보 소양 격차가 참여국 중 가장 크다는 등 컴퓨터·정보 소양에서 격차가 나타납니다(김수진, 이문수, 2015).

인공지능 시대의 도래로 변하는 일상 기술 환경과 교실에 찾아온 에듀테크의 보편화 그리고 학생에게 키워줄 역량의 변화 등으로 학교에서 가르치는 교사에게 부가되는 짐은 결코 가볍지 않습니다. 교육부에서 발표한 초중등 교원 양성 체제 발전 방안에서 기술한 교사의 역할은 더는 지식 전달자에 머무르지 않으며, 교과 지식을 기본으로 다교과 역량, 수업 지도 역량, 현장 이해, 학습자 이해, 인성 교육 등 다양한 교육 역량을 강조합니다. 그중에서도 교과 간 융합을 위한 교육과정 재구성 능력과 미래를 통찰하고 유연하게 수업을 준비하는 능력이 새롭게 요구되고 있습니다. 더 근본적으로는, 매초 세상에 생성되는 지식은 폭발적으로 증가하는데 학교는 가르칠 수 있는 내용과 시간에 한계를 가지고 있으므로 무엇을 가르칠 것인가 또는 학생에게 무엇을 키워줄 것인가 질문합니다. 특히, 산업사회가 지식정보기반사회로 급속하게 변화하는 사회 환경에서 나타나는 문제를 잘 해결할 능력을 향상하기 위한 노력이 필요합니다.

1. 데이터 리터러시

데이터 리터러시는 여러 학자들에 의해서 다양하게 정의되고 있습니다. Shields(2005) 는 데이터 리터러시를 데이터에 접근하고 조작하고 요약하는 능력으로 정의했고, 수치 데이터를 다루는 학문 분야에서 데이터 리터러시와 통계 리터러시는 정보 리터러시의 구성 요소가 됩니다. Otto(2012)는 데이터 리터러시를 통계 리터러시 및 정보 리터러시의 기초로 보고 데이터 수집, 처리, 분석 능력으로 정의하였으며, Carlson et al.(2011) 역시 데이터 리터러시에 그래프와 차트를 적절하게 읽는 방법과 같은 기능적인 면을 포함했습니다. Qin & D'Ignazio(2010)는 데이터 리터러시가 학문적 특성에 따라 조금씩 달라질 수 있음을 언급하며, 과학탐구에서 데이터 리터러시의 중요성을 강조하고자 과학 데이터 리터러시(Science Data Literacy, SDL)로 표현하면서 이를 과학탐구를 위한 데이터 수집, 처리, 관리, 평가, 사용으로 정의합니다. Mandinach & Gummer(2013)는 데이터 리터러시를 의사 결정에 정보를 제공하기 위해 데이터를 효과적으로 이해하고 사용하는 능력으로 정의하고, 데이터 식별, 수집, 조직, 분석, 요약, 우선순위 지정에 대한 노하우를 포함했습니다. 데이터 기반 사회가 발전하면서 데이터 리터러시 정의의 범주가 확대되고 있습니다. Athanases et al.(2013)은 데이터 리터러시가 최첨단 네트워크 시대에 데이터의 확산을 관리, 이해, 비판할 수 있는 능력이라고 설명했고, 정보 리터러시, 통계 리터러시 등과 관련이 있지만 질문을 생성하고 체계적으로 데이터를 수집·구성하며, 조사 결과를 분석하고 나타내기 위해 적절한 도구를 사용하고 결론을 도출하는 일련의 과정을 포함했습니다.

데이터 리터러시의 의미도 사회가 변해가면서 변화를 보입니다. '빅데이터'가 민주주의와 사회생활에 제기하는 문제에 관한 최근의 학문은 개인 및 사회적 수준 모두에서 진보적인 솔루션으로서 교육 형태를 발전시키는 경향이 있습니다(Livingstone et al., 2020). 데이터화한 지식이 개인에게 권한을 부여하거나 최소한 자신의 권리를 주장할 수 있게 해준다는 생각은 지식과 이해가 시민의 자기 효능감을 촉진하는 방식에 대한 기본 가정을 기반으로 합니다. 효과적이고 윤리적으로 사용된다면 데이터는 교육의 필수적인 부분이 됩니다. 예를 들어 학습 분석을 사용하여 학생 성과에 자세한 피드백을 제공하고 학습 과정에 새롭고 유망한 통찰력을 제공할 수 있습니다(Gašević, Dawson & Siemens, 2015). 데이터화는 디지털 상호작용을 수집, 분석 및 상품화할 수 있는 기록으로 변환하는 거라고 보기도 합니다(Mayer-Schoenberger & Cukier, 2013).

데이터화는 우리가 사회 현상을 이해하는 방식을 변화시키며 우리 자신과 다른 사람들이 우리가 참여하는 행동과 상호작용의 종류를 형성하는 방식을 변화시킵니다. 데이터 해독 능력은 데이터를 읽고, 데이터로 작업하고, 데이터를 적절한 맥락에 배치하여 데이터에 관해 소통하는 능력으로 단순히 숫자나 수리력을 이해하고 다루는 것 이상을 의미합니다. 데이터 리터러시에는 데이터 소스 및 수집 방법을 평가하는 방법, 주어진 데이터 세트의 다양한 응용 프로그램, 데이터 이해 작업의 가치 등을 포함할 수 있습니다. Ridsdale et. al.(2015)은 데이터 리터러시와 역량의 요소를 데이터 수집, 데이터 평가, 데이터 운영, 데이터를 이해하고 소개하는 개념 프레임워크, 개념 적용 등 5가지로 나누었습니다. 이 범주는 데이터 기반의 의사 결정을 하기 위해 필요합니다.

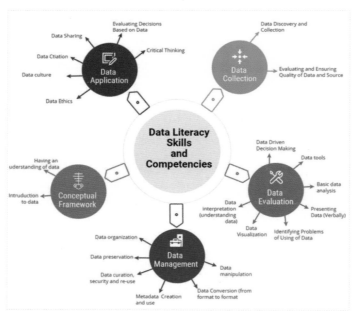

[그림 1-2-2] 데이터 리터러시와 역량의 구조(Ridsdale et al., 2015, p.38)

2. 디지털 리터러시

디지털 리터러시는 Gilster(1997)에 의해 처음 정의되었습니다. 디지털 리터러시는 학자와 기관마다 다양하게 정의하는데, 도구적 활용 및 정보 처리 등의 기능이나 문제해결력, 의사소통역량 등의 역량을 포함하는 등 점차 확대되는 추세입니다. 미국 도서관협회(ALA, 2013)는 디지털 정보를 찾고, 이해하고, 평가하고, 창조하고, 주고받기위하여 정보와 통신 기술을 사용할 줄 아는 능력으로 정의하고 있습니다. 배경재와 박희진(2013)은 정보의 검색 접근, 저장, 생산 표현, 교환과 더불어 디지털 역량 배양에 필요한 기본적인 컴퓨터 활용 능력, 커뮤니케이션 능력을 모두 포함하도록 정의했습니다. 한국교육학술정보원은 디지털 리터러시를 디지털 매체와 테크놀로지를 효율적으로 사용할 수 있는 기술 지식, 비판적 사고력과 함께 문제 해결 커뮤니케이션 그리고 지식을 창출할 수 있는 능력으로 정의합니다. 데이터 리터러시에는 정량적 및 정성적 데이터를 사용하여 주장을 이해하고, 찾고, 수집하고, 해석하고, 시각화하고, 뒷받침하는 능력이 포함됩니다(Deahl, 2014).

디지털 리터러시의 정의도 변화하고 있습니다. 최근에는 사람들 간의 관계성을 증진시키는 것과 함께 삶의 질을 향상시키는 데 관심을 가지는 것으로 변화하고 있습니다(김영환, 김우경, 박지숙, 2021). Ferrari(2012)는 디지털 리터러시를 미래사회에서 디지털 정보와 자료를 활용하여 문제와 과제를 효과적이고 비판적으로 분석하여 다른 사람과의 협업과 소통을 통해 해결하고 효과적인 프레젠테이션으로 사회적 영향력을 갖는 능력이라고 했습니다. Hobbs(2010)는 텍스트, 도구, 테크놀로지의 활용, 비판적 사고와 분석, 메시지의 창작과 창의성, 자기성찰과 윤리적 사고, 협업에서의 적극적인 참여를 모두 포함하는 인지적이고 정의적이며 사회적인 역량이라고 정의했습니다. 노은희 외(2018)는 디지털 리터러시를 디지털 환경에서 학습자가 주도적으로 가치 있는 삶을 살아가기 위해 디지털 기술을 올바르게 이해하고 사용하여 정보 및 그 내용물을 적절하게 탐색하고 활용하며 비판적으로 분석하고 평가하며 생산적으로 소통하고 창조하는 복합적인 역량으로 정의합니다. 김종윤 외(2017)는 디지털 리터러시를 한 개인이 자신의 목적을 실현하기 위해 디지털 도구와 기술을 활용하여 텍스트를 탐색·

이해·평가·적용하고, 새로운 텍스트를 창조하며, 사회 구성원들과 원활하게 소통할 수 있는 능력으로 정의하여, 소통 역량을 디지털 리터러시의 구성 요소로 포함했습니다. UNESCO는 디지털 리터러시를 안전하게 정보에 접근, 관리, 이해, 통합, 통신, 평가 및 생성 하고 고용, 양질의 일자리, 기업가 정신을 위해 디지털 기술을 적절하게 활용할 수 있는 능력으로 정의하면서, 컴퓨터 사용 능력, ICT 사용 능력, 정보 사용 능력 및 미디어 사용 능력이라고 다양하게 지칭되는 역량들을 포함했습니다(UNESCO, A Global Framework of reference on Digital Literacy Skills for indicator 4.4.2).

디지털 리터러시의 정의가 다양한 것과 마찬가지로 디지털 리터러시의 요소도 다음과 같이 여러 형태로 정의됩니다. 이애화(2015)는 디지털 리터러시의 의미에 문제해결력, 의사소통, 협업 등과 같은 핵심 역량의 요소들을 포함하고 있으므로, 핵심 역량 중 하나로 인식되는 현재의 의미에서 더욱 확대될 필요가 있다고 강조했습니다. Bawden(2001)과 Breivik(2005)는 컴퓨터 리터러시, 테크놀로지 리터러시, ICT 리터러시, 미디어 리터러시, 정보 리터러시, 디지털 리터러시 등을 디지털 리터러시의 요소로 포함했습니다. JISC(2014)는 디지털 리터러시의 7가지 요소로 미디어 리터러시, 정보 리터러시, 디지털 학문, 학습 기술, ICT 리터러시, 경력과 신원 관리, 소통과 협업을 제시했습니다. JISC의 디지털 리터러시 요소를 다음 표로 정리했습니다.

[표 1-2-1] 디지털 리터러시의 구성 요소(JISC, 2014)

내용 요소	상세 구성
미디어 리터러시	미디어를 활용한 데이터 및 사생활 보호, 건강과 웰빙 보호, 환경 보호
정보 리터러시	정보 탐색, 이해, 평가, 관리, 공유
디지털 학문	디지털 시스템을 활용한 유압전문 교육 및 연구에 참여
학습 기술	테크놀로지가 지원되는 환경에서 형식 혹은 비형식 교육을 효율적으로 학습
ICT 리터러시	디지털 기기 및 애플리케이션에 적용 및 활용
경력과 신원 관리	디지털 평판 및 온라인 신원을 관리
소통과 협업	학습과 연구를 위한 디지털 네트워크 참여

3. 지식정보처리역량

지식정보처리역량은 다음과 같이 정의됩니다. '지식정보'는 컴퓨터와 인터넷을 통해 수집된 정보뿐 아니라 다양한 종류의 지식을 다루는 것을 포함하며, '처리'는 모든 자료를 수집·분석·평가·선택하여 활용함으로써 궁극적으로 합리적인 문제 해결을 한다는 것을 의미합니다(AASL & AECT, 1998). 교육부(2015)는 2015 개정 교육과정에서 6가지 핵심 역량을 정의하고 교육 목표로 정했습니다. 이 중 지식정보처리역량은 학습과 삶 등에서 직면하게 되는 문제를 해결하기 위하여 다양한 정보와 자료를 수집·분석·평가·선택하고, 적절한 매체를 활용하여 지식과 정보와 자료를 효과적으로 처리함으로써 합리적으로 문제를 해결할 수 있는 능력이라고 했습니다.

지식정보처리역량은 학습과 삶 등에서 직면하게 되는 문제를 해결하기 위하여 다양한 정보와 자료를 수집·분석·평가·선택하고, 적절한 매체를 활용하여 지식과 정보, 자료를 효과적으로 처리함으로써 합리적으로 문제를 해결할 수 있는 능력을 의미합니다. 따라서 정보와 자료를 수집하고 분석하고 활용하는 3가지 요소가 지식정보처리역량의 기본 요소라고 할 수 있습니다(손미현 외, 2018).

일상에서 데이터, 정보, 지식의 의미가 혼재하여 사용되고 있어 여러 학자들의 정의를 요약하면 다음과 같습니다.

McDonough(1963)는 데이터를 특정한 목적과 문제 해결에 도움이 되도록 가공한 것을 정보, 정보를 집적하고 체계화하여 보편성을 갖도록 한 것을 지식이라고 했습니다. '데이터(Data)'는 라틴어 'Datum'의 복수형으로, '주어진 것(Thing Given)'이라는 뜻을 지니며 <Merriam Webster's Collegiate Dictionary>(제10판)에서 데이터는 감지 장치에 의해 출력되는 정보 또는 디지털로 전송하거나 처리할 수 있는 숫자 형태의 정보라고 정의되었습니다. 임종섭(2015)은 데이터를 계산이나 측정에 기초가 되는 내용이라고 기술했습니다. 이처럼 데이터는 사용 목적과 맥락에 따라 다양한 뜻으로 활용됩니다.

[표 1-2-2] 지식정보처리역량의 요소별 내용

하위 요소	내용
정보 수집	– 필요한 정보를 제공할 수 있는 정보원을 파악 – 핵심 키워드를 추출하여 필요한 정보를 효과적인 전략을 통해 수집 – 정보의 정확한 소재와 내용을 기록 – 데이터를 검색하고 수집
정보 분석	– 정보(원)의 신뢰성, 타당성, 정확성, 최신성을 평가 – 수집된 정보를 비교·분류·연계·변형·종합하여 정보를 비판적으로 해석 – 패턴이나 그래프를 이용하여 데이터의 의미를 분석하여 정보를 찾아내는 것
정보 활용	– 분석한 정보를 타인과의 소통을 위해 다양한 매체를 통해 효율적으로 표현하고 전달

　　데이터와 정보는 맥락에 따라 다른 의미로 해석할 수 있습니다. 예를 들어 전산 시스템에서 데이터는 코딩된 불변성이나, 인간 담론에서 데이터는 경험적 연구에서 정보 제공자가 진술한 것입니다. 정보는 의미나 인간의 의도와 관련이 있는데, 전산 시스템에서 정보는 데이터베이스나 웹 등의 내용이지만 인간 담화 시스템에서 정보는 말하는 사람이 의도하고 듣는 사람이 이해 또는 오해하는 진술의 의미입니다. 지식은 개념, 행동 및 의도를 이해, 설명 및 협상할 수 있는 능력입니다(Zins, 2007).

　　데이터, 정보, 지식의 관계는 어떻게 될까요? 데이터, 정보, 지식 사이의 관계를 이해하는 데 널리 가이드 역할을 해온 개념적 틀은 DIKW 모형으로, DIKW는 Data(데이터), Information(정보), Knowledge(지식), Wisdom(지혜)의 머리글자로 구성된 이름입니다. 이 모형에 따르면, 데이터는 사물이나 사건에 대한 묘사(Description)이며, 가공되지 않은 상태의 사실(Facts)이고, 특정한 목적을 위해 데이터가 처리되면(혹은 추상되면) 그 목적에 유용한 정보가 됩니다. 나아가 정보가 체계화되면 지식이 되며, 지식이 고도로 추상화되면 지혜가 됩니다. 데이터는 사용 가능한 형식으로 변환될 때까지 사용할 수 없는 기호로, 예를 들어 조직화하지 않고 처리되지 않은 사실과 관찰은 맥락과 해석이 부족하기 때문에 의미가 없습니다. 정보는 의미가 부여된 데이터와 이를 사용할 수 있는 구조로 구성되며, 지식은 행동에 적용할 수 있는 구조화되고 처리된

정보입니다. 새로운 경험과 정보를 통합하기 위한 배경을 구성하는 경험, 가치, 맥락 정보, 근거 있는 직관의 혼합을 지식으로 볼 수 있습니다. 지혜는 윤리적 수준에서도 행동을 안내하고 판단과 결정을 내릴 수 있게 해주는 통합된 지식입니다. 지식을 알고 저장하는 것만으로는 충분하지 않고 우리가 알고 있는 것을 다른 사람들과 공유해야 하며, 학습 과정을 통제하기 위해서는 찾고, 감지하고, 공유하는 지속적인 과정이 필요합니다.

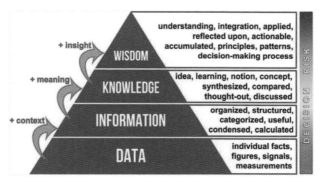

[그림 1-2-3] The Data-Information-Knowledge-Wisdom(DIKW) 구조(Tedeschi, 2019)

4. 교육과정에 포함된 리터러시

우리나라 2015 개정 교육과정에서는 문제를 해결하기 위하여 다양한 정보와 자료를 수집·분석·평가·선택하고, 적절한 매체를 활용해 지식과 정보와 자료를 효과적으로 처리함으로써 합리적으로 문제를 해결할 수 있는 능력이라고 지식정보처리역량을 정의하고 있습니다. 그 하위 요소로는 논리적, 비판적 사고를 통한 문제 인식, 지식정보의 수집·분석·활용 등을 통한 문제 해결 방안의 탐색, 해결 방안의 실행 및 평가, 매체 활용 등이 포함됩니다(교육부, 2015). 2022 개정 교육과정에서는 디지털 인재 양성을 위해 학생들의 디지털 소양을 강화하는 데 초점을 맞추고 초·중학교 정보 수업 시수를 2배로 늘렸으며, 문해력·수리력과 함께 디지털 소양을 기초 소양으로 하여 전반적인 교과에 포함하고자 했습니다.

　호주에서는 교육과정 속 디지털 리터러시를 디지털 안전 및 웰빙 실천, 조사, 생성 및 교환, 관리 및 운영 등 4가지 영역으로 나누고 각각의 요인을 정리했습니다. 도구 활용뿐 아니라 가치와 의사소통 및 협업 등의 역량을 포함하며, 정보 찾기와 같은 지식정보처리역량 또는 디지털 리터러시 일부와 데이터 수집 및 대조, 데이터 해석과 같은 데이터 리터러시 일부를 담고 있습니다. 또한, 온라인 안전 관리, 디지털 개인정보 및 신원 관리, 디지털 웰빙 관리 등의 세부 내용이 포함되어 있으며, 도구 선택이나 콘텐츠 관리 등의 항목을 통해 디지털 리터러시로의 확대 가능성을 내포합니다. 예를 들어 영어과에서는 학생들이 디지털 도구를 사용하여 의사소통을 하고 협업하고 정보를 읽고 정보에 접근하는 능력이 개발되는데, 학생들은 다양한 도구를 사용하여 디지털 및 다중 모드 텍스트와 프레젠테이션을 만들고 편집합니다. 출처를 선택하고 평가하며 지적 재산을 존중하면서 정보와 청중 및 온라인 안전의 적합성을 고려합니다.

　핀란드 교육과정에서는 정보통신기술 능력이라고 하여 ICT 사용 원리와 작동 원리 및 핵심 개념의 이해, ICT를 책임감 있고 안전하며 인체 공학적으로 사용하는 것, 정보 관리, 탐색 및 창의적 작업에서 정보 통신 기술을 사용하는 것, 상호작용 및 네트워킹에서 ICT의 사용 등을 지식정보처리역량과 디지털 역량에 포함합니다. 그리고 멀티리터러시, 지속 가능 미래 참여 항목에 디지털 형식의 정보 관련 내용을 포함하고 있으며, 이에 대한 해석, 윤리적 역할, 커뮤니케이션 등에 관한 전반적인 내용을 모두 포함하고 있습니다.

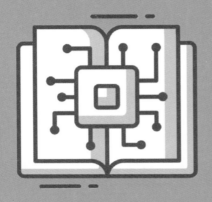

PART 02

수업 활용 사례

CHAPTER 01
들어가며

인터넷 포털 사이트에서는 다양한 뉴스 서비스를 제공하는 회사들이 사회, 경제, 문화 등 다양한 영역과 지역의 뉴스를 서비스하고 있습니다. 이런 다양한 뉴스 서비스들의 뉴스 제목들을 데이터화할 수 있을까요? 뉴스 제목들도 빅데이터에 속할 텐데 이들을 한꺼번에 긁어 와서 저장하고 관리할 수 있을까요? 웹페이지에 관한 이해와 클라우드를 기반으로 실행시킬 수 있는 코랩(Colab) 컴퓨터 환경에서 파이썬 코드 몇 줄이면 뉴스 기사들의 제목, 링크들을 추출할 수 있습니다. 이번 챕터에서는 코랩 환경에서 파이썬 코드를 실행하여 네이버 뉴스 기사 제목, 뉴스가 속해 있는 페이지를 빠르게 수집해 데이터화할 수 있는 웹 크롤링(Web Crawling) 방법을 소개하겠습니다.

네이버 뉴스 제목을 순식간에 끌어와서 데이터화할 수 있는 웹 크롤링(Web Crawling)을 코랩 환경에서 실행해보고 다양한 융합 수업에 아이디어를 발휘해봅시다.

01 파이썬 웹 크롤링으로 융합 수업하기

교과 활용 팁	교과 융합: 러시아, 우크라이나 전쟁에 관한 융합 수업하기 통합사회: 우리 지역의 문제 발견하기 역사: 분쟁 지역의 문제 알아보기 국어: 뉴스 기사 워드 클라우드 만들기

1. '구글 코랩' 소개

1) 구글 코랩 CO 살펴보기

[그림 2-1-1] 코랩 첫 화면

구글 코랩(google Colab, Colaboratory, 이하 코랩)은 컴퓨터 프로그래밍 언어인 파이썬(Python) 코딩 시 주로 사용하는 Jupyter Notebook(이하 주피터 노트북)을 구글 드라이브를 활용해서 이용할 수 있는 버전입니다. 구글 드라이브(Drive)나 구글 닥스

(Docs)의 최대 강점 중 하나가 바로 여러 명의 사용자와 동시에 보고 협업하면서 작업이 가능하다는 점인데요. 이러한 협업이 주피터 노트북에서도 가능해진 것이 바로 코랩의 특징입니다. 코랩은 별도의 설치 프로그램 없이 크롬 브라우저에서 구글 계정 로그인만 하면 접근이 가능합니다.

코랩을 공식적으로 소개하는 내용은 3가지입니다. '구성이 필요하지 않음', 'GPU(그래픽 처리 장치) 무료 액세스 가능', '간편한 공유 가능'. 코랩은 웹 브라우저를 통해 제어하고 실제 파이썬 코드 실행은 구글 클라우드의 가상 서버에서 이루어집니다.

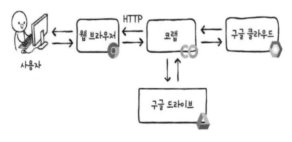

[그림 2-1-2] 코랩의 구조

(출처: post.naver.com/viewer/postView.nhn?volumeNo=26447765&memberNo=38386150)

코랩에서 만든 노트북은 구글 드라이브에 Colab Notebooks 폴더에 저장되고 이를 다시 불러올 수도 있습니다.

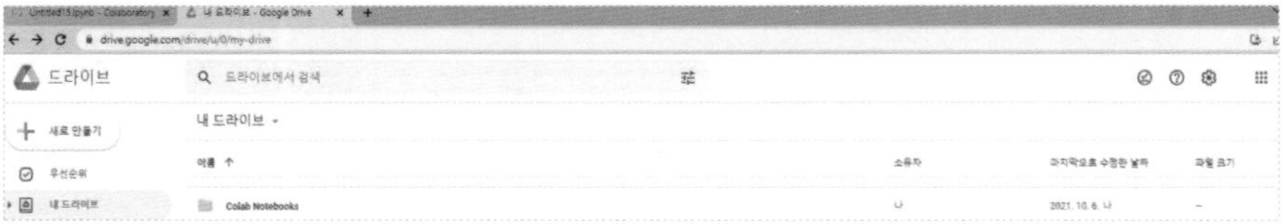

[그림 2-1-3] 구글 드라이브의 Colab Notebooks

코랩은 데이터 분석에 사용되는 Tensorflow, Keras, Matplotlib, Scikit-learn, Pandas 등의 기본 구동 프로그램이 설치되어 있어서 편리하게 사용할 수 있습니다. 코랩에 접속하기 위해서는 먼저 크롬(Chrome) 브라우저로 접속한 뒤에 로그인을 하고, 검색창에 'Colab'을 검색한 결과로 접근할 수 있습니다. 또는 주소 창에 'colab.research.google.com'을 넣어도 됩니다.

[그림 2-1-4] 구글 검색창에서 Colab 검색 예시

2) 코랩으로 파이썬 코드 실행하기

파이썬 코딩을 위해서는 파이썬 프로그램을 설치해야 하지만 코랩에서는 크롬 브라우저에서 접속해 곧바로 파이썬 텍스트 코딩을 경험할 수 있습니다.

코랩 화면에서는 +코드를 누르면 파이썬 코드를 작성할 수 있고, +텍스트를 누르면 html 경험이 없는 사람도 쉽게 문서처럼 페이지를 만들 수 있습니다. 텍스트를 누르면 파이썬 코드가 아닌 마크다운이라는 언어로 작성할 수 있습니다. 마크다운은 html과 같은 마크업 언어의 한 종류로, 본 장에서는 다루지 않도록 하겠습니다.

+코드 버튼을 누르면 파이썬 코드를 작성할 수 있는 창이 뜹니다.

[그림 2-1-5] 파이썬 코드 작성 창

출력 버튼(▶) 옆의 창에 코드를 작성하고, 출력 버튼을 누르면 코드가 실행되는 형태입니다. 가장 간단한 예시를 한번 해보겠습니다. 이 창에 print("hello python!")을 입력하고 출력 버튼을 눌러주면 파이썬 코딩의 명령어로 "hello python!"을 출력하라는 첫 단추가 끼워집니다.

[그림 2-1-6] 파이썬 코드 출력

파이썬 코딩 언어로 글자를 출력하라고 이해한 컴퓨터가 "hello python!"을 출력한 것을 볼 수 있습니다.

이번엔 +텍스트 버튼을 눌러서 print("hello python!")을 입력해보겠습니다.

[그림 2-1-7] 마크다운 표시

+텍스트 버튼을 한 번 더 눌러서 확인해보면 글자 그대로 입력된 것을 볼 수 있습니다. 코딩이 아니므로 한번 출력만 확인해보고 이후에는 다른 웹사이트나 도서를 참고하세요.

작성된 코드를 지우려면 코드 창에서 휴지통 그림을 눌러주면 됩니다. 자세한 파이썬 코드 공부는 다른 책을 통해서 해주세요.

2. 파이썬 웹 크롤링 활용 수업하기

1) 웹 크롤링 활용하기

(1) 뉴스 기사 분석 활동

웹 크롤링(Web Crawling)은 웹상의 정보를 자동으로 수집하는 것을 의미합니다. 이 책에서는 웹 크롤링의 자세한 방법보다는 주어진 코드로 어떤 결과물들을 낼 수 있는지 안내하겠습니다.

코랩 코드 링크	bit.ly/AIEDwebcrawling

이번 웹 크롤링 코드에는 검색할 키워드 검색어를 넣고, 그 검색어가 포함된 뉴스 기사들을 사용자가 원하는 양의 기사 수만큼 가져온 뒤, 제목 및 링크가 포함된 엑셀 파일을 만들어주는 과정이 포함되어 있습니다. 코드를 실행하기에 앞서, 먼저 코랩 화면에서 자신의 구글 드라이브에 사본으로 저장해야 코드를 수정하면서 활용할 수 있습니다. 지금부터 코드를 실행하면서 파이썬 웹 크롤링을 해보겠습니다.

코랩 코드 링크가 열린 창에서 파일(❶) → Drive에 사본 저장(❷)을 눌러서 내 구글 드라이브에 저장해줍니다. 구글 드라이브에 저장을 누르면 파일명이 (기존 파일 이름)+사본으로 바뀌면서 내 드라이브에 저장됩니다.

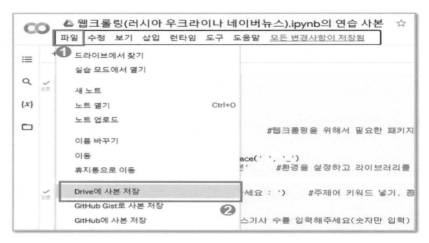

[그림 2-1-8] 파이썬 코드 구글 드라이브에 저장

첫 번째 코드는 웹 크롤링을 위한 패키지(프로그램)를 가져오고 현재 시각을 저장하는 코드입니다. 코드를 실행(▶)하면 왼쪽에 코드 실행에 걸리는 시간이 표시되고, 완료되면 초록색 체크 표시가 뜨면서 코드 실행이 완료됩니다. 분홍색으로 표시된 코드들은 웹 크롤링을 위해서 필요한 패키지들을 온라인상의 라이브러리에서 불러들이는 코드입니다. 아랫부분은 현재 시각을 설정하는 코드입니다.

```
[1]  import requests
     from pandas import DataFrame
     from bs4 import BeautifulSoup
     import re
     from datetime import datetime
     import os                          #웹크롤링을 위해서 필요한 패키지들을 불러옵니다.

     date = str(datetime.now())
     date = date[:date.rfind(':')].replace(' ', '_')
     date = date.replace(':','시') + '분'      #환경을 설정하고 라이브러리를 불러옵니다.
```

[그림 2-1-9] 파이썬 환경 설정 및 라이브러리 설치

두 번째 코드를 실행하면 네이버 검색창에 넣을 키워드와 필요한 뉴스 기사 수를 넣으라는 내용이 출력됩니다.

```
query = input('검색 키워드를 입력하세요 : ')        #주제어 키워드 넣기, 콤마로 여러개 가능
query = query.replace(' ', '+')

news_num = int(input('총 필요한 뉴스기사 수를 입력해주세요(숫자만 입력) : '))        # 뉴스 기사수 1000개를 뽑습니다.

검색 키워드를 입력하세요 : [                    ]
```

[그림 2-1-10] 검색 키워드 실행 화면

검색 키워드는 콤마로 여러 개 넣을 수 있습니다. 최근 전쟁이 이어지고 있는 러시아와 우크라이나를 콤마로 구분하여 넣고, 1000개의 뉴스 제목을 가져와보겠습니다.

```
...    검색 키워드를 입력하세요 : 러시아,우크라이나
       총 필요한 뉴스기사 수를 입력해주세요(숫자만 입력) : [1000                    ]
```

[그림 2-1-11] 기사 개수 입력 창

다음은 네이버 검색창에 넣은 키워드를 넣고 네이버 창의 html 코드를 받아온 뒤 Bs4의 BeautifulSoup 함수로 웹페이지지상에서 내가 원하는 데이터를 특정 패턴이나 순서로 추출하여 정보로 가공하는 파싱(Parsing) 단계입니다. 또한 뉴스 기사 정보를 딕셔너리(Dictionary)에 저장합니다. 잘 진행이 된다면 크롤링 중…이라는 출력을 하게 되어 있습니다.

```
news_url = 'https://search.naver.com/search.naver?where=news&sm=tab_jum&query={}'

req = requests.get(news_url.format(query))
soup = BeautifulSoup(req.text, 'html.parser')

news_dict = {}
idx = 0
cur_page = 1

print()
print('크롤링 중...')

크롤링 중...
```

[그림 2-1-12] html 코드 파싱 단계

네이버 뉴스 검색창에 직접 러시아, 우크라이나를 입력하면 뉴스 기사들이 검색되어 나옵니다. 이때 F12 키를 눌러서 나오는 개발자 도구 창의 검색된 화면에서 뉴스 제목

의 위치를 찾을 수 있습니다. 설치된 라이브러리 프로그램이 이 부분의 위치로 뉴스 기사의 제목과 링크 주소(url)를 파악합니다. 코드에서 이 부분을 찾아가게 설정되어 있습니다. 자세한 내용은 웹 크롤링에 관한 웹사이트나 도서를 참고해주세요.

[그림 2-1-13] 네이버 뉴스 창과 개발자 도구 창

[그림 2-1-14] 네이버 뉴스 제목을 받아 오는 화면

크롤링이 완료되면 네이버 검색창에 러시아, 우크라이나 검색어를 키워드로 최근 시간대의 1000개의 뉴스 기사의 제목과 링크 주소가 엑셀 파일로 저장됨을 알 수 있습니다. 엑셀로 저장된 파일은 구글 드라이브에 저장됩니다. 코랩 창에서도 직접 확인할 수 있습니다.

[그림 2-1-15] 크롤링 결과 저장 위치 확인

화면 왼쪽 상단의 파일 메뉴를 누르면 창이 넓어지면서 구글 드라이브에 저장된 결과물 엑셀 파일을 확인할 수 있습니다. 그 상태로 다운을 받을 수도 있고, 코랩에서 직접 활용할 수도 있습니다.

[그림 2-1-16] 구글 클라우드에 저장된 크롤링 결과 파일

생성된 엑셀 파일(네이버뉴스~.xlsx)은 구글 클라우드 서버에 저장되어 있으므로 시간이 지나 구글 서버와의 연결이 끊어지면 사라지게 됩니다. 따라서 보관을 위해서는 파일을 눌렀을 때 생기는 점 3개를 눌러 다운로드해놓아야 합니다. 저장된 파일이 있으므로 나중에 이 파일을 구글 드라이브에 올려서 이후 작업을 계속할 수도 있습니다.

다운로드한 파일을 열어 보면 총 1000개의 뉴스 기사가 제목과 링크 주소로 정리된 것을 확인할 수 있습니다.

[그림 2-1-17] 크롤링 결과 파일을 실행한 엑셀 화면

(2) 파이썬 활용 데이터 리터러시 강화 활동

데이터 리터러시란 빅데이터를 선별하고 이해하며 적절히 분석하고 해석하여 활용할 수 있는 역량이라고 정의할 수 있습니다(배화순. 2019). 데이터 리터러시 역량을 키우기 위해서는 데이터를 다루는 활동을 해봐야 합니다. 방금 생성된 뉴스 기사 제목 파일을 파이썬으로 다뤄보는 활동을 해보겠습니다. 역시 코랩 환경에서 진행됩니다.

먼저 pandas라는 데이터 처리 라이브러리를 불러오는 코드를 실행합니다.

[그림 2-1-18] pandas 라이브러리 설치 코드

클라우드에 저장된 파일의 경로를 복사(❶)한 뒤에 파이썬이 처리할 수 있는 데이터 프레임의 형태로 변환하기 위하여 df = pd.read_excel('') 코드의 따옴표 사이에 복사한 경로를 붙여 넣으면(❷) df¹⁾라는 명칭으로 엑셀 파일 데이터가 파이썬이 처리할 수 있는 방식으로 저장됩니다.

---

1) df는 임의의 설정해도 됩니다.

[그림 2-1-19] 클라우드 저장 파일 경로 복사 후 데이터 프레임으로 저장하는 화면

이후 df.info()라는 코드를 실행하면 df에 담겨 있는 데이터 정보를 알 수 있습니다. 크롤링해서 만든 엑셀 파일에 대한 정보는 [그림 2-1-20]과 같습니다.

```
<class 'pandas.core.frame.DataFrame'>
RangeIndex: 1000 entries, 0 to 999
Data columns (total 3 columns):
 #   Column      Non-Null Count   Dtype
---  ------      --------------   -----
 0   Unnamed: 0  1000 non-null    int64
 1   title       1000 non-null    object
 2   url         1000 non-null    object
dtypes: int64(1), object(2)
memory usage: 23.6+ KB
```

[그림 2-1-20] 크롤링해서 생성한 엑셀 파일의 정보

이 출력값에 따르면 3가지 열(Column)으로 구성되어 있고 1000개의 데이터가 각 열에 들어 있음을 알 수 있습니다. pandas라는 라이브러리에서 인식한 엑셀 파일을 구성하는 데이터의 0[2]번째(1열)는 int64로 정수이고, 1번째(2열), 2번째(3열)는 object, 텍스트로 인식했음을 나타냅니다. 이제 df.head()라는 코드로 위쪽 5줄을 출력해보겠습니다. () 안에 숫자를 넣지 않으면 5줄이 자동으로 출력되고, 숫자를 넣으면 그 숫자만큼의 줄만큼 출력됩니다.

---

2) 파이썬에서는 숫자가 0부터 시작합니다.

[그림 2-1-21] df에 들어 있는 파일 정보 위쪽 5줄

뉴스 기사의 제목만 얻고자 한다면 엑셀 파일에서 열을 삭제해도 되겠으나 파이썬 명령어로도 바로 삭제할 수 있습니다. 0번째와 2번째의 열을 제거하는 코드를 통하여 데이터를 삭제하고 df1이라는 명칭으로 저장하겠습니다. 그리고 df1에 들어 있는 데이터의 위쪽 5줄을 확인합니다.

```
df1 = df.drop(df.columns[[0,2]], axis=1)
df1.head()
```

	title
0	몰도바 "러시아, 동부지역 침공 시간문제… 빠르면 1월"
1	러시아-벨라루스 밀착 행보…우크라 병력 분산 유도하려는 획책?
2	러시아 드론 공습에 우크라 곳곳서 '비상 정전'
3	'우크라 참전 아니지만'…러시아 "벨라루스와 핵무기 탑재 군용기 훈련 지속"
4	캐나다, 러시아 재벌 아브라모비치 자산 몰수…우크라 돕기 지원

[그림 2-1-22] df1에 들어 있는 파일 정보 위쪽 5줄

이제 1개의 열만 갖는 뉴스 제목만 들어 있는 파일 형태로 변환이 되었습니다. 파일을 구성하고 있는 내용이 텍스트이므로 텍스트 파일로도 파일을 변환할 수 있습니다. 텍스트 파일로 저장하면 글자 단위 분석이 가능해질 것입니다. [그림 2-1-23]의 코드를 실행하면 headline.txt 파일로 구글 클라우드에 저장될 것입니다. 파일의 명칭은 적절하게 바꾸셔도 됩니다.

[그림 2-1-23] xlsx 파일을 txt 파일로 변환

저장이 잘 되었는지 코랩의 파일 창을 열어서 확인해보겠습니다.

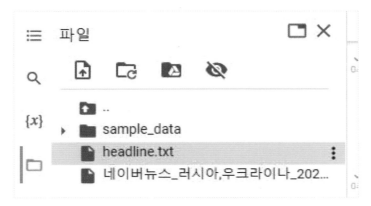

[그림 2-1-24] 구글 클라우드에 저장된 headline.txt 파일

이제 클라우드에 저장된 headline.txt를 다운받아서 수업 시간에 다양하게 활용할 수 있습니다. 구글 클라우드는 일정 시간 동안 코드가 실행되지 않으면 클라우드 접속을 강제로 종료합니다. 이런 경우 저장해놓은 파일이 있다면 런타임 연결을 다시 한 후에 파일만 업로드하여 이후 코드를 실행시킬 수 있습니다.

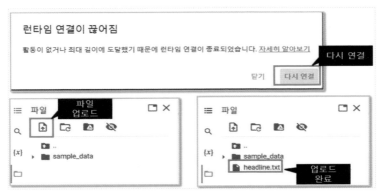

[그림 2-1-25] 구글 클라우드에 파일 업로드

2) 워드 클라우드 만들어보기

워드 클라우드(Word Cloud)는 단어의 빈도수를 조사하여 시각적으로 표현하는 시각화 도구입니다. '단어 구름'이라는 뜻처럼 단어의 빈도수가 많을수록 두드러지게 시각화하여 텍스트에 포함된 단어들의 중요 빈도를 한눈에 볼 수 있게 해줍니다.

단어를 2000개 미만으로 포함한 텍스트를 가지고 있다면 워드 클라우드 생성 웹사이트(wordcloud.kr)에 직접 접속하여 텍스트만 넣고 워드 클라우드를 만들 수 있습니다.

[그림 2-1-26] 워드 클라우드 생성 웹사이트

하지만 앞서 만들었던 headline.txt 파일에는 1000개의 뉴스 기사 제목이 들어 있으므로 웹사이트 워드 클라우드 생성기로는 단어 수가 너무 많아서 워드 클라우드를 만들 수 없습니다. 하지만 파이썬 코딩을 이용하여 만들면 중요한 단어들의 시각화를 통해 좀 더 명확하게 검색어와 관련된 내용을 파악할 수 있을 것입니다.

코랩의 파이썬 환경에서는 자연어 처리 패키지, 워드 클라우드 관련 패키지, 한글 나눔 폰트를 설치하는 과정이 먼저 이루어져야 합니다. PC 환경에서는 설치된 프로그램이 있으면 바로 실행되지만, 코랩은 클라우드 환경에서 진행되므로 코드를 실행할 때마다 패키지 프로그램을 설치해줘야 하는 번거로움이 있습니다.

```
    !pip install konlpy  # 자연어 처리를 위한 언어 패키지를 설치합니다.

    from wordcloud import WordCloud
    from collections import Counter
    from konlpy.tag import Twitter
    from konlpy.tag import Okt
    from matplotlib import font_manager, rc
    import numpy as np
    import pandas as pd
    import seaborn as sns
    import matplotlib
    import matplotlib.pyplot as plt
    import networkx as nx   ##wordcloud설치

[ ] !apt-get update -qq
    !apt-get install fonts-nanum* -qq ##한글폰트설치
```

[그림 2-1-27] 한글 텍스트 워드 클라우드를 위한 패키지와 폰트 설치

우리가 일상생활에서 사용하는 언어를 자연어라고 합니다. 자연어 처리 패키지 (Natural Language Package)를 설치하면 자연어를 형태소 형태로 분석하여 명사들만 따로 추출할 수 있습니다.

다음 코드에서는 headline.txt 속의 명사들을 추출하고, 각 명사의 빈도수를 추출합니다.

```
text =  open('headline.txt').read()
okt = Okt()
nouns = okt.nouns(text)
words = [n for n in nouns if len(n) > 1]
count = Counter(words)
```

[그림 2-1-28] headline.txt 파일의 텍스트 속 단어 빈도수 추출

다음은 뉴스 분석 기사의 제목만 추출한 파일에서 단어의 빈도수를 추출하여 워드 클라우드를 만드는 마지막 코드입니다. figsize=(8,8)의 숫자를 바꾸면 크기를 조정할 수 있습니다. plt.title("headline News", fontsize = 15)의 코드를 수정하면 제목도 바꿀 수 있고, 글자 크기도 변경할 수 있습니다.

```
[ ]  wc = WordCloud(font_path='NanumBarunGothic', background_color="white", width=1000, height=1000, scale=2.0, max_font_size=150, colormap = 'PuBu')
     gen = wc.generate_from_frequencies(count)
     plt.figure()
     plt.figure(figsize=(8,8))
     plt.axis("off")
     plt.title("headline News", fontsize = 15)
     plt.imshow(gen)
```

[그림 2-1-29] 워드 클라우드 생성 코드

최종 출력된 워드 클라우드는 [그림 2-1-30]과 같습니다.

[그림 2-1-30] 출력된 워드 클라우드

러시아, 우크라이나의 검색어를 포함한 네이버 뉴스 기사 제목에서 드러나는 다양한 단어 중 가장 큰 빈도수를 나타내는 것은 러시아, 우크라이나를 제외하면 전쟁입니다. 러시아와 우크라이나 사이의 전쟁 문제와 여러 가지 단어들을 보고 학생들과 다양한 소통을 해볼 수 있을 것입니다.

지금까지 코랩 환경에서 제공된 코드를 활용하여 네이버 뉴스 기사를 키워드 중심으로 웹 크롤링 하고 이를 데이터화해보았습니다. 데이터화한 파일은 필요한 데이터만 남기고 내용을 재구성한 뒤에 파일 변환을 통해 텍스트 데이터 시각화 도구인 워드 클라우드로 만드는 과정까지 해보았습니다. 코랩에서 실행되는 코드를 이용하여 우리 사회의 다양한 문제들을 학생들이 직접 찾아내고 이와 관련된 탐구 활동, 토론 활동 등을 할 수 있을 것입니다.

3. 파이썬 웹 크롤링 활용 수업 사례

1) 교과 융합에 활용하기

(1) 교과 융합

교과 융합 수업은 하나의 주제를 가지고 다양한 과목의 선생님들이 수업을 진행하면서 학생들에게 융합적인 사고력을 키울 수 있게 해주는 수업입니다. 고등학교가 자율적으로 1단위를 운영할 수 있는 수업량 유연화 주간에 파이썬 웹 크롤링 등의 코딩 활동과 에듀테크 도구를 활용해 다양한 교과에서 융합 수업을 시도해볼 수 있습니다.

[수업 사례] 고등학교 3학년 수업량 유연화 주간 교과 융합 수업
주제: 러시아-우크라이나 전쟁

과목	담당 교사	수업 내용	도구
심화 국어	A(국어) B(역사)	– 러시아·우크라이나의 역사와 전쟁의 발발 원인 생각해보기 – 관련 뉴스 기사를 읽고 느낀 점 작성 및 발표 및 공유하기	구글 Earth, 패들릿(Padlet)
과학사	C(과학)	– 웹 크롤링을 이용하여 네이버 뉴스 기사 속에서 인상 깊은 기사 내용 골라내기	구글 Colab, 구글 Docs

먼저 국어와 역사 교사가 러시아, 우크라이나의 지리적 위치를 구글 Earth 앱의 '돈바스' 지역 검색을 통해서 확인한 뒤에 이들 나라의 역사와 전쟁의 발발 원인을 생각해

보게 하는 동영상을 시청한 후 강의를 진행합니다.

[그림 2-1-31] 구글 Earth 앱

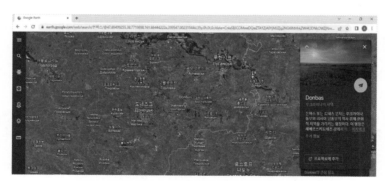

[그림 2-1-32] 구글 Earth 앱 속의 우크라이나 돈바스 위치

과학사 시간에는 웹 크롤링을 이용하여 검색된 뉴스 기사의 제목을 보고 링크로 들
어가서 인상적인 기사 내용을 3가지 적게 합니다. 다음으로 기사가 인상적인 이유를
적도록 지도합니다.

[그림 2-1-33] 구글 클래스룸 과제

교과 융합 수업 - 과학사 - 웹크롤링

1. 웹크롤링으로 검색한 기사의 내용 중 인상 깊은거 몇가지 기사의 제목과 링크를 적어보세요.

(1) 고문·살해·인간방패...유럽안보협력기구 "러 전쟁범죄 확인"
https://www.ytn.co.kr/_ln/0104_202207160126448444

(2) [속보]러시아 우크라이나 전쟁, 러 미사일 폭격에 민간인 사망 계속
https://www.gukjenews.com/news/articleView.html?idxno=2509765

(3) '총리 못 해먹겠다'... 우크라 전쟁에 분열하는 유럽 정치
https://www.ajunews.com/view/20220715090307962

2. 왜 인상적이었나요?

말로만 듣던 전쟁 범죄가 실제로 다른 국가에서 일어나고 있다는 것이 놀라웠습니다. 여러 차례 세계적으로 전쟁을 하고 모든 나라가 전쟁의 비참함을 몸소 경험했음에도 전쟁이 또다시 일어나고 전쟁범죄와 같은 비윤리, 비인간적인 행위를 하는 것이 참 안타깝다는 생각이 들었습니다. 또한 이러한 두 국가간의 전쟁이 이웃 국가에도 피해를 입힐 수 있다는 것이 인상깊었습니다. 우리나라를 먼저 생각해봐도, 물가가 오르는 사태가 있습니다. 대표적인 예로 경유값이 휘발유값보다 비싸진 사례가 있습니다. (3)의 뉴스에서는 바로 옆의 나라인 유럽에서 정치세력이 흔들리는 일까지 일어나고 있다고 보도하고 있습니다. 이러한 점에서 (1), (2), (3) 의 뉴스기사 제목이 인상 깊게 다가왔습니다.

[그림 2-1-34] 과학사 시간 학생 활동지 구글 docs

이후 심화 국어 수업 시간에 패들릿(Padlet)을 활용하여 새로 알게 된 점, 잘못 알고 있었던 점, 영상을 본 후 내 생각 정리하기, 자신이 가고자 하는 전공 방향에서 이 문제의 심각성과 해결책을 작성해보기 활동으로 활동을 마무리합니다.

[그림 2-1-35] 패들릿을 활용한 자신의 생각 정리하기 활동

이와 같이 파이썬을 이용한 웹 크롤링을 이용하면 우리 사회의 다양한 이슈들을 찾아보고 그 내용을 정리해볼 수 있으며, 그 속에 나타나는 다양한 뉴스 제목을 통해 인사이트를 얻을 수 있습니다. 개별화된 자료가 생성될 수 있으므로 학생 개인별 맞춤형 활동으로 적합하며, 교과 융합 수업을 통해서 학생들은 주제별 맞춤 활동을 하면서 융합적 사고력을 키울 수 있을 것입니다.

CHAPTER 02
들어가며

파이썬은 프로그래밍 언어로 컴퓨터 명령을 수행하는 데 사용되는 언어입니다. 프로그램 관련 전문 사이트들의 설문을 보면 파이썬은 프로그래밍 언어에 관심을 갖는 초보자에게 사랑을 많이 받는 언어임을 알 수 있습니다. 파이썬을 학습하는 것은 상상하던 다양한 것들을 코딩을 통해 실현하거나 편리함을 얻을 뿐만 아니라 컴퓨터가 사고하는 구조인 컴퓨팅 사고력, 논리적 사고력, 문제 해결력 등 다양한 사고를 자극하는 계기가 됩니다.

우리는 이제 데이터화되어 있는 자료들을 시각화하는 방법을 학습해볼 것입니다. 그중 과학자의 실제 논문에 담겨 있는 데이터를 시각화하는 방법을 수행하려고 합니다. 문자열을 입력하여 컴퓨터에 명령을 내리는 텍스트 코딩으로, 자유롭게 수정하고 시행착오를 겪으면서 컴퓨터가 어떻게 명령을 받아들이고 수행하는지를 통해, 반대로 우리가 어떤 행동이나 교육에서 무엇을 가르치고 어떻게 배웠는지를 생각해볼 수 있을 것입니다.

02 파이썬을 활용한 허블―르메트르법칙 그래프 그리기

교과 활용 팁	사회: 인구 통계 수학: 다양한 함수 그리기 과학: 실험 결괏값 표현하기, 기온 변화

1. 프로그래밍 언어 파이썬

1) 프로그래밍 언어

프로그래밍 언어란 사전적 의미로 컴퓨터 프로그램을 만들 때 사용하는 언어를 말합니다. 우리가 다른 나라 사람과 이야기할 때도 언어가 통하지 않으면 통역이 필요하지요? 컴퓨터는 2진법을 사용하여 0과 1로 되어 있는 기계어를 받아들이는데, 우리가 컴퓨터에 사람이 사용하는 말인 자연어로만 명령한다면 컴퓨터는 받아들일 수 없습니다. 그렇다고 우리가 매번 컴퓨터에 0과 1을 이용한 기계어를 사용하여 명령하기에는 너무나 많은 수고로움이 발생하게 됩니다. 프로그래밍 언어는 기계어를 사용하는 컴퓨터와 자연어를 사용하는 인간 사이에 좀 더 편한 소통을 위한 도구(언어)라고 이해하면 됩니다.

[그림 2-2-1] 다양한 프로그래밍 언어

(출처: pixabay.com/vectors/web-development-php-java-code-4202909)

사람이 사용하는 자연어에도 한국어, 영어, 불어, 일본어, 중국어 등 다양한 언어가 있듯이 프로그래밍 언어에도 C, R, JAVA, Python, Javascript, html 등 무수히 많은 언어가 있습니다. 그중 파이썬은 2020년 기준 프로그래밍 언어 중 가장 많이 사용되고 있으며 사용 비율도 계속 증가 중입니다. 또한 프로그래밍 사용자들의 지식 시장이라고 비유할 수 있는 스택 오버플로에서 진행한 2022년 개발자 설문조사 결과, 코딩을 배우는 사람들에게 인기 있는 상위권 언어로 파이썬이 선정(survey.stackoverflow.co/2022/)되었습니다. 이번 챕터에서 우리는 파이썬을 활용하여 수업을 할 수 있는 예를 살펴볼 것입니다.

프로그래밍 언어는 이제 많은 분야에서 활용되고 있습니다. 이는 프로그래밍 언어를 사용하는 것이 편리함을 주었기 때문이며, 다른 이점들이 있기 때문일 것입니다. 애플의 창립자 스티브 잡스는 "이 나라의 모든 사람은 프로그램을 배워야 한다. 프로그래밍은 생각하는 방법을 가르쳐주기 때문이다"라고 말했습니다. 프로그래밍 언어를 통해 우리는 논리적으로 사고하는 능력을 키워볼 수 있습니다. 우리가 그래프를 그리는 단순해 보이는 과정에서도 우리는 어떤 데이터의 값을 사용할 것인지, 각 축의 이름은 무엇인지, 어떤 모양으로 표시해야 할지 다양한 사고를 하게 됩니다. 우리가 자연스럽게 행동하던 것을 컴퓨터에게 명령하기 위해선 생각보다도 순차적이고 논리적으로 구성된 명령을 제공해야 합니다. 비트겐슈타인의 "언어의 한계는 세계의 한계"라는 말처럼 우리가 프로그래밍 언어라는 새로운 언어를 배우게 된다면 세상을 바라보는 시선과 사고구조의 변화를 느껴볼 수 있을 것입니다. 이러한 프로그래밍을 학교 수업에 적용한다면, 학생들에게도 새로운 사고방식과 문제 해결력, 정보를 탐색하는 능력과 협동심 등 다양한 역량을 키우는 좋은 기회를 제공할 수 있을 것입니다.

2) 파이썬 python

파이썬(Python)은 1991년 프로그래머 귀도 반 로섬(Guido van Rossum)이 개발하여 발표한 프로그래밍 언어입니다. 파이썬의 장점을 말할 때 흔히 플랫폼 독립적, 인터프리터식, 객체 지향적, 동적 타이핑 언어를 사용한 오픈소스로 라이브러리와 초보자도 익히기 쉬운 프로그램 언어로 되어 있다고 합니다.

말이 어렵죠? 장점만 쉽게 말하자면 윈도우·리눅스·맥 등 다양한 운영체제에서 사용이 가능하며(플랫폼 독립적), 코드를 한 줄씩 실행하여 실행 속도는 느리지만 순차적으로 간편하게 확인할 수 있으며(인터프리터식), 부품을 갈아 끼우듯 코드를 수정하여 유지 보수 및 수정이 용이(객체 지향적)하고 변수가 숫자인지 문자인지 그 종류를 자유롭게 설정 가능(동적 타이핑)한 언어라는 뜻입니다.

"Hello World"라는 단어를 컴퓨터가 출력하기 위해 Java라는 언어를 이용하는 방법은 [그림 2-2-2]와 같습니다. 맨 아래 한 줄을 출력하기 위해 배우고 익혀야 할 단어들이 많이 보입니다. 이와 비교하여 같은 글을 파이썬으로 표현하면 [그림 2-2-3]과 같이 print라는 코드의 사용법만 알고 있으면 쉽게 출력할 수 있습니다.

[그림 2-2-2] Java로 표현한 Hello World 출력 코드

```
[ ]    print("Hello World!")
       Hello World!
```

[그림 2-2-3] Python으로 표현한 Hello World 출력 코드

모든 것에는 장단점이 존재하는 것처럼 파이썬이라는 언어가 가장 좋은 언어라는 뜻은 아닙니다. 단지 프로그래밍 언어가 무엇인지 경험해보고 교육 환경에 적용하기 위하여 쉽게 배울 만한 프로그래밍 언어로 파이썬의 장점이 적합하다고 생각하여 독자들에게 파이썬을 활용한 수업의 예를 소개합니다.

텍스트를 통해 코딩하는 파이썬을 원활히 사용하기 위해서는 파이썬과 함께 아나콘다, 주피터 노트북, 파이참 등의 프로그램 설치가 필요하지만, 우리는 전문 프로그래머가 아니고 용량이 큰 프로그램들을 처리할 것이 아니기 때문에 공유하기 쉽고 편하게 쓰기 위해 앞에서 소개된 구글 코랩(Colab)을 사용할 것입니다.

3) 라이브러리

라이브러리(Library)란 코딩할 때 자주 사용되는 프로그램들을 모아놓은 것입니다. 라이브러리를 쉽게 이해하기 위해선 과학책, 문학책, 역사책, 요리책 등과 같이 도서관에 있는 주제별로 분류된 책장을 생각하면 좋을 것입니다. 요리를 배우기 위해서 도서관에 간다면 요리책을 찾아 읽어야 하듯이, 컴퓨터에게 명령을 내리기 위해서는 그에 맞는 지식이 들어 있는 책장(라이브러리)을 찾아주어야 합니다. 코딩할 때 먼저 생각해야 할 것은 컴퓨터가 아무것도 모르는 백지 상태라는 점입니다. 컴퓨터는 주어진 코드 순서대로 그저 성실히 명령을 수행할 뿐입니다. 따라서 우리에게 필요한 것은 필요한 서적의 위치를 찾아낸 후 해야 할 행동을 알려주는 것입니다. 이번 챕터에서는 아래 3가지 라이브러리를 사용하게 될 것이며 각 용도는 다음과 같습니다.

pandas: 데이터 분석을 위한 도구 ex) 엑셀 데이터 읽기
matplotlib.pyplot: 데이터의 시각화를 위한 도구 ex) 그래프 그리기
numpy: 수치 계산을 위한 도구 ex) 기울기 구하기

2. 파이썬을 활용한 그래프 그리기

1) 활동 준비하기

이 챕터에서 사용할 코드는 아래 링크에 들어가면 확인할 수 있습니다. 연습을 위해 [그림 2-2-4]와 같이 본인의 구글 드라이브에 사본을 생성하여 자유롭게 수정하며 따라서 해보세요.

허블–르메트르 법칙 활동 Colab 링크	me2.do/xZOqlD9p

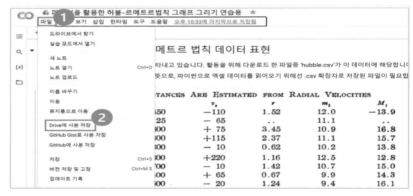

[그림 2-2-4] 본인의 구글 드라이브에 사본 생성하기

활동을 위해 필요한 엑셀 데이터는 아래 링크에 있습니다. 허블–르메트르 법칙에 대한 과학자들의 논문 속 데이터를 엑셀의 csv 파일 형태로 저장한 것입니다. 데이터를 표현하는 과정을 진행해야 하므로 찾기 쉬운 위치에 내려받아서 실습해보세요.

연습용 데이터 링크	me2.do/5BvThb8t

2) 허블–르메트르 법칙이란?

허블–르메트르 법칙이란 에드윈 허블(Edwin Powell Hubble)이 외부은하의 후퇴 속도가 거리와 선형적 관계가 있다는 관측 사실을 통해 외부은하가 멀수록 빨리 멀어진다는 것을 발견한 법칙입니다. [그림 2-2-5]와 같이 그래프로 표현하면 일차함수로 나타나는 이 허블-르메트르 법칙은 간단해 보이지만 우주가 정적이지 않고 팽창한다는 현대 우주론으로 패러다임이 전환되는 중요한 발표였습니다.

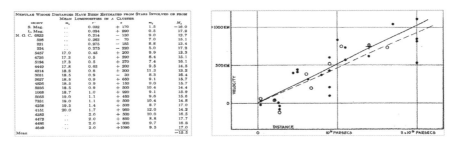

[그림 2-2-5] 허블이 발표한 논문 데이터와 외부은하의 속도–거리 관계(Hubble, 1929)

3) 허블 관측 자료를 이용한 산점도 그리기

파이썬을 활용해 데이터를 그래프로 나타내는 방법을 익혀봅시다.

① 첫 번째로 입력해야 할 것은 무엇일까요? 참고로 컴퓨터는 백지 상태에서 주어진 코드를 위부터 순서대로 실행하기 때문에 가장 먼저 앞으로 필요한 도구인 라이브러리를 익히도록 명령해야 합니다.

"import pandas as pd"를 해석해보자면 pandas 라이브러리를 갖고 있고, 줄여서 pd라는 명령으로 사용하겠다는 것입니다.

```
import pandas as pd          # csv파일을 읽어오기 위한 라이브러리(도구)
import matplotlib.pyplot as plt  # 그래프를 그리기 위한 라이브러리
import numpy as np           # 수식을 계산하기 위한 라이브러리
```

[그림 2-2-6] 필요한 라이브러리 불러오기

이 세 줄의 코드만 입력한 상태에서는 재생 버튼을 눌러도 아무런 변화가 없습니다. 잠시 왜일지 생각해보세요. 컴퓨터는 정말 시킨 대로만 합니다. 그래프를 그리기 위한 볼펜이나 샤프, 지식만 준비되어 있어서 아무것도 그려내지 않는 것이죠.

② 이제 우리가 그래프를 그리기 위한 도구와 지식을 갖고 있다고 생각하면 다음으로 무엇이 필요할까를 생각해야 합니다. 무엇을 그려야 할지 알아야 그릴 수 있을 테니 컴퓨터에게 알려주어야 합니다.

[그림 2-2-7]을 해석해봅시다. "data=~~"에서 data라고 입력하는 것은 ~~을 수행하라는 의미입니다. pd.read_csv는 pandas를 이용해서 csv 파일을 읽으라는 것입니다. csv 파일이란 Comma Separated Values의 줄임말인데 쉼표(,)로 데이터의 값이 구분되어 저장되는 형태입니다.

[그림 2-2-7] 데이터 읽기 코드

pd.read_excel('')을 통해서도 엑셀을 읽어올 수 있지만, 자료의 용량이 크다면 처리 속도가 우수한 csv 파일로 주로 저장하여 사용합니다. csv를 읽으라고만 하고 위치를 알려주지 않으면 안 되겠죠? 파일 경로를 지정하는 방법을 배워봅시다.

활동 준비하기 단계에서 내려받은 데이터 파일을 준비합니다. 파일을 업로드하는 방식에는 2가지가 있습니다.

먼저 [그림 2-2-8]의 1번, 세션에 업로드를 사용하면 컴퓨터에 저장된 파일을 간단히 올릴 수 있지만, 이는 일시적인 것으로 코랩과의 연결이 끝나면 사라집니다.

두 번째 방법은 [그림 2-2-8]의 1'과 같이 본인의 구글 드라이브에 데이터를 넣어두고 드라이브를 마운트시키는 것입니다. 본인에게는 영구적이지만 사용자가 달라지면 경로를 재지정해주어야 합니다. contet/drive/Mydrive에서 저장한 데이터를 확인하고 경로를 복사해 넣으세요.

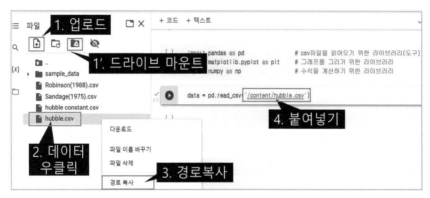

[그림 2-2-8] 데이터 경로 지정하기

　　제대로 읽었는지 중간에 확인하고 싶다면 [그림 2-2-9]처럼 print(data)를 입력해서 확인할 수 있습니다. 데이터에서 object는 은하의 종류, R은 은하까지의 거리, V는 후퇴 속도를 의미합니다. 데이터를 확인해보면 read_csv는 가장 윗줄을 변수(헤더)로 인식하기 때문에 csv 파일을 만들 때 가장 윗줄에 변수명을 입력해주어야 합니다.

　　데이터 확인 후에는 최종 코딩 실행 때 나타나지 않도록 print(data) 코드만 삭제해줍시다.

```
   data = pd.read_csv('/content/hubble.csv')
   print(data)
```
```
      object      R     V
0     S. Mag  0.032   170
1     L. Mag  0.034   290
2   NGC 5457  0.450   200
3       4736  0.500   290
4       5194  0.500   270
5       4449  0.630   200
6       4214  0.800   300
7       3627  0.900   650
8       4826  0.900   150
9       5236  0.900   500
10      3031  0.900   -30
11      1068  1.000   920
12      5055  1.100   450
13      4331  1.100   500
14      4258  1.400   500
15      4151  1.700   960
16      4382  2.000   500
17      4472  2.000   850
18      4486  2.000   800
19      4649  2.000  1090
20      6822  0.214  -130
21       598  0.263   170
22       221  0.275  -185
23       224  0.275  -220
```

[그림 2-2-9] 읽은 데이터 확인하기

③ 데이터를 읽었으면 이제 어떠한 변수들을 읽어야 할지 알려주어야 합니다. [그림 2-2-10]에서 x, y를 각각 데이터 속의 R, V를 읽도록 명령하였습니다. 앞서 csv 파일을 읽는 방법을 data라고 지정해주었기 때문에 컴퓨터는 csv 파일 속에서 R과 V를 찾아낼 수 있습니다.

plt는 우리가 처음에 지정한 라이브러리 중 matplotlib을 호출하는 명령어로 약속했습니다. 따라서 plt.scatter는 matplotlib에 담겨 있는 산점도를 그리는 방법을 찾아 지정된 x, y 값으로 그리도록 하는 것입니다. plt.show()를 통해 [그림 2-2-10]과 같이 어떠한 그래프가 그려지는지 확인 가능합니다.

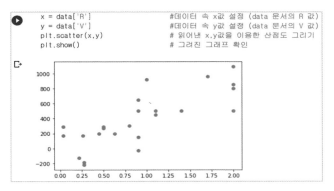

```
  x = data['R']              #데이터 속 x값 설정 (data 문서의 R 값)
  y = data['V']              #데이터 속 y값 설정 (data 문서의 V 값)
  plt.scatter(x,y)           # 읽어낸 x,y값을 이용한 산점도 그리기
  plt.show()                 # 그려진 그래프 확인
```

[그림 2-2-10] 변수 지정 및 그래프 표현

그려진 그래프를 확인해보면 점까지는 찍었지만, 그래프의 제목이나 축의 값과 단위 등이 그려지지 않은 것을 볼 수 있습니다. matplotlib이 그래프를 그리는 라이브러리이므로 plt를 통해 [그림 2-2-11]처럼 범례를 지정해줄 수 있습니다. matplotlib에 관해 구글링을 해보면 점의 색깔, 모양 등 다양한 범례들을 지정하는 방법을 알 수 있습니다.

```
  plt.scatter(x,y)                        # 읽어낸 x,y값을 이용한 산점도 그리기
  plt.xlabel('Distance(MPc)')             # x축 이름
  plt.ylabel('Vr(km/s)')                  # y축 이름
  plt.grid(linestyle='--')                # 그래프 격자, --: 점선 모양
  plt.title("Hubble-Lemaître's law (1929)") # 그래프 제목 지정
```

[그림 2-2-11] 그래프의 범례 조정 명령어

[그림 2-2-12]의 최종 코딩을 확인하고 출력을 해보세요.

```
import pandas as pd               # csv파일을 읽어오기 위한 라이브러리(도구)
import matplotlib.pyplot as plt    # 그래프를 그리기 위한 라이브러리
import numpy as np                 # 수식을 계산하기 위한 라이브러리

data = pd.read_csv('/content/hubble.csv')
# 표현할 데이터 파일 읽어오기 (read_csv는 가장 윗줄을 헤더(변수)로 인식)

x = data['R']                      #데이터 속 x값 설정 (data 문서의 R 값)
y = data['V']                      #데이터 속 y값 설정 (data 문서의 V 값)

plt.scatter(x,y)                   # 읽어낸 x,y값을 이용한 산점도 그리기
plt.xlabel('Distance(MPc)')        # x축 이름
plt.ylabel('Vr(km/s)')             # y축 이름
plt.grid(linestyle='—')            # 그래프 격자, —: 점선 모양
plt.title("Hubble-Lemaître's law (1929)") # 그래프 제목 지정

plt.show()                         # 그려진 그래프 확인
```

[그림 2-2-12] 산점도를 그리기 위한 최종 코딩

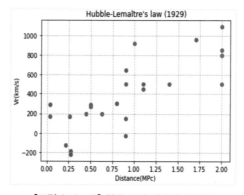

[그림 2-2-13] 최종 코딩 결과의 산점도

이제 파이썬 언어를 통해 어떤 식으로 명령어들이 컴퓨터에게 입력되고 작동되는
지 경험해보았습니다. 파이썬은 텍스트 코딩이므로 코랩 사본을 이용해 직접 코드들
의 명령어를 수정해보고 순서도 바꾸면서 자유롭게 수정해가며 직접 체험해보길 권합
니다.

4) 일차함수 형태의 추세선 그리기

다음으로는 일차함수 그래프 그리기를 알아보겠습니다.
이번 활동에서 그릴 추세선은 일차함수이기 때문에 단순한 선형입니다. 추세선을

이해하기 위해선 최소제곱법을 알고 있어야 합니다. 최소제곱법이란 임의의 선을 그렸을 때(모델 함수라 합니다) 그 선(예상된 값)과 각 데이터(관측된 값, 점)의 차이(잔차)가 가장 작은 것을 찾는 것입니다. 잔차만을 더하게 되면 0이 되기 때문에 잔차를 제곱하여 더한 값이 최소가 되는 선을 찾는 것이 최소제곱법입니다.

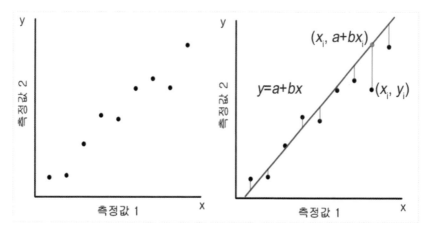

[그림 2-2-14] 선형회귀분석의 최소제곱법을 이용한 추세선 그리기 개념

허블–르메트르 법칙에서는 측정된 값들에 가장 근접한 추세선을 정하는 것이 매우 중요합니다. 물리적으로 그래프의 기울기는 허블 상수의 역수가 되어 우주의 팽창 속도와 나이를 결정하게 되기 때문에 단순해 보이는 직선 하나의 기울기를 정확히 하기 위해서 지금까지 수많은 과학자의 노력이 있었습니다.

이제 데이터로부터 추세선을 그리기 위해 numpy 라이브러리를 사용합니다. ❶과 같이 np. 명령어로 numpy를 호출하여 추세선을 계산하고 ❷와 같이 plt.plot이라는 명령어를 통해 일차함수의 x, y 값을 입력해주어 표현합니다.

```
# 추세선(최소제곱법)을 위한 code
z = np.polyfit(x,y,1)   1
p = np.poly1d(z)

plt.plot(x,p(x),"r-")   2
```

[그림 2-2-15] 최소제곱법을 이용한 추세선 코딩

위의 코드를 [그림 2-2-12]의 산점도 코드 아래 넣어주기만 하면 일차함수로 표현되는 추세선을 그려 넣을 수 있습니다. [그림 2-2-16]은 추세선의 식을 확인하기 위해서 print(p)를 추가로 입력하여 실행한 결과입니다.

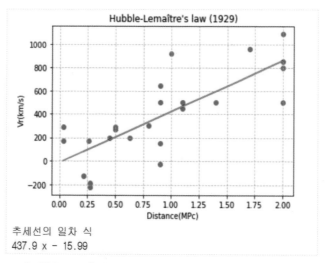

추세선의 일차 식
437.9 x - 15.99

[그림 2-2-16] 최소제곱법을 이용한 추세선 그리기 코딩 결과

5) 추세선의 y절편 고정하기(새로운 함수 정의)

우리는 최소제곱법을 이용해 허블–르메트르 법칙의 추세선을 그려보았습니다. 하지만 허블–르메트르 법칙에 따르면 이 추세선은 거리에 따른 후퇴 속도라는 물리적 의

미를 갖기 때문에 (0,0)을 지나는 선이어야 합니다. 이번에는 추세선이 원점을 지나도록 numpy에서 제공하는 최소제곱법이 아닌 새로운 함수를 정의해 활용해보겠습니다.

[그림 2-2-17]은 원점을 지나는 추세선의 기울기를 위해 calculate라는 함수를 새롭게 정의한 것입니다. 최소제곱법을 적용하기 위해 원점을 지나는 직선 y=ax를 가정하고 잔차의 제곱의 합이 최소가 되려면, 각 데이터에서 잔차(모델값-측정값 y)의 제곱인 $(a*x1-y1)^2$이 최소가 되어야 합니다. 따라서 $(ax-y)^2$의 계수를 c, d, e로 두었으며, 이차함수의 최솟값은 미분값이 0이 되어야 하므로 이를 만족하는 a를 찾도록 하였습니다.

```
# y = ax (y절편이 없는 추세선을 가정
def calculate(x, y):
    c = 0
    d = 0
    e = 0
    for i in range(len(x)):
        c += x[i] * x[i]
        d += -2 * x[i] * y[i]
        e += y[i] * y[i]
    return -d / (2 * c)
```

[그림 2-2-17] 최소제곱법을 적용하여 새롭게 정의한 함수

[그림 2-2-18]에서는 찾아낸 추세선 그래프의 기울기 a값을 이용하여 일차함수 그래프를 그리도록 했습니다. 그래프를 그리기 위하여 그래프의 x축 값은 np.arange로 제시했습니다. 이를 해석하자면 변수 x의 값을 0~2.5의 범위까지 0.1 간격으로 제시하라는 것입니다. print(t)를 이용하여 확인해보세요. '0, 0.1, 0.2, … 2.4'까지의 값이 제시됩니다.

```
# 원점에서의 추세선을 위한 코드
a = calculate(x, y)
t = np.arange(0,2.5,0.1)
plt.plot(t, t*a, 'r--')
plt.show()
```

[그림 2-2-18] 새롭게 정의한 함수를 통한 추세선 그리기

[그림 2-2-17], [그림 2-2-18]의 코드를 최종 산점도를 코딩한 [그림 2-2-12] 아래에 넣어주면 최종적으로 원점을 지나는 새로운 추세선이 그려집니다.

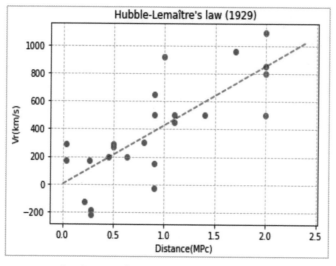

[그림 2-2-19] 원점을 지나는 추세선 최종 결과

6) 서로 다른 데이터 그래프 합쳐보기

지금까지의 과정을 차분히 잘 따라왔다면 이제 파이썬으로 어떻게 그래프가 그려지는지 대략적인 것을 파악할 수 있습니다. 파이썬 텍스트 코딩의 장점은 독자가 코드의 순서를 바꾸고 마음대로 지우고 넣어보면서 익혀볼 수 있다는 것입니다. 지금까지 배운 것을 응용하여 [그림 2-2-20]에 나오는 것과 같이 처음에 다운로드한 Hubble, Sandage, Robonson의 3가지 데이터를 합쳐보세요. 정상적으로 합쳐진다면 3가지의 데이터가 구분되도록 색깔이나 선의 종류, 범례 등을 지정하여 구분되도록 표현해보기를 바랍니다.

앞서 하나의 데이터는 data로 지정을 했으니 3가지의 데이터는 data1, data2, data3 등으로 구분하여 지정할 수 있겠습니다. 지금까지의 그래프 그리는 코드에서 변수들만 잘 구분하여 지정해준다면 할 수 있을 것입니다.

먼저 코드를 작성해본 후 공유해드린 코랩 링크에서 확인하세요.

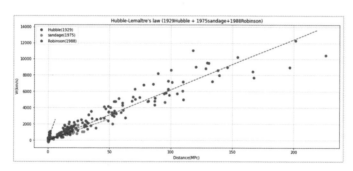

[그림 2-2-20] 3가지 다른 데이터의 표현

7) 여러 그래프를 한 번에 출력하기

6번 활동에서 수행한 3가지 데이터로 각각의 데이터 범위에 맞는 그래프를 그리고 합쳐볼 수도 있습니다. [그림 2-2-21]과 같이 plt.subplot을 활용한다면 본인이 원하는

그래프의 개수를 지정하고 활용할 수 있습니다. 각각의 subplot 아래에 각각의 그래프 코드를 넣으면 [그림 2-2-22]와 같은 결과가 산출됩니다.

```
plt.subplot(3, 1, 1) # 세로3, 가로1 개의 그래프 중 1번째
plt.subplots_adjust(left=0.125, bottom=0.1, right=0.9, top=0.9, wspace=0.2, hspace=0.35) #그래프사이의 간격 조정

plt.scatter(x1,y1,c='blue',label='Hubble(1929)') #색깔지정, 범례 이름 설정
plt.xlabel('Distance(MPc)')
plt.ylabel('Vr(km/s)')
plt.grid(linestyle='—')
plt.legend()            #범례 생성
a1 = calculate(x1, y1)
t1 = np.arange(0,3)
plt.plot(t1, t1*a1, 'b—')
```

[그림 2-2-21] subplot을 이용해 각각의 그래프를 합치는 코드 중 일부

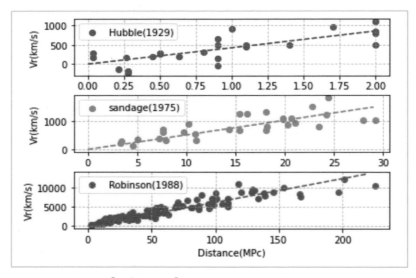

[그림 2-2-22] 3가지 그래프를 한 번에 표현

8) 오차가 표시되는 그래프 그리기

[그림 2-2-23]은 데이터의 오차가 반영된 그래프를 그린 것입니다. 과학과 같은 분야처럼 데이터에 오차범위가 존재한다면 이를 그래프에 표시하는 것이 가능합니다.

관측 데이터의 발달로 시대에 따라 달라진 오차를 포함한 허블 상수 값을 표현하는 코드를 만들어봅시다.

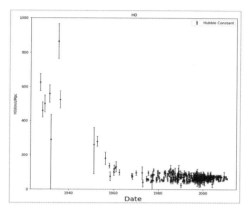

[그림 2-2-23] 데이터의 오차를 표시하는 그래프

Harvard CFA(Center For Astronomy)에서는 2010년까지 논문에 게재된 허블 상수 값(me2.do/xdk1RkJD)에 관하여 오차를 포함한 데이터를 제공하고 있습니다. 이 데이터를 엑셀을 이용해 csv 파일 형태로 저장해둔 자료가 링크에서 내려받은 hubble constant.csv 자료입니다.

[그림 2-2-24] Harvard CFA에서 제공하는 연도별 허블 상수 값

데이터에서 연도와 허블 상수 H0를 각 축의 값으로, 오차 값을 err1과 err2로 지정했습니다. yerr이 데이터의 오차범위가 되겠습니다.

```
#@title 허블 상수 변화 살펴보기 { display-mode: "form" }
import pandas as pd
import matplotlib.pyplot as plt
import numpy as np
data = pd.read_csv ("/content/hubble constant.csv")
x = data ['year']
y = data ['H0']
err1=data ['err+']
err2=data ['err-']
yerr = [err1, err2]
```

[그림 2-2-25] 에러 바 표시를 위한 변수 설정

[그림 2-2-26]은 그래프의 조건을 작성한 코딩입니다. plt.figure를 통해 그래프 크기를 결정해주었으며, y축의 범위는 0~1000으로 지정했지만, x축의 범위는 자동으로 판단해서 그리도록 두었습니다. 오차를 포함한 데이터를 그리는 코드는 plt.errobar입니다. 데이터의 y축 값에만 오차가 있기 때문에 yerr만 설정하였습니다.

```
plt.figure(figsize=(10,10))
plt.ylim(0,1000)
plt.xlim()
plt.errorbar(x,y, yerr=yerr, fmt='k.-', linewidth=0,
capsize=2, capthick= 1, ecolor='k', elinewidth=1, label='Hubble Constant')
plt.xlabel('Date', size=20)
plt.ylabel('H0(Km/s/Mpc')
plt.title('H0')

plt.show()
```

[그림 2-2-26] 그래프 조건 작성

matplotlib 사이트에 들어가면 여러 그래프의 모양과 코딩 예시 및 범례 코딩이 다양하게 소개되어 있습니다.

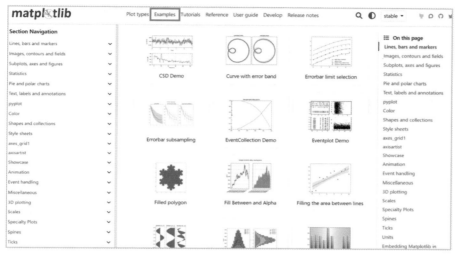

[그림 2-2-27] matplotlib 사이트(matplotlib.org)

3. 파이썬을 통한 그래프 활용 수업 예시

1) 허블–르메트르 법칙

앞에서 배운 허블–르메트르 법칙의 파이썬 코딩과 구글 사이트를 통해 웹페이지를 구성하여 수업에 활용할 수 있습니다. 프로그래밍 사고를 강조하기 위해 예비 교사를 대상으로 구상한 수업을 웹사이트로 만들었습니다.

sites.google.com/view/hubble-lemaitre-edu

허블–르메트르 법칙과 관련하여 동기유발을 위한 들어가기 활동이 있고, 1차시는 관련 과학사를 통해 개념을 공부합니다. 2차시에는 과학자들의 연구 방법을 따라 해볼 수 있도록 가상 실험 실습 프로그램을 사용하며, 3·4차시에 우리가 앞에서 공부해본 파이썬을 이용한 허블–르메트르 법칙을 넣어두었습니다. 예비 교사나 영재 교육, 중 등교육 등 대상에 맞게 각 차시를 분절하여 수업할 수 있습니다.

[그림 2-2-28] 구글 웹사이트를 이용한 허블–르메트르 법칙 활동 구성

코랩과 파이썬을 통해 데이터를 표현해보는 과정을 통해 프로그래밍 사고의 촉진 을 의도했고, 그래프를 분석하고 의미를 생각해볼 수 있도록 [그림 2-2-29]와 같이 코 랩의 텍스트 셀을 이용하여 데이터 표현 결과에 대한 발문들을 넣어두었습니다. 또한 [그림 2-2-30]처럼 구글 설문을 통해 해당 활동에 대한 피드백을 얻을 수 있도록 구성 하였습니다.

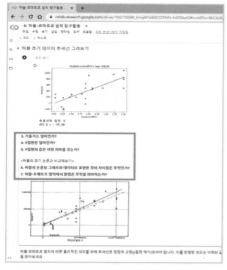

[그림 2-2-29] 코랩의 텍스트 셀을 통한 발문

[그림 2-2-30] 구글 설문을 통한 활동 평가

교육대상별로 내용을 잘 구분하여 활용한다면 주제에 맞는 지식의 습득뿐만 아니라 문제 해결력 및 프로그래밍 및 컴퓨팅 사고 능력 등 여러 사고 능력을 자극할 수 있을 것입니다.

2) 인구동향 공공 데이터를 활용한 데이터의 습득과 표현

통계청의 국가통계포털에서 통계청으로 집계되는 여러 분야의 다양한 데이터들을 공유하고 내려받을 수 있습니다. 다양한 데이터들이 공유되는 만큼 금융, 과학, 사회, 지리, 경제, 수학 교육 등 데이터를 활용하는 방향에 따라 다양한 수업에 적용이 가능합니다.

다양한 데이터의 원본이 공유되는 만큼 활용하는 방법은 가지각색이 될 수 있습니다. 그중 우리는 통계청에서 제공하는 대한민국 인구 변화와 예측치를 파이썬을 통하여 그래프로 그려보는 활동을 해보겠습니다.

먼저, 국가통계포털을 검색해서 들어간 후 인구 주제에서 장래인구추계 데이터를 활용해 지금까지의 우리나라 전체 인구수와 앞으로의 인구수 변화를 시각화하여 표현해봅시다.

아래 2가지 방법 중 편한 것으로 선택해주세요.

① [그림 2-2-31]과 같이 홈페이지에 바로 나타나는 추계인구를 클릭
② '국내통계'–'주제별 통계'–'인구'–'장래인구추계'–'주요인구지표/전국'

[그림 2-2-31] 국가통계포털(KOSIS)의 다양한 데이터 및 추계인구 통계

데이터를 선택하면 [그림 2-2-32] 화면으로 넘어갑니다. 조회된 데이터를 살펴보면 인구구조에 따른 연도별 인구수가 나타날 것입니다. 우리는 총인구 변화만 해볼 것이기 때문에 불필요한 데이터의 전처리가 필요합니다. 다행히도 해당 화면에서 1. 조회 설정과 2. 행렬전환으로 우리가 배운 코딩을 통해 쉽게 데이터를 다룰 수 있도록 전처리를 할 수 있습니다.

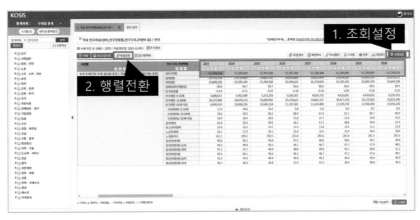

[그림 2-2-32] 국가통계포털(KOSIS)의 다양한 데이터 및 추계인구 통계

1. 조회설정과 2. 행렬전환을 누르면 [그림 2-2-33]의 화면이 나타날 것입니다. 조회 설정에서 우리가 원하는 데이터에 맞게 조회 조건을 설정합니다. 저는 항목(인구 항목), 가정별(중위), 인구구조(총인구), 시점(1960~2060)으로 설정하였습니다.

[그림 2-2-34]와 같이 조회 조건에 알맞은 데이터가 나왔는지 확인한 후에 csv 파일 형태를 선택하여 내려받아주도록 합니다. 제가 설정하여 받은 파일은 Kpopulation. csv로 저장하여 연습용 데이터 링크에 올려두었습니다.

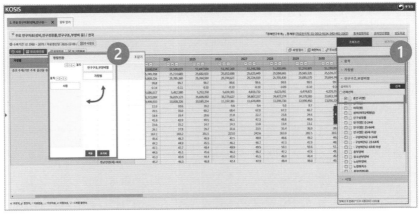

[그림 2-2-33] 조회설정과 행렬전환을 통한 데이터 전처리

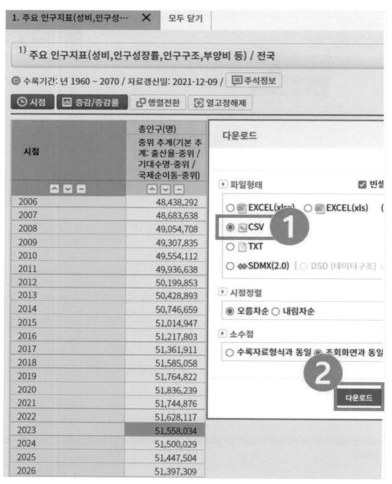

[그림 2-2-34] 파일 형태(csv) 설정과 다운로드

이제 표현해야 할 데이터를 얻었으므로 코랩을 이용해 코딩을 해봅시다. [그림 2-2-35]와 같이 문제가 발생하지 않았나요? 이번에 사용하는 데이터는 앞에서 다룬 허블-르메트르 법칙 데이터와 다르게 한글이 포함되어 있습니다. 우리는 한글을 사용하는 방법을 제공하지 않았기 때문에 한글을 읽지 못했다는 utf-8 코드를 볼 수 있습니다. 이러한 에러 코드를 참고하여 구글링하면 많은 문제를 해결해나갈 수 있습니다.

```
import pandas as pd
import matplotlib.pyplot as plt
import numpy as np

data = pd.read_csv('/content/Kpopulation.csv')
```

데이터 읽기 오류

```
UnicodeDecodeError                         Traceback (most recent call last)
<ipython-input-8-43f04cf2ea02> in <module>
      3 import numpy as np
      4
----> 5 data = pd.read_csv('/content/Kpopulation.csv')
```

에러 코드 설명

```
                                ↕ 9 frames
/usr/local/lib/python3.8/dist-packages/pandas/_libs/parsers.pyx in pandas._libs.parsers.raise_parser_error()

UnicodeDecodeError: 'utf-8' codec can't decode byte 0xbd in position 0: invalid start byte
```

[그림 2-2-35] 데이터 읽기 오류와 에러 코드 설명

다행히도 프로그래머들이 이미 내놓은 해결책을 찾기만 하면 됩니다. read_csv('파일경로', encoding='c949')으로 문제를 해결할 수 있습니다. 한글은 주로 c949, utf-8, euc-kr로 인코딩되어 있어서, 오류가 나는 경우 이 3가지 중 하나를 사용하면 데이터 속 파일을 인식할 수 있습니다. print(data)를 통해 파일이 제대로 읽히는지 확인합니다.

```
import pandas as pd
import matplotlib.pyplot as plt
import numpy as np

data = pd.read_csv('/content/Kpopulation.csv', encoding='cp949')
 #한글인식을 위해 encoding에서 'euc-kr'이 안되면 'utf-8'

x = data['시점']
y = data['총인구']
plt.figure(figsize=(15,6))
plt.plot(x,y)
plt.xlabel('시기점(년)')
plt.ylabel('총 인구수(천만명)')
plt.grid(linestyle='--')
plt.title("대한민국 인구추계", )


plt.show()
```

[그림 2-2-36] pandas에서 한글 인식 코드 추가

이제 [그림 2-2-36]의 코드를 입력하면 [그림 2-2-37] 그래프가 그려질 것입니다. 무언가 이상한 점이 있나요? 이번엔 그래프의 한글이 깨져 보일 것입니다. 우리는 방금 pandas 명령어에서 한글을 읽는 코드를 알려주었습니다. 그래프를 그리는 matplotlib 은 한글을 못 읽고 있는 것입니다.

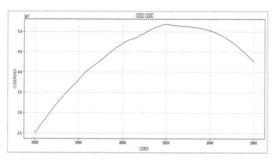

[그림 2-2-37] 파이썬 그래프에서 한글 깨짐 현상

오류들이 뜨면 다소 불편해 보일 수 있겠지만 이러한 시행착오 과정을 통해 논리적 사고 능력이 키워질 수 있다고 생각합니다.

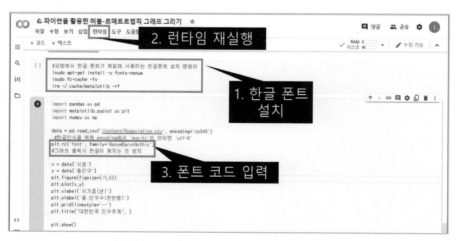

[그림 2-2-38] 코랩에 한글 폰트 설치 및 최종 코드

이제 matplotlib이 한글을 사용할 수 있도록 [그림 2-2-38]의 과정이 필요합니다. 먼저 다음과 같이 한글 폰트를 설치하는 코드를 입력합니다.

```
!sudo apt-get install -y fonts-nanum
!sudo fc-cache -fv
!rm ~/.cache/matplotlib -rf
```

두 번째로 코랩 메뉴의 런타임을 누른 후 '런타임 다시 시작'을 클릭합니다. 마지막으로 matplotlib이 한글을 읽도록 하는 명령어 코드를 입력해주면 됩니다.

```
plt.rc('font', family='NanumBarunGothic')
```

이후 다시 플로팅(실행)을 하면 [그림 2-2-39]와 같이 정상적으로 출력될 것입니다. 출산율 저하에 따른 인구 감소가 큰 우려를 낳습니다. 이를 주제로 다양한 교과에서 그래프를 분석하며 수업할 수 있습니다.

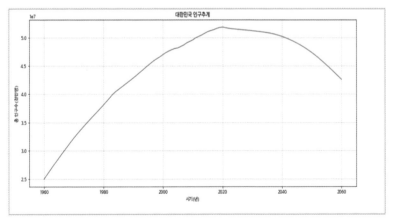

[그림 2-2-39] 한글 깨짐 현상이 해소된 최종 인구동향 및 추계 그래프

데이터를 얻는 방법은 다양합니다. 주어진 데이터를 이용하는 방법으로는 통계청의 자료 외에도 기상청에서 제공하는 기상자료개방포털, 행정안전부에서 제공하는 공공데이터포털 등도 있습니다. 이번 장에서는 파이썬을 이용해 일차함수를 주로 그리는 것들을 살펴보았습니다. matplotlib 홈페이지에 들어가면 훨씬 다양한 데이터 시각화 방법들이 공유되어 있으니 관심을 갖고 찾아보시면 많은 도움이 될 것입니다.

CHAPTER 03
들어가며

엔트리(Entry)는 블록을 끼워 맞추는 방법으로 프로그래밍을 할 수 있는 코딩 도구입니다. C, Java, 파이썬 같은 텍스트 기반 언어에 비해 초기 접근이 쉬운 편이라 저연령의 학생들이나 코딩을 처음 배우는 사람들이 많이 사용합니다.

최근에는 정보통신, 인공지능(AI) 리터러시를 강조하는 정부 정책에 맞추어 거의 모든 학생이 스크래치(Scratch)와 더불어 사용하는 주력 언어로 자리매김하고 있습니다.

이번 챕터에서는 간단하지만 강력한 콘텐츠 생산 도구인 엔트리를 이용하여 자연현상(특히, 중력장에서의 운동)을 시뮬레이션하는 방법을 간단히 알아보고자 합니다.

03 엔트리 블록 코딩으로 하는 시뮬레이션 만들기

교과 활용 팁	미술: 미디어 아트 만들기 수학: 각종 도형 그리기 음악: 뮤직비디오 만들기

1. '엔트리' 소개

1) 엔트리 entry 살펴보기

블록형 코딩은 블록을 끼워 조립하는 과정으로 간단히 컴퓨터에 명령을 내릴 수 있어서 텍스트 기반의 언어에 비해 쉽게 접근할 수 있습니다. 영화 등에서 거대한 컴퓨터 시스템을 해킹하는 해커들의 모습을 접하고 이를 동경하던 아이들도 텍스트 기반의 명령어 조합들을 보고는 해커가 되겠다는 희망을 포기하기도 합니다. 실제로 텍스트 기반의 수업을 해보면 한 글자의 오타나, 기호가 하나 틀리는 정도의 작은 실수에도 에러 메시지를 내뿜어대기 때문에 금방 흥미를 잃어버리곤 합니다.

많이 사용되는 블록형 코딩 도구에는 스크래치(Scratch)와 엔트리(Entry)가 있습니다. 스크래치는 미국 MIT에서 개발한 것으로 블록형 코딩 도구의 시조라고 말할 수 있습니다. 이후 개발된 블록형 개발 도구들은 거의 모두 스크래치와 비슷한 모양입니다.

엔트리는 네이버에서 만든 것으로 스크래치와 비슷하나 한글화가 잘 되어 있으며 인공지능 및 데이터 분석과 관련된 기능이 보강되어 있고, 아두이노와 같은 하드웨어와 연결하는 게 수월하다는 장점이 있습니다.

우리는 한글화가 잘 되어 있는 엔트리를 이용하여 간단한 시뮬레이션을 만들어보려고 합니다. 웹 브라우저에서 다음 주소에 접속합니다.

playentry.org

2) 엔트리 작품 만들기

엔트리로 작품을 만들기 위해서는 [그림 2-3-1]처럼 '작품 만들기' 메뉴를 선택합니다.

[그림 2-3-1] 엔트리 작품 만들기

모바일 폰과 같은 작은 화면에서는 작품 만들기가 어렵습니다. 태블릿의 경우 오른쪽 위 끝의 메뉴 아이콘(≡)을 클릭한 다음, '만들기–작품 만들기' 메뉴를 선택해 만들기 화면으로 진입할 수 있습니다.

'작품 만들기' 화면으로 진입하면 [그림 2-3-2]와 같은 화면이 나타납니다.

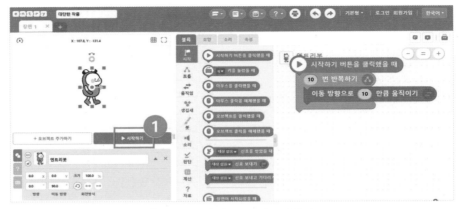

[그림 2-3-2] 작품 만들기 초기 화면

화면 왼쪽 위에는 프로그램 실행 창이 보이고, 가운데에는 사용할 수 있는 블록들이 보입니다. 화면의 오른쪽 절반을 차지하고 있는 넓은 공간은 블록들을 조립하는 곳입니다.

▶ 시작하기 버튼을 클릭하면 초기 프로그램이 실행됩니다.

[그림 2-3-3] 초기 프로그램 실행

초기 프로그램은 엔트리를 이동 방향으로 10만큼 움직이는 것을 10회 반복시키는 프로그램입니다. 초기 프로그램에서 보이는 캐릭터는 '엔트리봇'이라고 부르는 엔트리 전용 캐릭터입니다. 캐릭터를 자세히 보면 2가지 형태의 방향이 표시되어 있습니다.

[그림 2-3-4] 엔트리 캐릭터의 방향과 이동 방향

2가지 형태의 방향은 각각 '방향'과 '이동 방향'이라고 부릅니다. '방향'은 캐릭터가 놓이는 방향을 말하는 것이고, '이동 방향'은 말 그대로 캐릭터를 앞으로 전진시킬 때 캐릭터가 진행하는 방향을 말합니다. '방향'과 '이동 방향' 모두 엔트리봇에 표시된 노란색 표시를 드래그하거나 숫자를 직접 입력해서 값을 바꿀 수 있습니다.

3) 엔트리 코딩의 기초

(1) 엔트리로 하는 간단한 코딩

새로운 블록을 끼우기 전에 기존의 블록은 버리겠습니다. [그림 2-3-5]처럼 버리고자 하는 블록들을 드래그하여 놓으면 블록이 제거됩니다.

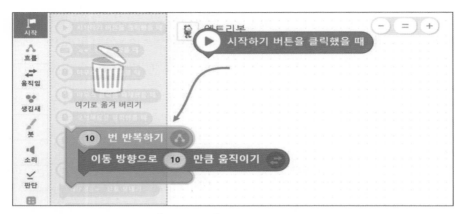

[그림 2-3-5] 엔트리 블록의 삭제

원하는 명령어 블록들을 끼워 넣으면 블록에 맞추어 프로그램이 실행됩니다. 예를 들어 [그림 2-3-6]처럼 코딩하면 엔트리봇이 말풍선을 띄웁니다.

[그림 2-3-6] 엔트리 말풍선 띄우기

[그림 2-3-7]처럼 간단한 사칙연산도 시킬 수 있습니다. 사칙연산의 괄호는 블록을 중첩하는 방법으로 대신합니다. 블록을 중첩할 때에는 각 블록의 왼쪽 괄호에 맞추어 놓으면 됩니다.

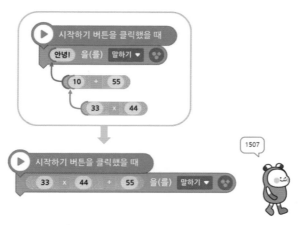

[그림 2-3-7] 엔트리 사칙연산 시키기

[그림 2-3-8]처럼 코딩하면 엔트리 캐릭터가 이동합니다. 블록이 어디 있는지는 블록의 색과 아이콘 모양으로 쉽게 찾을 수 있습니다.

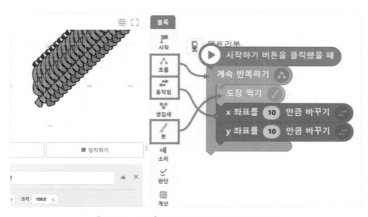

[그림 2-3-8] 엔트리 캐릭터 이동시키기

좌표계 위에서 캐릭터를 이동시킬 때 주의사항이 있습니다. 다음의 두 블록을 혼동하지 않아야 합니다.

[표 2-3-1] 엔트리 말풍선 띄우기

x 좌표를 **10** 만큼 바꾸기	캐릭터의 현재 좌표를 기준으로 10만큼 위치로 이동
x: **10** 위치로 이동하기	캐릭터의 현재 위치와 관계없이 x좌표의 10 위치로 이동

[표 2-3-1]의 두 블록은 캐릭터를 이동시키는 방법이 서로 다릅니다. 하나는 현재 좌표를 기준으로 상대적인 값으로 이동시키며, 다른 하나는 현재 위치에 상관없이 절대적인 좌표로 즉시 이동시킵니다.

엔트리 좌표계는 수학에서 많이 사용하는 x-y 평면 좌표계를 사용합니다. 엔트리 실행 화면 위쪽에 좌표계를 켜는 버튼이 있습니다. x축 방향은 −240부터 +240까지고, y축 방향은 −140부터 +140까지입니다. 좌표계의 최솟값과 최댓값은 변경할 수 없습니다.

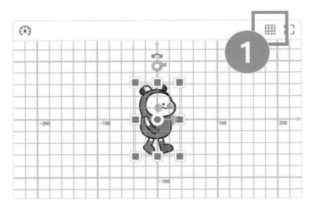

[그림 2-3-9] 엔트리 좌표계

(2) 엔트리 변수 활용

1, 2와 같은 숫자로 그 값이 고정되어 변하지 않는 수를 상수라고 합니다. 반면에, 값

이 변할 수 있는 수를 변수라고 하고 문자(열)로 표시합니다. 수학 시간에는 주로 'x'라는 알파벳을 사용했습니다. 그러나 조금만 생각해보면 반드시 'x'일 필요는 없습니다. 'abc'도 되고, '가나다'도 가능합니다. 예를 들어 [그림 2-3-10]처럼 순서대로 클릭하면 'a'라는 이름의 변수가 만들어집니다.

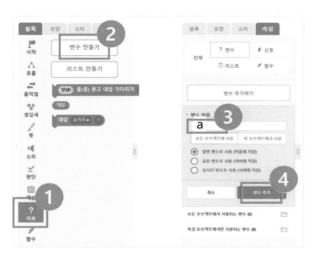

[그림 2-3-10] 엔트리 변수 만들기

변수가 숫자를 품고 있다면 숫자와 동등하게 사용하면 됩니다. [그림 2-3-11]은 변수를 숫자처럼 계산에 사용하는 모습입니다(a 변수를 10으로 정한 다음 2로 나누면 결괏값은 5가 됩니다).

[그림 2-3-11] 엔트리 변수를 숫자처럼 이용하여 계산하기

사용하지 않게 된 변수는 [그림 2-3-12]처럼 'X' 표시를 클릭해서 삭제할 수 있습니다.

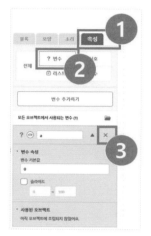

[그림 2-3-12] 사용하지 않는 변수 삭제

이 책에서 사용된 프로그램의 소스가 미리 입력된 예제 프로그램의 링크는 다음과 같습니다.

간단하게 확인만 하려는 경우 활용 바랍니다.

- 중력장에서 물체의 운동 naver.me/5xno1eZm
- 용수철에 매달린 물체의 운동 naver.me/GcWjhlcj
- 미디어 아트 naver.me/xBhNWlhI

2. 자연현상 시뮬레이션 만들기

1) 시뮬레이션 준비

(1) 운동을 표현할 물체 추가하기

중력장에서 물체의 운동을 시뮬레이션으로 표현해보겠습니다.

[그림 2-3-13] 엔트리봇을 지우고 둥근 물체를 추가하기

[그림 2-3-13]의 순서대로 엔트리봇을 지우고 둥근 물체를 하나 추가해줍니다.

❶ 기존의 엔트리봇을 삭제합니다.

❷ '오브젝트 추가하기'를 클릭합니다.

❸~❻ 물건 폴더에서 공처럼 둥근 물체를 하나 골라서 선택한 다음, '추가하기'를 클릭합니다.

(2) 속도를 담아둘 변수 만들기

우리가 사는 지표면에서는 항상 중력이 작용합니다. 지표상의 모든 물체(생물체를 포함한)는 아래(지구 중심) 방향으로 당겨지는 힘을 받습니다. 이 힘으로 자유 낙하하는 모든 물체는 계속해서 그 속도가 증가합니다. 이처럼 속도가 계속해서 변화하기 때문에, 속도는 상수가 아닌 변수로 처리해주어야 합니다.

[그림 2-3-14]처럼 x축 방향의 속도를 담아둘 변수 Vx, y축 방향의 속도를 담아둘 변수 Vy, 2개의 변수를 만들어줍니다.

[그림 2-3-14] 속도를 담아둘 변수 만들기

2) 중력장에서 물체의 운동

(1) 자유 낙하 운동

반복하기 루틴 내부에 속력을 증가시키는 코드를 넣은 다음, 해당 속도만큼 물체의 좌표를 변화시키면 자유 낙하 운동을 시뮬레이션할 수 있습니다.

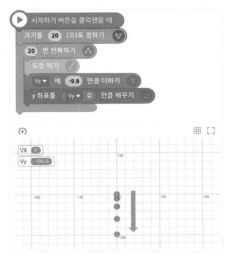

[그림 2-3-15] 자유 낙하 운동

각 코드가 나타내는 뜻은 [표 2-3-2]와 같습니다.

[표 2-3-2] 자유 낙하 운동에 사용된 블록들

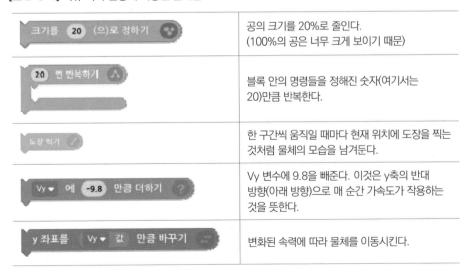

크기를 20 (으)로 정하기	공의 크기를 20%로 줄인다. (100%의 공은 너무 크게 보이기 때문)
20 번 반복하기	블록 안의 명령들을 정해진 숫자(여기서는 20)만큼 반복한다.
도장 찍기	한 구간씩 움직일 때마다 현재 위치에 도장을 찍는 것처럼 물체의 모습을 남겨둔다.
Vy ▼ 에 -9.8 만큼 더하기	Vy 변수에 9.8을 빼준다. 이것은 y축의 반대 방향(아래 방향)으로 매 순간 가속도가 작용하는 것을 뜻한다.
y 좌표를 Vy ▼ 값 만큼 바꾸기	변화된 속력에 따라 물체를 이동시킨다.

단 6개 블록만으로 자유 낙하 운동을 시뮬레이션할 수 있습니다. 작성한 코드를 자세히 보면, 구간마다 y축 방향의 속도를 –9.8만큼 더해가면서 속력의 값만큼 물체의 위치를 이동한 것뿐입니다. 공(물체)을 화면에 보여주는 등의 세세한 처리는 엔트리 플랫폼이 자동으로 처리해준다는 것을 알 수 있습니다.

9.8이라는 숫자는 지구의 중력 가속도($9.8 m/s^2$)를 뜻하는 것임을 직감할 수 있습니다. 그러면 달에서 던진 물체의 운동은 어떻게 시뮬레이션할 수 있을까요? 달의 중력 가속도는 약 $1.63 m/s^2$이므로, 위의 코드에서 '–9.8'만 '–1.6'으로 수정하면 됩니다.

(2) 옆으로 던진 물체 또는 포물선 운동

기존의 코드를 [표 2-3-3]처럼 초기 속도만 바꿔주면 옆으로 던진 물체의 운동과 포물선 운동 시뮬레이션으로 각각 표현할 수 있습니다.

[표 2-3-3] 옆으로 던진 물체의 운동(좌), 포물선 운동(우)

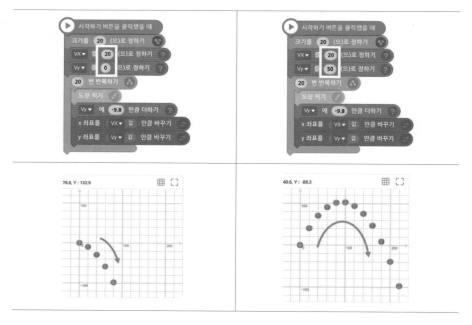

3) 용수철에 매달린 물체의 운동

(1) 훅의 법칙

용수철에 물체를 매달고 힘을 주어 물체를 움직이면 용수철이 변형되고, 이에 따라 용수철은 물체에 힘을 가합니다. 이 힘(탄성력)으로 용수철은 원래 위치로 되돌아가려고 합니다. 따라서 탄성력의 방향은 용수철 변형의 반대 방향이 됩니다.

[그림 2-3-16]에서 빨간색 방향으로 힘을 주어서 용수철을 변형시켰다고 가정하면 탄성력의 방향은 녹색이 됩니다.

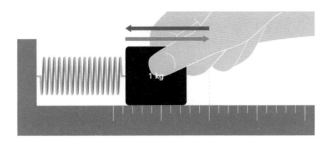

[그림 2-3-16] 용수철의 변형과 탄성력

용수철의 변형된 길이를 $x(m)$라고 하면 탄성력 f의 크기는 다음과 같습니다.

$$f = -kx$$

k는 용수철을 단위 길이로 변형시키는 데 필요한 힘으로, 용수철 상수라고 합니다. 용수철 상수의 단위는 N/m입니다. 용수철이 약한 힘에도 잘 늘어난다면 용수철 상수는 작은 값을 가지며, 용수철을 변형시키는 데 큰 힘이 들어간다면 용수철 상수는 큰 값을 가집니다.

(2) 진동 운동 시뮬레이션

용수철에 매달린 물체가 진동 운동하는 시뮬레이션을 제작하려 합니다. 어떻게 만들 수 있을까요? 엔트리 플랫폼에서 용수철은 그리기 어려운 편에 속합니다. 용수철은 머릿속에 있다고 가정하고 물체의 운동만 표현해봅시다.

[그림 2-3-17] 진동 운동 시뮬레이션을 만들려면?

위 코드의 ⬭ 위치에 훅의 법칙(Hooke's law)을 추가하면 진동 운동을 쉽게 표현할 수 있을 것 같습니다.

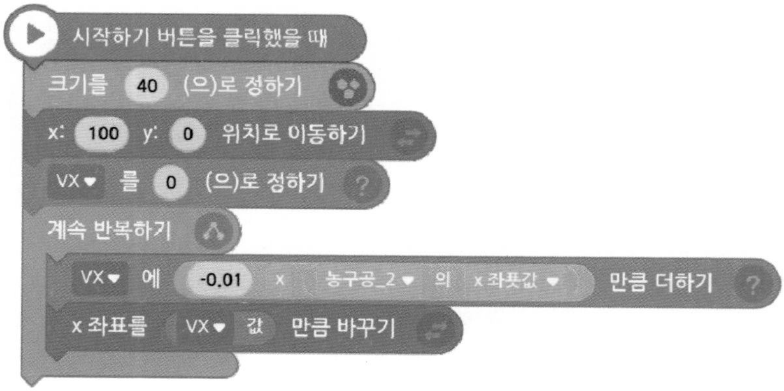

[그림 2-3-18] 진동 운동의 시뮬레이션

중첩되는 코드는 [표 2-3-4]의 그림을 참고하여 중첩합니다.

[그림 2-3-18]에서 용수철 상수는 −0.01로 세팅되어 있는데, 이 숫자를 변경하면 진동 운동의 주기가 변경됩니다. 마이너스(−) 기호는 탄성력의 방향이 변형된 방향의 반대임을 뜻합니다. 용수철 상수를 변경하면 진동 운동의 주기가 바뀝니다.

각 코드가 나타내는 뜻은 [표 2-3-4]와 같습니다.

[표 2-3-4] 진동 운동의 시뮬레이션

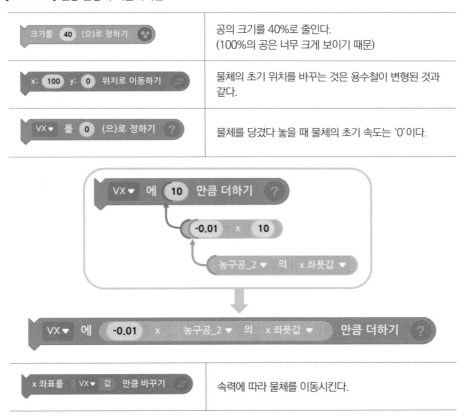

크기를 40 (으)로 정하기	공의 크기를 40%로 줄인다. (100%의 공은 너무 크게 보이기 때문)
x: 100 y: 0 위치로 이동하기	물체의 초기 위치를 바꾸는 것은 용수철이 변형된 것과 같다.
VX▼ 를 0 (으)로 정하기	물체를 당겼다 놓을 때 물체의 초기 속도는 '0'이다.
VX▼ 에 10 만큼 더하기 / −0.01 x 10 / 농구공_2▼ 의 x 좌푯값▼ / VX▼ 에 −0.01 x 농구공_2▼ 의 x 좌푯값▼ 만큼 더하기	
x 좌표를 VX▼ 값 만큼 바꾸기	속력에 따라 물체를 이동시킨다.

3. 엔트리 활용 수업 사례

1) 미디어 아트 만들기

미술에 코딩을 융합하면 새로운 형태의 미디어 아트(매체예술)를 만들 수 있습니다. 비가 내리는 풍경화에서 진짜로 비가 내리면 어떤 기분이 들까요? 엔트리를 이용하면 이전에는 표현하지 못했던 동적인 화면을 만들 수 있습니다.

우선 배경을 가져오겠습니다. 엔트리봇은 삭제하지 않아도 됩니다. 이 배경 앞으로 비가 내리는 모습을 만들어보려고 합니다.

[그림 2-3-19] 배경 가져오기

엔트리봇은 움직이지 않을 것이므로, 초기 프로그램이 있다면 삭제합니다.

[그림 2-3-20] 배경 가져오기

엔트리봇은 배경의 적당한 곳에 배치합니다. 그리고 물방울 오브젝트를 추가합니다. 물방울 오브젝트는 '물방울'로 검색하면 쉽게 찾을 수 있습니다.

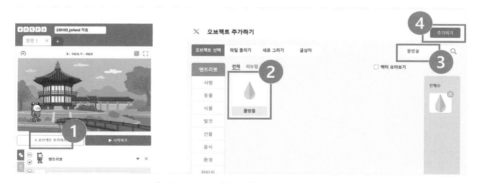

[그림 2-3-21] 물방울 오브젝트 추가

그다음, 물방울이 선택된 상태에서 [그림 2-3-22]와 같이 코딩합니다.

[그림 2-3-22] 물방울 오브젝트 코딩

코드 중간의 '자신의 크기' 블록은 [그림 2-3-23]과 같이 '계산'에 있는 기존 블록의
옵션 값을 바꿔서 만듭니다.

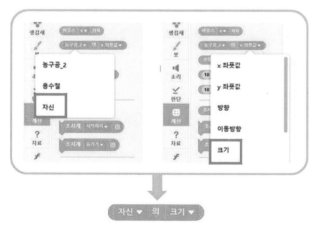

[그림 2-3-23] '자신의 크기' 블록 만들기

코딩 내용은 다음과 같습니다.

① 물방울의 위치를 화면 위쪽으로 옮겨서 보이지 않게 합니다.
② 물방울의 복사본을 100개 만듭니다.
③ 복사본이 만들어지면, 크기를 2~20% 사이의 무작위 값으로 바꿉니다.
④ 복사본의 x 좌표는 화면 왼쪽부터 오른쪽까지 랜덤하게 배치합니다.
⑤ 복사본을 아래 방향으로 조금씩 이동시킵니다. 이렇게 하면 비가 내리는 것처럼
　 보입니다.
⑥ 이동 속도를 물방울의 크기에 비례하게 하면 화면 가까이 있는 큰 물방울은 빨리
　 낙하하는 것처럼 보입니다.
⑦ 화면 아래쪽으로 사라지는 물방울은 다시 화면 위쪽으로 옮깁니다.
실행 화면은 [그림 2-3-24]와 같습니다.

[그림 2-3-24] 물방울 오브젝트 코딩

배경을 삭제할 때에는 [그림 2-3-25]와 같이 먼저 자물쇠를 풀고, 'X' 표를 클릭하여
삭제할 수 있습니다.

[그림 2-3-25] 배경 오브젝트의 삭제

2) 각종 도형 그리기

엔트리의 그리기 기능을 이용하면 수학 도형을 간단한 알고리즘으로 그려볼 수 있습니다. 다음은 도형 그리기의 몇 가지 예제입니다.

[표 2-3-5] 엔트리로 도형 그리기

CHAPTER 04
들어가며

앞서 우리는 엔트리(Entry)를 이용해서 물체의 움직임을 시뮬레이션하는 방법을 알아보았습니다.

엔트리는 코딩을 처음 접하는 저학년 학생들이 부담 없이 코딩을 시작할 수 있도록 다양한 도구들을 갖추고 있습니다. 최근에는 인공지능, 음성 입출력, 번역 등 시대의 흐

름에 맞춘 기능들이 대거 업데이트되면서 좀 더 강력한 코딩 도구로 변해가는 중입니다. 이렇게 변해가는 시대에 학생들에게 필요한 역량 중 하나로 데이터 리터러시(Data Literacy)가 강조되고 있습니다. 데이터 리터러시에는 데이터가 쓸모 있게 사용되도록 유의미한 패턴과 지식을 추출하고 가공하는 과정이 포함됩니다. 과학 실험을 하거나 사회 현상을 관찰하여 수집한 데이터를 모아두기만 하는 것은 아무런 의미가 없기 때문입니다.

이번 챕터에서는 엔트리의 인공지능 기능을 이용하여 데이터를 의미 있게 사용하는 방법을 알아보고자 합니다.

04 엔트리로 데이터 분석하기

교과 활용 팁	사회: 사회 현상의 분석, 데이터를 통한 미래의 전망 과학: 실험 측정 데이터 분석, 자연현상의 관찰 및 생물 분류

1. 인공지능 기반 AI 데이터 분석

1) 20××년 지구의 연평균 기온은?

(1) 선형회귀분석이란

통계학에서 말하는 선형회귀(Linear Regression)는 기존의 데이터를 기반으로 하여 알 수 없는 데이터의 값을 예측하는 분석 기법입니다.

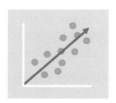

통계학에서는 최소제곱법과 같은 통계 기법으로 선형회귀분석을 하는 것이 일반적이며, 엔트리와 같은 인공지능 시스템에 맡겨서 처리하는 방법도 있습니다. 수학적인 통계 기법을 이용하는 경우 데이터가 같다면 항상 같은 결과가 도출되지만, 엔트리의

경우 학습 조건을 변경하면 그 결과가 조금씩 변합니다.

그러면, 지난 50년 동안의 지구의 연평균 온도를 분석하여 앞으로 어떻게 변할지 예측해보겠습니다.

(2) 테이블 불러오기

테이블(Table)은 식사나 작업을 하는 탁자를 말하기도 하지만, 데이터가 구조적으로 배열된 것을 말하기도 합니다. 마이크로소프트의 엑셀(Excel)이나 구글의 스프레드시트와 같은 표 편집기가 작동되는 화면도 테이블입니다.

엔트리에서 데이터를 분석하기 위해서도 데이터가 테이블의 형태로 있어야 합니다. 테이블은 엔트리가 기본적으로 제공하는 것도 있고, 외부에서 작성된 테이블을 파일로 읽어 들일 수도 있습니다.

그러면, 엔트리에 내장된 테이블을 가져오겠습니다. '테이블 불러오기', '테이블 추가하기'를 각각 클릭합니다.

[그림 2-4-1] 테이블 불러오기

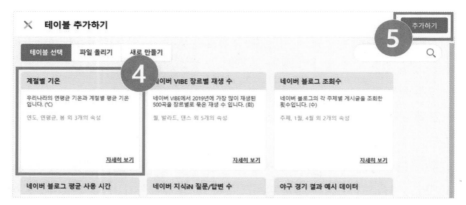

[그림 2-4-2] 테이블 추가하기

우리가 다룰 테이블은 '계절별 기온' 테이블입니다. 가져온 테이블을 한번 살펴보 겠습니다.

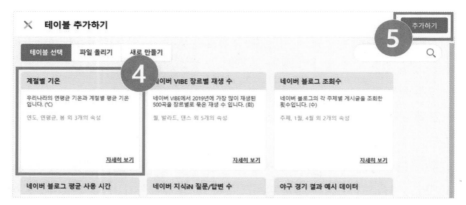

[그림 2-4-3] 테이블 확인하기

아래의 ❶~❻까지를 순서대로 클릭하면 원본 데이터를 차트로 만들 수 있습니다. 이 데이터를 사용하기 위해서 '적용하기'를 클릭합니다.

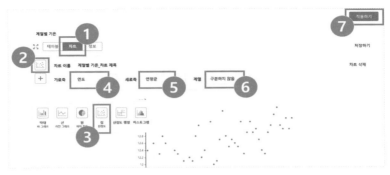

[그림 2-4-4] 차트 만들기

(3) 선형회귀분석

지금까지는 분석할 대상(데이터)을 지정하는 과정이었습니다. 그러면, 이제 이 데이터를 가지고 본격적인 분석을 하겠습니다. 엔트리의 인공지능 모듈은 대부분 기계학습(Machine-Learning)에 기반하여 작동됩니다. 즉, 주어진 데이터를 가지고 기계가 스스로 학습을 한 후, 그 결과를 사용자에게 보여주는 방식입니다.

기계가 어떤 학습을 해야 할지는 사용자가 지정해줍니다. 지금은 선형회귀분석을 하고 있으므로, [그림 2-4-5]와 같이 '예측: 숫자 선형회귀'를 선택한 후 '학습하기' 버튼을 클릭합니다.

[그림 2-4-5] 선형회귀분석 모델 선택

이제 기계 학습을 실시합니다. [그림 2-4-6]의 순서대로 클릭하면 기계 학습이 완료됩니다.

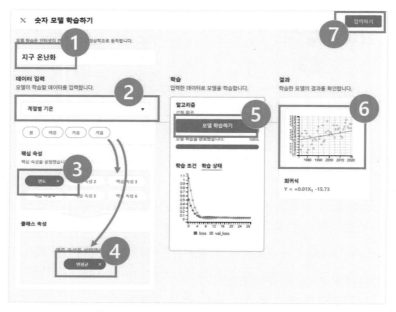

[그림 2-4-6] 선형회귀분석의 기계 학습 절차

각 단계에 대한 설명입니다.

❶ 기계 학습에 대한 제목을 정합니다. 다른 학습 모델과 혼동하지 않도록 적당한 이름으로 입력합니다.

❷ 학습할 데이터를 선택합니다.

❸ 가로축의 시계열을 선택합니다. 적당한 속성(예: 연도)을 드래그해서 가져다 놓습니다.

❹ 세로축의 예측 속성을 선택합니다. [그림 2-4-6]에서는 연평균 기온을 드래그해서 놓았는데, 계절별 기온 등 다른 속성도 가능합니다.

❺ '모델 학습하기' 버튼을 클릭하면 기계 학습이 시작됩니다. 완료될 때까지 약간의 시간이 소요됩니다.

❻ 학습이 완료된 모델이 화면에 표시됩니다.

❼ '입력하기'를 클릭하면 학습된 모델을 코딩에 사용할 수 있게 됩니다.

학습하기 이전에 학습 조건을 변경할 수 있습니다(에포크, 배치 크기, 학습률, 검증 데이터 비율 등). 학습 조건에 관한 자세한 설명은 각 조건 옆에 표시된 물음표 버튼을 클릭하면 볼 수 있습니다.

[그림 2-4-7] 학습하기 전 학습 조건의 변경

학습 조건 중 에포크는 50 정도로 변경하기 바랍니다. 기본값으로는 30번 학습하는 것으로 되어 있는데, 정밀한 결과를 원한다면 더 큰 값을 주는 것이 좋습니다. 다만, 학습을 완료하는 데 시간이 더 걸립니다. 다른 조건들도 조금씩 변경해보면서 가장 적절해 보이는 값을 찾아보기 바랍니다. 인공지능 알고리즘의 특성상 학습할 때마다 결괏값이 조금씩 달라지는 것을 볼 수 있습니다.

(4) 20××년 지구의 연평균 기온은?

기계 학습 모델이 만들어졌으면 이를 기반으로 코딩을 할 수 있습니다. 코딩 과정은 상당히 간단합니다. [그림 2-4-8]과 같이 코딩하면 미래를 예측할 수 있습니다.

[그림 2-4-8] 10년 후 지구의 연평균 기온은?

단, 이 미래의 값은 현재의 상태가 지속한다고 가정한 상태에서의 예측이므로, 누군가의 개입이 있다면 당연히 미래는 예측에서 벗어날 수 있습니다.

2) 지구형 행성과 목성형 행성의 분류

(1) 외부 데이터 가져오기

엔트리는 외부에서 작성한 데이터를 가져오는 기능을 제공하고 있습니다. 단, 외부에서 작성한 데이터는 csv와 xls(x) 파일이어야 합니다. 다음과 같은 간단한 데이터를 만들어서 간단한 분류를 학습해보겠습니다.

자동 저장					통합 문서1 - Excel		

파일 홈 삽입 그리기 페이지 레이아웃 수식 데이터 검토 보기 도움말

L24

	A	B	C	D	E	F
1	행성 이름	행성 종류	질량(지구=1)	반지름(지구=1)	평균밀도(kg/L)	
2	수성	지구형	0.06	0.38	5.43	
3	금성	지구형	0.82	0.95	5.24	
4	지구	지구형	1	1	5.51	
5	화성	지구형	0.11	0.53	3.93	
6	목성	목성형	317.92	11.21	1.33	
7	토성	목성형	95.14	9.45	0.69	
8	천왕성	목성형	14.54	4.01	1.27	
9	해왕성	목성형	17.09	3.88	1.64	
10						
11						

[그림 2-4-9] 태양계 행성 데이터

데이터 파일을 만들 때에는 마이크로소프트 엑셀과 같은 유료 프로그램을 사용할
수도 있지만, 구글 스프레트시트와 같은 다양한 무료 프로그램에서도 xls 포맷으로 출
력할 수 있습니다.

또한, 외부 데이터를 불러오지 않고 엔트리에서 직접 데이터를 입력하는 방법도 있
습니다.

[그림 2-4-10]과 같이 테이블을 추가합니다.

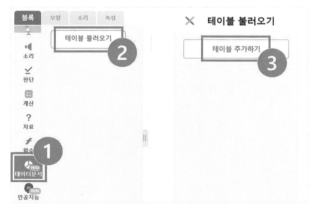

[그림 2-4-10] 테이블 불러오기

만들어진 파일을 끌어다 놓거나 클릭해서 파일을 추가합니다. 그다음 '추가하기', '적용하기' 버튼을 차례대로 클릭합니다.

[그림 2-4-11] 테이블 추가하기

(2) 숫자를 기반으로 분류하기

행성들은 질량, 반지름, 밀도, 행성 종류 등의 데이터를 가지고 있습니다. 이 데이터들을 인공지능 알고리즘이 학습하도록 한 후 미지의 데이터를 예측하도록 할 수 있습니다.

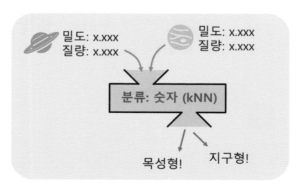

[그림 2-4-12] 숫자를 기반으로 분류하기

우리는 행성을 분류하는 기준을 엔트리가 스스로 학습하도록 할 것입니다. 이를 위해서 인공지능 블록의 '분류: 숫자(kNN)' 모델을 이용합니다.

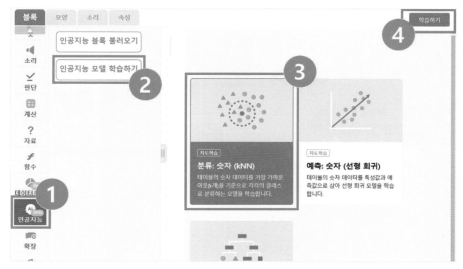

[그림 2-4-13] 숫자 분류 모델 선택

인공지능이 내부적으로 어떤 과정을 거쳐서 행성들을 분류하는가는 여기서 다루지 않을 것입니다. 현재의 인공지능 시스템은 알고리즘을 스스로 선택해서 진행해나가기 때문에, 시스템 내부적으로 어떤 논의를 거쳐 결론에 이르는지 인간이 중간에 개입하기 힘든 구조로 되어 있습니다. 따라서 현재 우리는 인공지능 시스템이 도출해주는 결괏값만 보고 판단할 수밖에 없습니다.

이제 기계 학습을 실시합니다. [그림 2-4-14]의 순서대로 클릭하면 기계 학습이 완료됩니다.

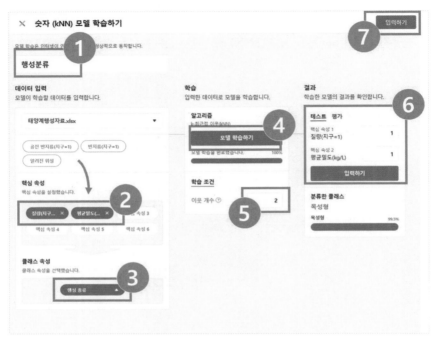

[그림 2-4-14] 숫자 분류 모델 학습하기

각 단계에 대한 설명입니다.

❶ 기계 학습의 제목을 정합니다. 다른 학습 모델과 혼동하지 않도록 적당한 이름으로 입력합니다.

❷ 행성을 분류하기 위한 속성(질량, 밀도 등)을 정합니다.

❸ 클래스 속성은 '행성 종류'를 선택합니다. 이것은 분류의 결과로 행성의 종류가 나온다는 뜻입니다.

❹ '모델 학습하기'를 클릭하면 학습이 시작됩니다.

❺ 아마도 학습 조건을 변경하지 않은 상태에서 바로 학습하기를 시도하면 에러가 발생할 것입니다. 이것은 주어진 데이터의 개수가 8개밖에 되지 않는 상태에서 이웃한 8개의 데이터를 학습할 수 없어서 발생하는 에러입니다. 따라서 8보다 작은 값을 입력해야 합니다. 가까운 행성까지만 비교하면 되기 때문에, 지금은 숫

자 2를 입력합니다.

❻ 학습한 결과를 확인할 수 있습니다. 예를 들어, 질량이 지구와 같고 평균 밀도가 '1'인 행성은 목성형으로 분류됩니다.

(3) 우주탐사선이 찾은 행성 x , 지구형일까? 목성형일까?

지구와 질량이 같은 상태에서 지구형과 목성형 행성을 분류하는 기준은 어떻게 될까요? 핵심 속성에 다양한 숫자를 입력하면 알아낼 수 있습니다.

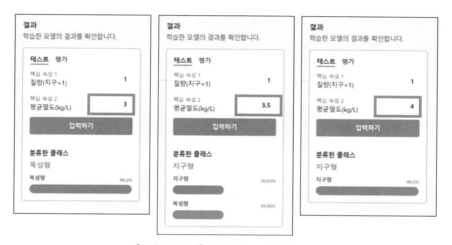

[그림 2-4-15] 행성 분류 모델의 테스트

테스트 결과, 평균 밀도 3.5 정도를 기준으로 해서 그보다 높은 밀도면 지구형, 낮은 밀도면 목성형으로 분류하고 있습니다. 참고로 인공지능 알고리즘은 수학적 통계 기법과 달라서 학습할 때마다 결과가 조금씩 달라집니다. 아주 급격한 변화가 아니면 정상 범위로 간주합니다.

2. 엔트리 데이터 활용 수업 사례

1) 가격탄력성이 가장 큰 품목은?

(1) 물가지수의 예측

우리는 생활하기 위해서 많은 물건과 서비스를 소비하며 살아갑니다. 이 품목들의
가격은 매해 조금씩 상승하고 있습니다. 그런데 품목에 따라서 많이 상승하는 것과 오
히려 가격이 내려가는 것도 있습니다. 품목에 따라서 어떤 상승률을 보이는지 알아보
겠습니다.

우선, 테이블을 추가합니다. 기본으로 제공되는 테이블은 가나다순으로 정렬되어
있습니다.

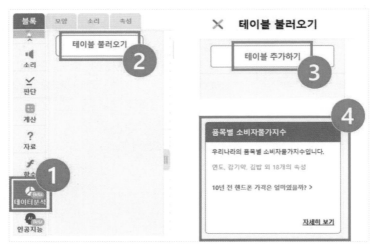

[그림 2-4-16] 품목별 소비자물가지수 불러오기

엔트리에서 제공하는 품목별 소비자물가지수 데이터는 1975년부터 자료가 제공됩
니다. 2020년도의 가격을 기준인 100으로 한 값입니다.

품목별 소비자물가지수

| | 테이블 | 차트 | 정보 | | | | | | | | | 저장하기 |

	A	B	C	D	E	F	G	H	I	J	K	L	M
1	연도	감기약	김밥	냉장고	달걀	돼지고기	딸기	떡볶이	라면	밀가루	바나나	빵	생수
2	1975	16.01		120.684	13.063	8.361	4.549		12.941	9.754			
3	1976	17.573		124.297	13.458	10.893	6.164		13.293	10.368			
4	1977	18.897		116.148	14.464	11.235	6.948		14.477	10.145			
5	1978	21.528		107.998	16.614	15.103	8.331		15.971	9.961			
6	1979	29.842		108.118	16.665	14.592	9.364		19.45	10.503			
7	1980	36.807		116.581	19.371	17.116	11.299		27.036	15.644			
8	1981	37.743		114.133	23.304	28.714	15.725		32.204	20.18			

[그림 2-4-17] 품목별 소비자물가지수 데이터

(2) 물가지수 차트 만들고 분석하기

물가지수의 변동을 한눈에 보기 위해서 차트를 만들어봅니다.

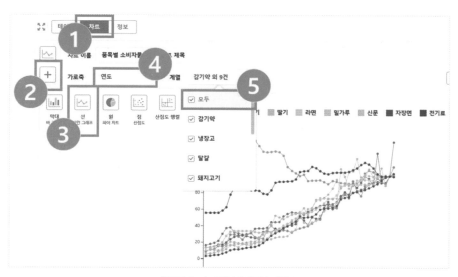

[그림 2-4-18] 물가지수 차트

냉장고, 전기료와 같이 완만하게 증가한 품목도 있으나 대부분은 거의 비슷한 비율로 상승하는 것을 알 수 있습니다.

'적용하기'를 클릭하여 처음 화면으로 이동한 다음, '인공지능' → '인공지능 모델 학습하기' → '새로 만들기' → '예측: 숫자(선형회귀)'의 순서대로 클릭하면 [그림 2-4-19]와 같은 화면이 나타납니다.

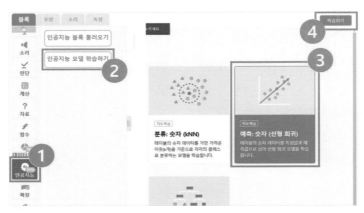

[그림 2-4-19] 선형회귀분석 모델 선택

이어서 순서대로 클릭하면 품목별로 평균 물가 상승률을 구할 수 있습니다.

예를 들면, 돼지고기를 선형회귀로 분석해보면 다음과 같습니다(학습 조건에서 에 포크는 100, 학습률은 0.5 정도로 설정 후 학습하면 좋습니다).

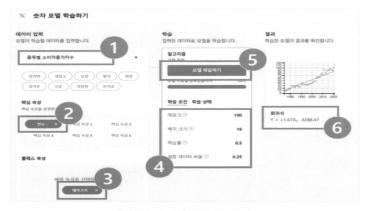

[그림 2-4-20] 물가지수 차트

각 단계에 대한 설명입니다.

❶ 분석하고자 하는 테이블을 선택합니다.

❷ 가로축의 시계열을 선택합니다. 연도를 드래그해서 가져다 놓습니다.

❸ 세로축의 예측 속성을 선택합니다. 여기서는 돼지고기의 물가 상승률을 분석해 보겠습니다.

❹ 학습 조건을 세팅합니다. 에포크를 50~100 정도 값으로 증가시켜주세요.

❺ '모델 학습하기' 버튼을 클릭하면 기계 학습이 시작됩니다. 완료될 때까지 약간의 시간이 소요됩니다.

❻ 선형회귀분석 결과가 나타납니다.

돼지고기는 매년 약 1.67%씩 가격이 증가하는 것을 알 수 있습니다. 클래스 속성을 변경하면 다른 품목에 대해서도 물가 상승률을 계산할 수 있습니다.

2) 펭귄의 분류

(1) 남극의 펭귄 데이터

우리나라 남극 세종기지 근처에서 무리를 지어 번식하는 펭귄에는 턱끈펭귄(친스트랩 펭귄), 젠투펭귄, 아델리펭귄 등이 있다고 합니다. 이 펭귄들의 관찰 데이터를 기초로 펭귄을 분류해보겠습니다.

[그림 2-4-21]처럼 엔트리의 '펭귄 예시 데이터'를 가져옵니다.

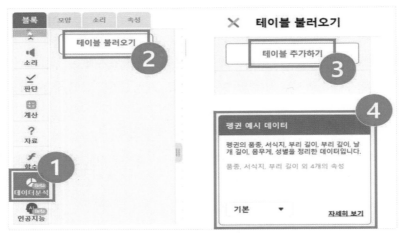

[그림 2-4-21] 펭귄 예시 데이터 가져오기

펭귄의 관찰 데이터는 펭귄의 품종, 서식지, 부리 길이, 부리 깊이, 날개 길이, 몸무게, 성별 등으로 이루어져 있습니다.

펭귄 예시 데이터

	A	B	C	D	E	F	G
1	품종	서식지	부리 길이	부리 깊이	날개 길이	몸무게	성별
2	Adelie	Torgersen	39.1	18.7	181	3750	Male
3	Adelie	Torgersen	39.5	17.4	186	3800	Female
4	Adelie	Torgersen	40.3	18	195	3250	Female
5	Adelie	Torgersen	36.7	19.3	193	3450	Female

[그림 2-4-22] 펭귄 예시 데이터

(2) 분류 모델 선택

어떤 정보들이 펭귄을 구별하는 데 유용할까 분석해봅시다. 이 분류 방법도 인공지능에 맡겨보도록 하겠습니다.

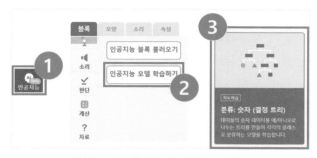

[그림 2-4-23] 인공지능 분류 모델 선택

(3) 숫자(결정 트리) 모델 학습하기

결정 트리는 마치 갈라져 나가는 나뭇가지와 같이 데이터 조건에 따라서 분기하는 분류 모델을 말합니다.

펭귄의 부리, 날개, 몸무게 값의 조건에 따라서 분기하는 모델을 만들어보겠습니다. 아래와 같이 순서대로 클릭하면 모델 학습이 완료됩니다.

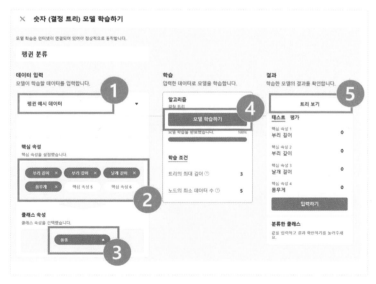

[그림 2-4-24] 인공지능 분류 모델 선택

학습하기 창에서 클래스 속성을 변경하면 품종뿐만 아니라 서식지, 성별도 분류할
수 있습니다.

학습이 완료된 후 트리 보기를 클릭하면, 인공지능이 만들어준 분기 조건을 확인할
수 있습니다.

[그림 2-4-25] 펭귄 분류 조건의 확인

앞서 말한 바와 같이, 인공지능 알고리즘은 학습할 때마다 결괏값이 조금씩 다르게
나옵니다. 가장 적절한 값이 안정되게 나올 수 있도록 학습 조건 등을 조절해보기 바랍
니다.

CHAPTER 05
들어가며

구글(Google)에서는 다양한 데이터를 시각화하고 이에 대한 인사이트를 얻는 데이터 실험실을 운영하고 있습니다. 그중에는 기후 변화로 인한 영향을 다루는 다양한 데이터 실험실이 존재합니다. 기후 변화로 앞으로 우리는 어떤 미래를 맞게 될까요? 지구에 존재하는 생물에게는 어떤 영향이 있을까요? 이에 관해 알려주는 좋은 도구가 있습니다. 기후 변화 영향 필터(Climate Change Impact Filter)는 지구의 기온 상승으로 인하여 벌어질 일들에 관한 자료를 토대로 시각화 결과물을 구현해주어 수업에 활용할 수 있는 좋은 도구입니다. 기후 변화의 영향을 체험할 수 있고, 학생들에게 생태 전환 수업을 할 수 있는 도구인 기후 변화 영향 필터를 소개하겠습니다.

05 구글의 기후 변화 영향 필터로 생태 전환 수업하기

교과 활용 팁	교과 융합: 기후 변화 융합 수업하기 통합과학: 지구 온난화가 지구 환경에 주는 영향 알아보기 통합사회: 통합적 관점으로 기후 변화 살펴보기 지구과학: 기후 변화의 영향 알아보기

1. '구글 기후 변화 영향 필터' 소개

1) 구글 기후 변화 영향 필터 살펴보기

[그림 2-5-1] 구글 검색창에 Experiment With Google을 검색한 결과 화면

구글에서는 데이터를 기반으로 다양한 실험실을 운영하고 있습니다. 구글 검색창에 'Experiment With Google'을 검색해보면 여러 가지 실험실 항목들이 나옵니다. 수없이 많은 데이터 프로젝트들의 결과물들이 이어지고 있는 것을 확인할 수 있습니다.

구글의 여러 가지 데이터 프로젝트에 흥미를 갖고 있다면 이 사이트에서 나온 많은 결과물을 경험한 적이 있을 수도 있습니다. 구글의 실험실 검색창에서 'Climate Change'를 검색하면 다양한 프로젝트들을 확인할 수 있습니다.

[그림 2-5-2] 구글 실험실에서 Climate Change 검색   [그림 2-5-3] 필터 구동 버튼

검색을 통해 찾을 수 있는 기후 변화와 관련된 여러 가지 데이터 프로젝트 중 'Climate Change Impact Filter'에 마우스 커서를 올리고 'LAUNCH EXPERIMENT'를 눌러 다음 화면으로 넘어갑니다.

기후 변화 영향 필터의 첫 화면은 다음과 같습니다. "What will perish? What will remain?(무엇이 사라지게 되는가? 무엇이 남게 되는가?)" 이후 CLICK TO START 버튼을 눌러 필터를 실행합니다.

[그림 2-5-4] 기후 변화 영향 필터 시작 화면

사이트 자체는 크롬(Chrome) 브라우저를 기본으로 구동되며 기본 제공되는 언어는 영어입니다. 크롬 브라우저에서는 번역 기능을 제공하고 있으므로 크롬 브라우저 창에서 번역기를 돌려서 사이트를 구동하면 한글로 번역된 사이트를 이용할 수 있습니다.

[그림 2-5-5] 구글 번역기 돌린 화면

　번역기가 구동된 상태에서는 메뉴 버튼이 활성화가 안 되는 경우가 있습니다. 그래서 가능하다면 영어 원본 페이지로 사용하기를 권합니다. 한글 이용 시 버튼이 잘 눌러지지 않는다면 영어로 번역기를 다시 돌린 뒤에 메뉴 버튼을 눌러주면 잘 구동됩니다.

　첫 화면에 접속하면 안내를 위한 튜토리얼(Tutorial)이 자동으로 시작됩니다. 첫 화면부터 튜토리얼에 맞춰서 사용법을 익혀보겠습니다. 첫 화면에 접속했을 때 튜토리얼에서 안내하는 대로 위쪽 메뉴에서 INSECT(곤충) 버튼을 눌러줍니다. 메뉴에도 나와 있듯이 BIRD(조류), REPTILE & AMPHIBIANS(파충류와 양서류), MAMMAL(포유류), PLANT(식물), MARINE(선박), ANTHROPOCENE(기후파괴) 등의 메뉴를 모두 이용할 수 있습니다.

[그림 2-5-6] 기후 변화 영향 필터 튜토리얼 첫 번째 화면

두 번째 화면에서는 곤충 중에서 BUMBLEBEE(꿀벌) 버튼을 누릅니다.

[그림 2-5-7] 기후 변화 영향 필터 튜토리얼 두 번째 화면

BUMBLEBEE 버튼을 누르면 세 번째 튜토리얼로 오른쪽에 있는 슬라이더를 움직여보라는 안내가 나옵니다. 안내된 장면은 산업화 이후의 지구 온도 변화를 나타내는 것으로 "지구의 온도가 1.2℃ 상승할 때 꿀벌의 종들이 0% 사라진다.(사라지지 않는다)"라는 메시지를 보여줍니다.

[그림 2-5-8] 기후 변화 영향 필터 튜토리얼 세 번째 화면

이후 온도를 높여보면 꿀벌의 사진들이 사라지면서 지구 기온이 2.8℃ 상승하였을 때 꿀벌종의 82%가 사라진다는 것을 알 수 있습니다.

[그림 2-5-9] 온도를 올려서 확인되는 꿀벌종이 사라지는 비율

튜토리얼의 4번째 단계에서는 ↰ 버튼을 눌러 홈 화면으로 돌아가게 합니다.

[그림 2-5-10] 메인 화면에서 꿀벌종 안내 화면

메인 화면에서 꿀벌종을 더블클릭하면 IMAGINE(상상하다) 버튼을 누르라는 안내가 이어집니다. 이 버튼을 누르면 미래에 대하여 작가들이 상상한 모습들을 확인할 수 있습니다.

[그림 2-5-11] 튜토리얼 여섯 번째 IMAGINE 이동 메뉴

'상상하다'의 페이지에서는 꿀벌이 없어져 2038년에 사람이 조작하는 '수분 장치' 를 개발해 보급했다는 가상의 이야기를 나타내고 있습니다.

[그림 2-5-12] 기후 변화 영향 필터 튜토리얼 7단계 상상 속 이야기

벌어지지 않아야 할 일들이지만, 지구 온난화로 인해 벌어질 일들에 관하여 프로젝 트를 만든 작가들이 먼 미래에 벌어질 수 있는 일들을 상상하여 만든 내용입니다. 이제 튜토리얼의 8단계가 끝나고 초기 화면으로 돌아가게 할 수 있습니다. 튜토리얼 중에도 언제든 EXIT 버튼을 눌러서 초기 화면으로 이동하는 것이 가능합니다. 초기 화면으로 이동하기 위해서는 위쪽의 지구본 모양 버튼을 눌러줍니다.

[그림 2-5-13] 기후 변화 영향 필터 여덟 번째 화면

기후 변화 영향 필터에서는 온도 변화가 일어나는 과정에서 지구에 있는 식물종의 변화에 주목하고 있습니다. 온도 슬라이더에 마우스 커서를 가져다 대면 +1.2℃의 온도 상승은 1880년대 이후 이루어진 것이고, 2056년도에는 2.7℃의 기온 상승이 이루어질 것으로 예상된다는 점도 제시하고 있습니다.

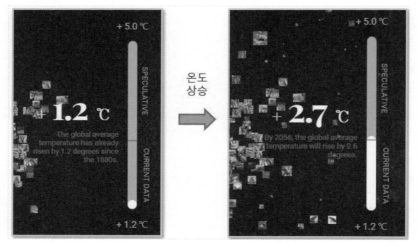

[그림 2-5-14] 기후 변화 영향 필터의 온도 슬라이더 변화

기후 변화 영향 필터에서 온도 슬라이더로 5℃ 상승시키면 "만약 온도가 계속 상승하는 경우 지구에는 인간이 만든 물건만이 남게 된다"라는 메시지를 보여줍니다. 아래

의 '상상하다' 메뉴를 이용하면 각종 생물종에서 상상되는 미래의 모습을 확인할 수 있습니다.

[그림 2-5-15] 온도가 5℃ 상승하였을 때의 화면

이 화면에서 마우스 커서를 이용하여 화면을 확대하면 실제로 인간이 만든 물건들만 지구에 남는 것을 확인할 수 있습니다. 깡통, 타이어, 플라스틱 등만 지구에 남게 되는 안타까운 모습을 직접 확인할 수 있습니다.

[그림 2-5-16] 지구의 온도가 5℃ 상승하였을 때의 확대 화면

2) 기후 변화 영향 필터와 데이터 시각화

기후 변화 영향 필터를 만든 이는 우리나라의 데이터 과학자인 민세희 작가입니다. 민세희 작가는 데이터 시각화와 기계 학습을 활용한 미디어 아트 분야의 전문가로, 데이터 관리와 미디어 아트의 결합을 통해 다양한 분야에서 활동하고 있습니다. 작가는 숫자로 보여주었을 때 이해하지 못할 것들을 그림으로 만들어서 보여주면 더 와닿게 전달할 수 있다고 말합니다.

4차 산업혁명 시대에는 분야를 크로스오버하여 융합이 일어날 수 있는데, 다양한 콘텐츠의 디지털 전환과 장르 혼합은 거스를 수 없는 대세입니다.

기후 변화 영향 필터에 사용된 데이터(bit.ly/CCIF20220109)를 작가는 구글 스프레드시트에 잘 정리해두고 있습니다. 과학적인 근거를 바탕으로 필터가 만들어진 것을 알 수 있습니다.

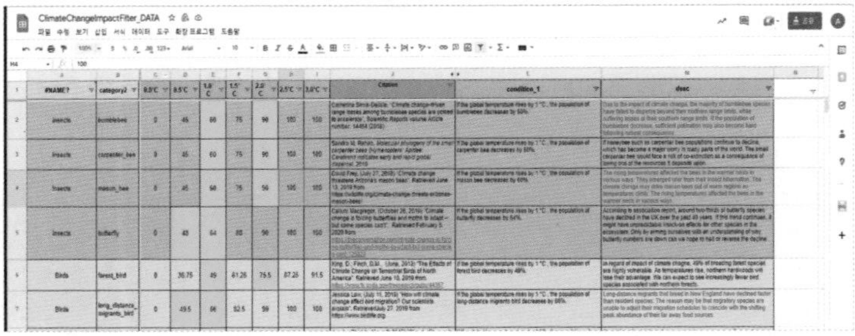

[그림 2-5-17] 기후 변화 영향 필터의 데이터

기후 변화 영향 필터는 12,288개의 이미지를 기계 학습의 분류 모델 알고리즘으로 분류하는 작업을 거친 후, 이미지의 특징 벡터값을 분류 작업의 마지막 연결 계층에서 가져온 뒤 특징을 추출하고 알고리즘을 사용하여 각 이미지를 3D 공간에서 이웃하게 만드는 데이터 시각화 방법을 사용하였습니다.

또한 사용자들이 접근하기 편하게 UX 디자인을 '온도 슬라이더'와 '인간 활동'으로 구분하는 과정을 거쳐서 최종적으로 기후 변화 영향 필터가 완성된 것입니다. 본 프로젝트를 수행하는 과정에서 0~3℃의 온도 상승은 과학적인 연구 결과에 근거한 것이고 3~5℃의 온도 변화는 작가들이 재해석한 것입니다. 기후 변화 영향 필터의 완성은 데이터 과학자, 홍익대학교 산업디자인과 지능형 인터렉션 디자인 연구소, 서울대학교 통합기후과학연구소 등의 기관과 협업해 이루어졌습니다. 이러한 대규모 작업을 위해서는 여러 사람이 협업해야 한다는 것도 알 수 있는 것입니다.

작가는 기후 변화 영향 필터를 제작하면서 IPCC 보고서에서 언급한 것과 같이 파괴적인 지구 온난화를 제한할 수 있는 시간이 10여 년밖에 남지 않았고, 적극적인 행동을 해야 한다는 메시지를 전달하고 있습니다. 데이터 시각화로 인하여 우리는 기후 변화의 속도를 늦춰야 함을 더 잘 알 수 있습니다.

2. 구글 기후 변화 영향 필터로 수업하기

1) 기후 변화 영향 필터 수업에 활용하기

(1) 개인별 활동지를 이용한 수업

구글의 기후 변화 영향 필터는 직관적인 인터페이스를 가지고 있기 때문에 튜토리얼을 몇 번만 클릭해도 학생들이 쉽게 이해하고 이를 활용할 수 있습니다. 각자 디바이스가 갖춰진 환경이라면 더더욱 잘 활용할 수 있을 것입니다. 기후 변화 영향 필터의 기능을 확인해보면서 각자의 생각을 정리해볼 수 있는 활동지를 다음과 같이 만들어 보았습니다. 활동지에는 기후 변화 영향 필터의 링크를 직접 제시하지 않고 학생들이 'Climate Change'라는 단어를 검색하게 하여 필터를 직접 찾아보게 했습니다. 또한 개발 의도가 담긴 영상을 넣어 학생들이 직접 개발 의도를 체험하게 하였습니다.

기후 변화 영향 필터의 각 기능을 모두 체험할 수 있게 첫 번째로 "내가 좋아하는 생물 종을 선택하여 이 생물종이 현재보다 몇 ℃ 더 상승하였을 때 80%가 사라지는지를 적어보세요"로 질문을 시작했고, 자신이 직접 그 생물종을 골라 데이터를 확인해보게 하였습니다. 구체적으로 80% 값이 나오지 않는 경우도 있으므로 그 이상이면 된다고 안내했습니다.

[그림 2-5-18] 기후 변화 영향 필터 이용 학생 활동지

두 번째로는 온도 슬라이더를 이용하여 지구 온도가 현재보다 5℃ 올라가는 데 걸리는 시기를 파악해보게 했고, 세 번째로는 지구 온도가 5℃ 올라갔을 때 남게 되는 것을 확인했습니다.

네 번째로는 지구 평균 온도가 5℃ 상승했을 때 상상하다 메뉴를 소개한 뒤 이처럼 가상의 이야기를 스스로 만들어보게 하여 학생들이 미래에 벌어질 수도 있는 일에 대해 생각해볼 수 있게 했습니다.

다섯 번째로는 기후 변화에 대응하기 위해 우리의 할 일 및 사회가 할 일을 생각해보게 하여 스스로 다짐이 이어질 수 있게 했고, 마지막 여섯 번째로는 활동 결과로 인한 질문을 이어갈 수 있게 했습니다.

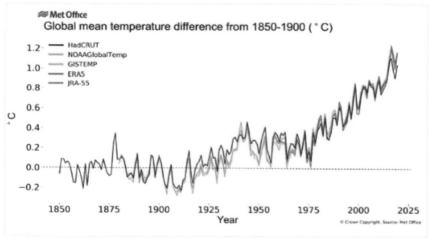

[그림 2-5-19] 기상청 제공 지구 평균 온도 변화

학생들은 지구 온난화에 관한 기존의 경험이 대부분 뉴스나 그래프를 통해 확인하는 정도의 활동이었다고 했습니다. 그러나 기후 변화 영향 필터를 이용한 수업은 기계학습과 데이터 시각화를 통해서 기후 변화로 인해 벌어질 일들의 심각성을 깨닫고 좀 더 행위 주체성을 높일 수 있는 계기가 될 수 있을 것입니다.

기후 변화 영향 필터의 완성도가 높기 때문에 교사의 안내 후에 학생들이 직접 활동지를 작성하게 하는 시간을 20~25분 정도 주어야 했습니다.

다음은 활동을 마친 학생의 활동지입니다. 선생님들의 재량에 따라서 학생들에게 다양한 답을 유도할 수 있는 활동지를 구성하여 제시할 수도 있을 것입니다.

1. 내가 좋아하는 생물 종을 선택하여 이 생물종이 현재보다 몇도 더 상승하였을 때 80%가 사라지는지를 적어보세요.

생물종	사라지는 온도와 이에 대한 설명
밀	4.5도씨가 상승하면 밀의 80%가 사라지게 된다. 밀은 인간에 있어 주된 식량인데 이러한 밀이 기후변화의 영향을 받는 것이다.

2. 지구의 평균 온도가 현재보다 5도 올라가는데 얼마가 걸린다고 보고 있나요? 오른쪽 스크롤 바를 움직여서 파악해 보세요.

2050년경에 2도씨가 상승한다고 하면, 지구 온난화의 가속화로 인해 약 2070~2090년 정도에도 5도 정도가 상승할 것으로 보인다.

3. 지구의 평균 온도가 5도씨 올라가게 되면 무엇만 남게 될까요?

인간이 만든 쉽게 분해되지 않는 물질들만 남게 된다.

4. 지구의 평균 온도가 5도씨 올라갔을 때 '더 알아보기 상상하다'를 살펴보면 그때 벌어질 일들에 대해 가상의 이야기를 하고 있습니다. 자신이 생각했을 때의 이야기를 상상하여 적어보세요.

만약 온도가 계속 올라가게 되면 식량 문제가 발생할 가능성이 크다. 그로 인해 식량 등을 두고 전쟁이 벌어질 수도 있고, 식량 등을 지금의 석유처럼 무기화할 가능성도 존재한다. 각국들은 새로운 높은 온도에서도 자랄 수 있는 작물을 개발하기 위해 유전공학이 인기가 많아질 것이다. 씨앗 등에 대한 기술을 많이 보유하고 있는 미국이 다시 한번 힘이 강화될 수 있다.

5. 기후 변화에 대응하기 위해 우리가 할일 또는 사회가 할일은 무엇인지 적어보세요.

국가들은 국민들에게 실천 등을 강요하면서 국민들에게 책임을 전가하는 식의 논리를 버리고, 지속 가능한 발전 등에 투자하고 기술 등을 개발하는 데에 힘을 써야 한다. 아무리

지구 전체가 위기에 빠졌다고 하더라도 사익을 추구하는 것이 인간의 본성이기 때문에 정부 차원에서 기업들이 지속 가능성을 추구하는 기업이 되도록 지원하고 후원해야 한다.

6. 수업 후에 생긴 질문이 있다면 적어주세요.

현재 기후 변화에 대응하기 위해서 다양한 기술 등을 개발할 수도 있지 않을까요? 대기 중에 있는 이산화탄소를 에너지원으로 사용하거나, 이를 공기 중에서 제거할 수 있는 방법이 존재할 수 있을까요? ex 유전 공학을 통한 새로운 작물 개발 등. 탄소를 이용한 에너지 생산 등

[그림 2-5-20] 기후 변화 영향 필터 활동 후 학생 활동지

(2) 데이터 시각화 강화 활동

기후 변화 영향 필터는 지구 평균 온도 상승에 집중하고 있습니다. 온도 변화는 기상청 기상자료개방포털을 활용하면 직접 확인하는 것이 가능합니다. 기후 변화 영향 필터를 사용하기 전에 우리 지역의 연도별 온도 변화를 알아보게 하는 데이터 시각화 활동을 통해 기온 변화의 경향을 파악하게 할 수 있습니다.

기상자료개방포털(data.kma.go.kr)에서 기후통계분석 메뉴를 누른 뒤, 기온 분석 메뉴를 이용하면 기온 데이터를 받을 수 있습니다.

[그림 2-5-21] 기상자료개방포털의 기온 분석 메뉴

기상자료개방포털에서 2000년부터 2022년의 기온 데이터를 검색하게 합니다. 데이터를 검색한 결과 창에서 시각화된 자료를 확인할 수 있습니다. 파일로 내려받기 위해서는 CSV나 Excel 버튼을 누르면 됩니다. 이때 표시된 자료로는 기온 상승을 확인하기가 어렵습니다.

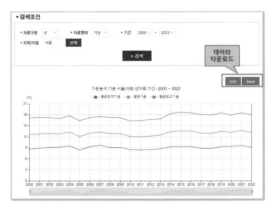

[그림 2-5-22] 기온 변화 데이터 다운 화면

이 데이터를 내려받은 뒤에 시각화가 가능한 무료 도구인 구글 스프레드시트를 활용해보겠습니다. Excel 프로그램을 활용해도 됩니다. 구글 스프레드시트 화면을 열고 파일 열기를 눌러 내려받은 csv 파일을 엽니다. 이때 csv 파일을 열기 위해서는 연결 앱 부분에서 Google 스프레드시트를 열어서 파일을 읽어 들이면 됩니다.

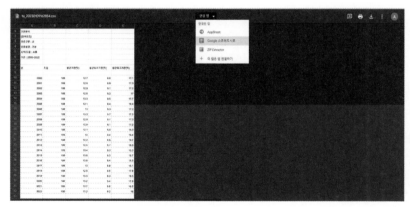

[그림 2-5-23] 구글 스프레드시트에서 기온 csv 파일 열기

읽어 들인 자료의 시각화를 위해서 연도와 평균 기온만 남기고 나머지 자료를 삭제해줍니다.

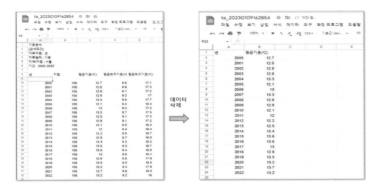

[그림 2-5-24] 구글 스프레드시트에서 데이터 삭제

이 자료를 기반으로 하여 꺾은선 그래프를 그려보도록 하겠습니다. 먼저 ❶ 데이터를 모두 선택 ❷ 삽입 ❸ 차트의 과정을 거칩니다.

[그림 2-5-25] 데이터 선택 후 차트 메뉴 선택하기

구글 스프레드시트에서는 자동으로 꺾은선 그래프를 그려줍니다. 이 그래프만 보면 기온 변화에 대한 경향성이 잘 전달되지 않습니다.

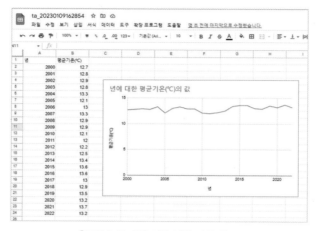

[그림 2-5-26] 기온 변화 자동 차트

이 차트에서 기온 상승이 잘 보이지 않는 이유는 y축의 시작점이 0부터 시작하기 때문입니다. 2000년도의 평균 기온 시작점인 12.7℃에 가까운 온도인 12℃부터 차트를 다시 그려보겠습니다. ❶ 차트에서 y축 값을 더블클릭합니다. ❷ 오른쪽의 차트 편집기 메뉴에서 최솟값을 12로 설정해줍니다. 이런 과정을 거치면 그래프의 y축 시작점이 12℃로 시작되면서 연도에 따른 온도 변화가 우상향하는 결과를 볼 수 있습니다. 이러한 데이터 시각화 과정을 통해 우리 지역의 온도가 상승하고 있음을 확인할 수 있습니다.

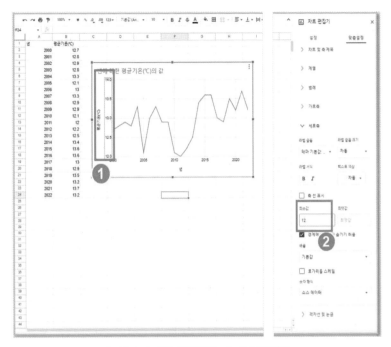

[그림 2-5-27] 차트에서 y축 최솟값 변경

이처럼 기상청 데이터를 직접 수집하여 학생들이 속한 지역의 기온 변화 그래프를 그려보게 함으로써 데이터 시각화를 할 수 있는 역량을 기를 수 있고, 기온 상승이 실제로 이루어지고 있음을 확인할 수 있습니다. 학생들에게 직접 구현하게 한다면 더더욱 좋은 기회가 될 것입니다.

3. 생태 전환 교육과 관련된 데이터 시각화 자료

1) 데이터 시각화 자료

(1) 에너데이터

에너데이터(Enerdata, www.enerdata.co.kr)는 에너지 정보 서비스 및 컨설팅을 하는 회사입니다. 이 회사에서는 다양한 에너지 관련 데이터를 제공하고 있습니다. 링크(bit.ly/Enerdata22)에서는 1990~2021년까지의 에너지 데이터를 시각화하여 제공합니다.

[그림 2-5-28] 에너데이터의 세계 에너지 및 기후 통계 자료

메뉴의 구성은 총에너지, 석탄 및 갈탄, 원유, 석유 제품, 천연가스, 전력, 신재생, CO_2, 전망으로 구성되어 있습니다. 기후 변화의 중요 지표 중의 하나인 지구 온난화와 가장 연관이 높은 것으로 알려진 이산화탄소(CO_2) 메뉴는 배출량, 집약도, 탄소 계수로 데이터가 정리되어 시각화되어 있습니다. 먼저 배출량 메뉴를 눌러보겠습니다. 아래 첫 화면에서 재생 버튼을 누르면 1990년대부터 2021년까지의 배출량 상위 국가들의 배출량이 시시각각 변화하는 모습을 확인해볼 수 있습니다.

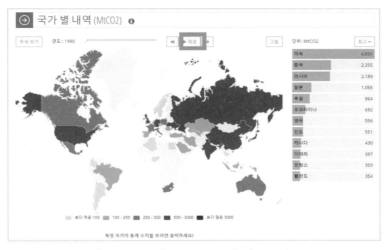

[그림 2-5-29] 이산화탄소 배출량(1990년)

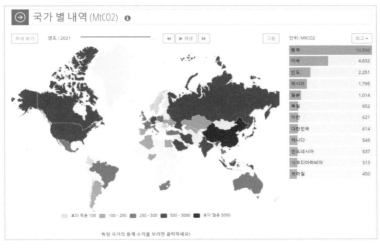

[그림 2-5-30] 이산화탄소 배출량(2021년)

2021년 자료를 보면 우리나라가 세계 8위로 이산화탄소 배출량이 많은 국가임을 확인할 수 있습니다. 시시각각 변화하는 자료들을 학생들에게 보여주면서 우리나라가 해야 할 일들에 대하여 생각해보게 하는 기회가 될 수 있을 것입니다.

[그림 2-5-31]은 전기 생산에서 국가별 신재생 에너지(수력 포함) 점유율을 나타내주는 데이터 시각화 자료입니다. 1등은 노르웨이로 99%를 달성한 것을 볼 수 있고, 2021년 자료 중 세계지도에서 우리나라를 클릭해보면 그 수치가 8.6%로 신재생 에너지 점유율이 낮음을 알 수 있습니다.

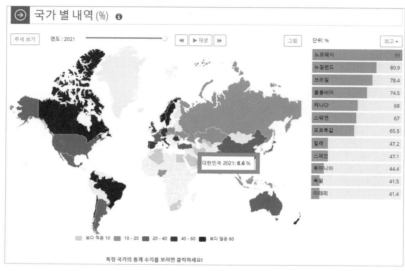

[그림 2-5-31] 국가별 신재생 에너지 비율(2021년)

이와 같이 전 세계적인 흐름과 구체적인 수치 데이터를 시각화한 자료를 이용하면 학생들에게 살아 있는 데이터를 제공할 수 있고, 이를 활용하여 수업한다면 학생들이 환경 문제에 관심을 갖고 이를 해결하기 위한 노력을 진심으로 할 수 있는 역량을 기를 수 있을 것입니다.

(2) 환경 빅데이터 플랫폼

환경 빅데이터 플랫폼(www.bigdata-environment.kr)은 한국수자원공사가 여러 기관의 환경 관련 데이터만을 모아놓은 플랫폼 사이트입니다.

[그림 2-5-32] 환경 빅데이터 플랫폼

이 플랫폼에서 다양한 데이터를 확인할 수 있습니다. 이번 챕터에서는 언론기반 환경 분야 이슈의 빅데이터를 수집하여 지역별 환경 관련 이슈를 확인해볼 수 있는 메뉴를 활용해보겠습니다. ❶ 데이터 서비스 ❷ 언론기반 환경이슈 분석 메뉴를 눌러보겠습니다.

[그림 2-5-33] 언론기반 환경이슈 분석 메뉴

이 메뉴에서는 지역별로 환경 관련 이슈 단어들이 언론 기사에 노출되는 빈도수를 체크하여 가장 노출이 많은 단어를 표현해주고 있습니다. 실시간으로 가장 이슈가 되는 자료들을 제공하므로 학생들에게 우리 지역의 살아 있는 환경 관련 이슈들을 제공해줄 수 있어서 토론이나 탐구 활동에 적합합니다. 2023년 1월 10일의 언론기반 지역별 환경이슈 트렌드는 [그림 2-5-34]와 같습니다.

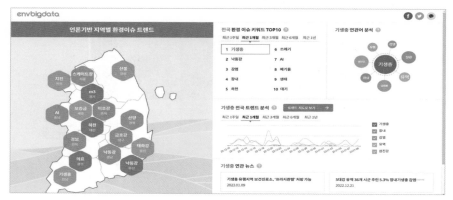

[그림 2-5-34] 언론기반 지역별 환경이슈 트렌드(2023.1.10.)

전국 환경 관련 이슈 키워드 TOP10 중 최근 3개월 사이에 이슈가 되었던 키워드는 다음과 같습니다. 이슈 키워드는 시간에 따라서 지속적으로 바뀌므로 각 이슈들을 파악하는 것도 좋지만, 학생들에게 질문을 하여 이러한 이슈에 대해서 생각해보고 말해보게 하는 것도 좋은 방법일 것입니다. 2023년 1월에는 최근 3개월 사이에 폐기물, 쓰레기 문제가 가장 이슈가 된 것을 볼 수 있습니다. 아마 이 시기 서울 지역에 소각장을 새로 짓겠다는 발표가 나면서 언론에 이 키워드가 많이 노출된 것으로 보입니다.

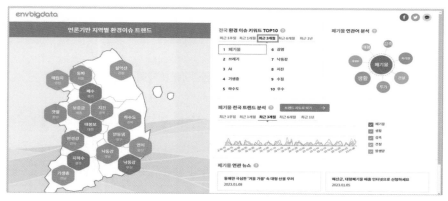

[그림 2-5-35] 최근 3개월 언론기반 지역별 환경이슈 트렌드

이와 같이 학생들이 직접 이 플랫폼 사이트에서 검색해 우리 지역의 환경이슈 트렌드를 알아내고 이에 관한 내용을 주제로 수업을 진행해간다면, 살아 있는 데이터를 시각화한 자료로 우리 주위의 환경 문제에 더 관심을 갖게 될 수 있을 것입니다. 이번 챕터에서 소개된 데이터 시각화 사이트 외에도 다양한 사이트들이 존재합니다. 데이터 시각화 기술은 점점 발전하고 있으며, 특히 환경 분야에서 나오는 지표들은 시각화가 잘 이뤄질 수 있으므로 학생들에게 더더욱 좋은 자료가 될 것입니다.

CHAPTER 06
들어가며

텍스트 코딩 없이 산점도나 도수 분포표 등 데이터를 직관적으로 시각화하거나 회귀, 분류, 군집 등 기계 학습 모델과 성능을 평가할 수 있을까요? Orange는 기계 학습 및 데이터 분석을 통해 시각화를 할 수 있는 오픈소스 소프트웨어입니다. 어려운 수학 공식이나 복잡한 텍스트 코딩 없이 간단하게 데이터를 분석할 수 있기 때문에 인공지능을 처음 접하는 사람들이 원리를 시각적으로 쉽게 이해할 수 있습니다.

각 생물 및 사물의 이미지를 분석하여 분류하거나 기온에 따른 개화 시기와 미세먼지 농도 혹은 제품 판매량을 예측하거나 작가를 모르는 예술 작품의 작가를 찾는 등 다양한 교과와 융합하는 수업 아이디어를 발휘해봅시다.

06 Orange를 이용한 분류 프로그램 만들기

교과 활용 팁	교과 융합: 기온이 다양한 제품 판매에 미치는 영향을 통해 판매 전략 세우기 미술: 미술 작가에 따른 작품 분류하기 생명과학: 생물 분류 및 계통수 작성하기 사회: 세계지도에 코로나바이러스감염증-19 현황 나타내기 국어: 훈민정음에서 고문자 분석하기

1. 'Orange' 소개

1) 설치하기

(1) 프로그램 파일 다운로드

인공지능 프로그램 중에서 널리 사용하고 있는 Orange3 프로그램을 안내합니다.

 1996년 슬로베니아의 University of Ljubljana에서 개발한 데이터 시각화, 머신러닝, 데이터 마이닝 및 데이터 분석 오픈소스 프로그램으로 초보자가 사용하기 쉽게 스크래치(Scratch)와 같은 비주얼 프로그래밍 방식을 사용하는 것이 특징

　　Orange는 주소 창에 URL(orangedatamining.com)을 입력하거나 포털 사이트 검색 창에 Orange Data Mining을 입력해 누리집에 접속할 수 있습니다.

[그림 2-6-1] Orange 누리집 첫 화면

Download Orange 를 클릭하여 자신의 운영체제에 맞는 설치 파일을 선택하고 Download Orange 3.34.0
을 클릭하여 다운로드합니다. Orange 버전은 지속적으로 업그레이드해서 프로그램의
숫자는 다를 수 있습니다.

[그림 2-6-2] Orange 설치 화면

(2) 프로그램 파일 설치하기

다운로드한 설치 파일 아이콘을 더블클릭하면 설치가 진행됩니다. Welcome to
Orangee Setup 창에서는 'Next' 버튼을 클릭합니다. License Agreement 창에서는 'I

Agree' 버튼을 클릭한 다음, 각 사용자 설정 권한, 단축 아이콘 여부, 폴더명을 바꿀 수 있습니다. Choose Start Menu Folder 창에서 폴더 이름을 지정한 후 'Install' 버튼을 클릭합니다. 컴퓨터에 Anaconda가 설치되어 있지 않다면 설치 여부를 묻습니다. Anaconda를 설치하려면 'Next' 버튼을 클릭하여 설치하고, 설치되어 있으면 Installation Complete 창에서 완료되기를 기다렸다가 'Next' 버튼을 클릭합니다. Setup 창에서 'Finish' 버튼을 클릭하여 설치를 완료합니다.

[그림 2-6-3] Orange 설치 첫 화면

2) 살펴보기

컴퓨터의 바탕화면에서 Orange 바로가기 아이콘 을 클릭하면 기본 화면이 나타납니다.

❶은 작업에 필요한 기능 지원, ❷는 위젯이 정렬되어 있는 카테고리, ❸에서 New는 새로 만들기, Open은 기존 파일 열기, Recent는 최근 파일 열기, Video Tutorials는 사용법 영상, Get Started는 안내 사이트 연결, Examples은 예제, Documentation은 설명서입니다.

[그림 2-6-4] Orange 프로그램 첫 화면

'New'를 클릭하면 [그림 2-6-5]와 같이 작업을 할 수 있는 화면이 나타납니다. 왼쪽 상단의 카테고리 안에 있는 각각의 아이콘을 Orange에서는 위젯이라고 하고, 오른쪽 의 빈 공간을 캔버스라고 부릅니다. 카테고리에 있는 위젯을 캔버스로 드래그 앤 드 롭(Drag-and-drop, 끌어서 놓기)하거나 위젯을 클릭하는 방법으로 추가할 수 있습니다.

[그림 2-6-5] Orange 카테고리와 캔버스

처음 다운로드를 하면 6개의 카테고리가 존재하고, Data 카테고리에는 데이터 처리 및 취급과 관련된 위젯들이 있습니다. Visualize에는 데이터 시각화 관련 위젯, Model 은 모델 관련 위젯, Evaluate는 모델 성능 평가 관련 위젯, Unsupervised에는 비지도 학

습 관련 위젯들이 각 카테고리에 포함되어 있습니다. Image Analytics 등과 같은 카테고리는 'Options'–'Add-ons…'를 통해 추가할 수 있습니다. 추가할 수 있는 카테고리에는 텍스트 마이닝, 단일 세포 분석, 네트워크 시각화 및 분석, 생물정보학, 분광학, 연관 분석 관련 등의 위젯 등이 있습니다.

[그림 2-6-6] Options 추가

2. Orange 활용 수업하기

1) Orange 활용하기

(1) 사람이 직접 가상 생물 분류를 통해 계통수 작성하기

생물 분류를 Orange를 이용하여 분류하여 계통수를 제작해보는 수업입니다. 먼저, 사람이 직접 특징을 찾아 분류하고 계통수를 작성해본 다음, Orange를 이용해서 생물을 분류하고 작성한 계통수를 비교해보도록 하겠습니다. 여기서 유연관계란 생물 분류상으로 어느 정도 가까운가를 나타내는 것입니다. 생물의 공통점과 차이점을 분석하면 유연관계를 알 수 있는데, 이 유연관계를 나뭇가지 모양으로 나타낸 것을 계통수라고 합니다. 다음의 가상 생물을 이용하여 사람이 직접 계통수를 작성해보도록 하겠습니다.

[그림 2-6-7] 가상 생물 그림

[그림 2-6-7]의 가상 생물에서 유연관계를 판별할 수 있는 분류 기준을 먼저 파악해봅니다. 분류하기 위한 특징은 몸통 모양, 팔의 유무, 다리의 유무, 뿔의 유무 등이 있습니다. ❶~❺의 특징들을 정리해보면 다음과 같습니다.

가상 생물	특징			
	몸통 모양	팔의 유무	뿔의 유무	다리의 유무
❶	둥근형	없음	없음	없음
❷	삼각형	없음	없음	없음
❸	삼각형	있음	없음	없음
❹	삼각형	있음	있음	없음
❺	삼각형	있음	있음	있음

이를 바탕으로 계통수를 작성하면 다음과 같이 나타낼 수 있습니다.

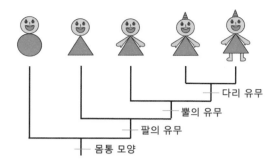

[그림 2-6-8] 사람이 작성한 가상 생물 계통수

몸통 모양을 기준으로 ❶과 ❷~❺로 구분할 수 있습니다. 그리고 팔의 유무를 기준으로 ❷와 ❸~❺로 구분할 수 있습니다. 그리고 뿔의 유무에 따라 ❸과 ❹~❺로 구분할 수 있습니다. 마지막으로 다리의 유무에 따라 ❹와 ❺를 구분할 수 있습니다. 특징 중에서 무엇을 기준으로 하느냐에 따라 계통수는 다르게 작성됩니다.

(2) Orange로 계통수 작성하기

사람이 작성한 계통수와 Orange를 이용해서 생물을 분류하고 작성하는 계통수에 차이가 있는지를 알아보도록 하겠습니다. Orange에서 분류하고 계통수를 작성하려면 먼저, 분류하고자 하는 개별 생물의 그림이나 사진 파일이 필요합니다. [그림 2-6-9]와 같이 각각의 가상 생물에 파일 이름을 지정해줍니다.

[그림 2-6-9] 가상 생물 파일

분류하고자 하는 생물 혹은 사물의 그림이나 사진이 준비되었으면 Orange를 활용해서 분류하고 계통수를 작성해봅니다. 먼저 Image Analytics에서 카테고리를 추가해야 합니다. 앞서 설명한 카테고리 추가 방법인 'Options'–'Add-ons…'를 통해 Image Analytics를 추가합니다. Image Analytics 카테고리에서 이미지 가져오기에 해당하는 'Import Images' 위젯을 찾아 캔버스에 추가합니다. 'Import Images'의 위젯에서 오른쪽 마우스를 클릭한 뒤 Open을 선택하고 클릭합니다. 폴더 모양을 클릭하면 폴더 찾기를 할 수 있습니다. 가상 생물 폴더를 찾아 폴더 선택 버튼을 클릭합니다. 'Import Images' 위젯은 여러 이미지가 들어 있는 폴더를 불러오는 기능을 합니다. 이때 주의할 점은 파일을 선택하는 것이 아니고 폴더 자체를 선택한다는 것입니다. 폴더를 선택하고 오른쪽 상단의 'X'(닫기)를 클릭하면 선택이 완료됩니다.

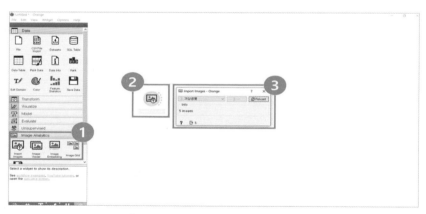

[그림 2-6-10] 분석할 파일 가져오기

가져온 이미지를 분석할 수 있도록 데이터를 변형해서 분석하기 위해서 Image Analytics 카테고리에서 'Image Embedding' 위젯, Unsupervised 카테고리에서 'Distance' 위젯과 'Hierarchical Clustering' 위젯을 추가합니다. 그리고 Image Analytics 카테고리에서 'Image Viewer' 위젯과 'Image Grid' 위젯을 추가합니다. 'Image Embedding' 위젯은 구글의 신경망 이미지 분석 알고리즘을 활용해서 이미지를 수치화하는 위젯입니다. 'Distance' 위젯은 Instance 간의 거리(유사도)를 수치화하는 위젯입니다. 'Hierarchical Clustering' 위젯은 계층 구조를 분석하는 위젯입니다. 학생들이 카테고리와 위젯을 찾기 힘들어할 때에는 카테고리마다 색깔이 다르므로 색깔을 통해 쉽게 찾을 수 있다는 것을 안내하면 좋습니다.

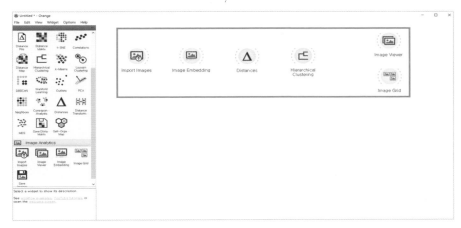

[그림 2-6-11] 계통수 분석을 위한 위젯 배치

위젯에서 입출력 가능 표시는 위젯의 오른쪽과 왼쪽에 다른 위젯을 연결할 수 있도록 점선으로 된 표시가 나타납니다. 오른쪽에만 표시가 나타나는 위젯은 출력만 지원하는 위젯이고, 오른쪽과 왼쪽에 모두 표시가 나타나는 위젯은 입출력을 모두 지원하는 위젯입니다. 왼쪽에만 점선이 표시되는 위젯은 입력만 지원하는 위젯입니다. 위젯끼리 연결하면 점선이 실선으로 바뀌고, 처리하는 과정이 시각적으로 나타납니다. 연결하는 방법은 입출력을 나타내는 표시인 점선에 마우스를 놓고 연결하고자 하는 위젯에 드래그하면 됩니다. 연결되면 점선이 실선으로 바뀌면서 작업 과정이 나타납니다.

'Import Images'의 위젯과 'Image Embedding'을 연결하면 Data → Images로 데이터를 이미지로 변환하는 과정임을 나타내줍니다. 각 위젯을 연결하면 다음과 같이 나옵니다.

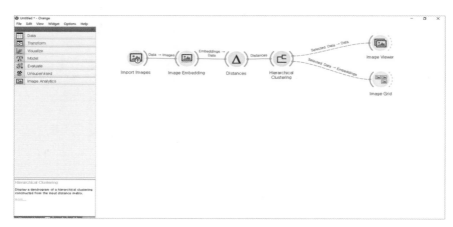

[그림 2-6-12] 계통수 분석을 위한 위젯 연결

'Hierarchical Clustering' 위젯을 더블클릭하면 Orange가 작성한 계통수를 볼 수 있습니다.

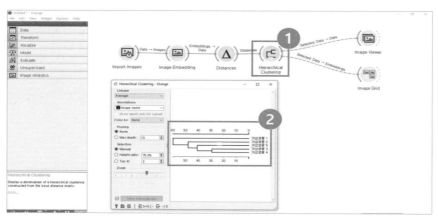

[그림 2-6-13] Hierarchical Clustering 분석 결과

계통수에서 이미지를 보고 싶으면 'Image Viewer' 위젯을 클릭해서 [그림 2-6-14]
와 같이 확인할 수 있습니다.

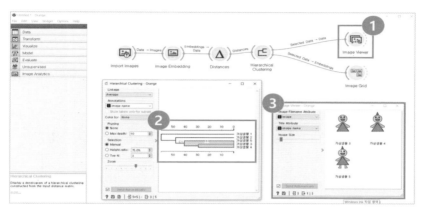

[그림 2-6-14] Image Viewer 결과

유연관계를 이미지로 보고 싶다면 'Image Grid' 위젯을 클릭해 [그림 2-6-15]와 같
이 확인합니다. 'Image Grid' 위젯은 유사성 격자에 데이터셋의 의미를 표시할 수 있습
니다. 유연관계가 가까운 이미지가 더 가깝게 배치되어 유연관계를 쉽게 알 수 있어 편
리합니다.

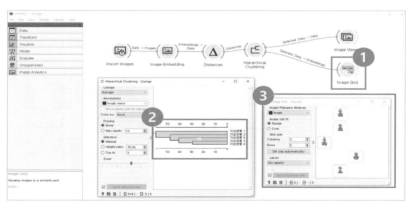

[그림 2-6-15] Image Grid 결과

여기에서 Distance를 Size, Width, Height 등의 수치로 확인하고 싶다면 Data 카테고리에서 'Data Table' 위젯을 추가해서 확인할 수 있습니다.

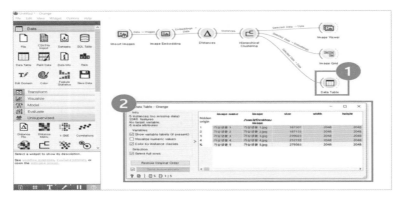

[그림 2-6-16] Data Table 결과

(3) 사람이 작성한 계통수와 Orange로 작성한 계통수 비교하기

사람이 직접 작성한 계통수와 Orange로 작성한 계통수에 차이는 없는지, 차이가 있다면 왜 그런 결과가 나왔는지를 생각해보게 합니다. 또한, 인공지능 프로그램인 Orange로 작성했을 때와 사람이 직접 작성했을 때를 비교해서 장점과 단점을 발견하게 할 수 있습니다. 먼저 사람이 직접 작성한 계통수와 Orange가 작성한 계통수를 비교해봅니다.

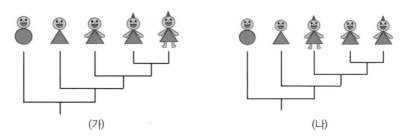

[그림 2-6-17] (가) 사람이 직접 작성한 계통수, (나) Orange가 작성한 계통수

(가)와 (나)를 비교하면 차이가 있음을 알 수 있습니다. 왜 이런 결과가 나온 것일까요? 먼저 사람이 직접 작성한 계통수는 가상 생물의 특징을 비교해서 차이가 나는 수를 기준으로 작성을 합니다. 반면 인공지능은 데이터의 특징을 먼저 추출합니다. 가상 생물 그림이 있으면 인공지능은 여기서 곡선, 세로선, 가로선 등이 있는지 없는지 계산하고, 추출된 그 선들을 다시 분석해서 원, 세모, 네모 등이 있는지 없는지 계산합니다. 그리고 다시 그 추출된 도형들을 분석해서 뿔, 다리, 팔 등이 있는지 없는지 등을 계산합니다. 따라서 사람이 작성한 것과 인공지능이 작성한 것이 다를 수 있습니다. 특히, 고래와 사람은 둘 다 포유류이고, 고등어와 갈치는 어류이지만 인공지능을 통해 분석하면 고래가 사람보다는 고등어와 유연관계가 더 가깝게 나타날 수도 있습니다.

그러면 인공지능을 이용해 계통수를 작성했을 때 장점과 단점에는 무엇이 있을까요? 이 해답은 학생들이 직접 찾고 토의를 통해 생각을 공유해보게 하면 어떨까요?

2) Orange의 다양한 활용

Orange를 활용하면 다른 별도의 프로그램이 없어도 데이터를 가져와 처리하고 모델을 만들어 평가까지 할 수 있습니다. 또한 데이터로 학습하고 예측 모델을 평가하는 것도 가능합니다. Orange는 과학 수업뿐만 아니라 수학 및 사회 교과 등에서 다양하게 활용할 수 있습니다. 구글 이미지나 Dataset 사이트(www.kaggle.com/datasets) 등에서 이미지를 내려받아 다양한 수업에 활용할 수 있습니다.

과학 수업에서는 실제 꽃이나 나비나 나방 등을 분류하는 수업에 활용하기 좋습니다. 영재 수업이나 분류 수업에서 전 세계적으로 많이 사용하는 가상의 생물인 깜징어(Carminalcules)를 이용해 수업을 할 수 있습니다.

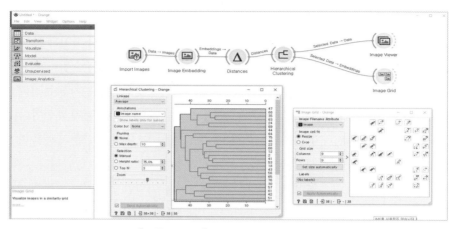

[그림 2-6-18] 깜징어 계통수 분석 결과

Orange에서는 자체 데이터셋에서 제공하는 Iris(붓꽃) 종 예측하기 등을 활용한 수업이 가능합니다. 데이터셋에 탑재된 데이터를 활용하기 위해서는 Data 카테고리에서 'Datasets' 위젯을 추가하고 오른쪽 마우스를 클릭해 Open 버튼을 클릭합니다. [그림 2-6-19]와 같이 70여 개 이상의 데이터를 제공하고 있음을 알 수 있습니다.

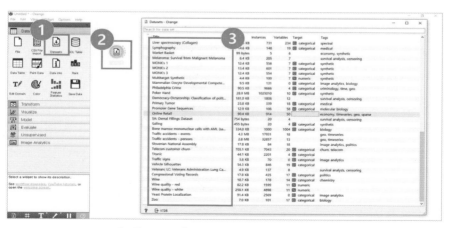

[그림 2-6-19] Orange에서 제공되는 데이터셋

자체 제공되는 데이터 외에도 공공 데이터를 이용하여 수업에 활용할 수 있습니다. 미술 시간에 모네와 마네가 그린 그림을 분류하고 비슷한 이미지를 찾거나, 공공 데이터에서 제공하는 코로나바이러스감염증–19의 데이터(github.com/CSSEGISandData/COVID-19)를 활용하여 분석하는 수업도 유튜브 등에서 소개되고 있습니다. 국어 교과에서는 빈번하게 나타나는 단어들을 워드 클라우드 형태로 확인해보고 전처리를 통해 분석할 수 있습니다. 사회 교과에서는 날씨에 따른 제품 판매량 등의 수업을 설계할 수 있습니다. 간단하게는 귤과 오렌지를 분류하거나 바다에서 잡은 물고기 '돔'의 종류를 분류해보고 또 어려운 암의 종류와 진단해보는 활동을 할 수 있습니다.

'Options'–'Add-ons…'를 통해 현재 추가할 수 있는 카테고리는 Associate, Bioinformatics, Educational, Explain, Geo, Image Analytics, Network, Prototypes, Single Cell, Spectroscopy, Text, Textable, Timeseries, Survival Analysis, World Happiness 등으로 다양합니다. 추가한 카테고리를 활용해서 여러 교과에서 수업할 수 있습니다.

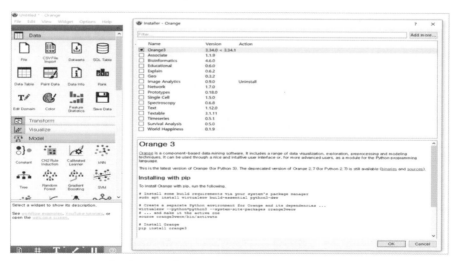

[그림 2-6-20] Orange에서 추가할 수 있는 Options

3. Orange 활용 수업 사례

1) 생명과학II 수업에 활용하기

생명과학II 수업에서 '인공지능(AI) 프로그램을 활용하여 깜징어를 분류해보자!' 라는 주제로 수업을 해보았습니다. 문제 상황 제시–문제 정의–정보 수집–해결책 설계 –최적화–평가 과정을 거쳐 수업을 진행했습니다. 학생들은 일상생활에서 분류가 사용되는 사례를 찾아보면서 인공지능을 어떻게 활용할 수 있는지 인식하고, 학생 스스로 문제를 설정해 해결하는 과정을 통해 자기 주도적 탐구를 경험합니다. 우리가 일상생활에서 접하게 되는 분류에는 무엇이 있는지, 학생들에게 분류가 왜 필요한지, 분류가 필요한 직업에는 무엇이 있는지 질문하고 분리수거나 영화 <미나리>에 나오는 병아리 감별사 직업을 소개합니다. 분류의 원리를 알아보기 위해 우리 모둠원의 공통점을 찾아보고, 2개 집단, 3개 집단으로 나누었을 때의 기준으로 정할 수 있는 특징을 찾게 했습니다. 계통수 작성을 위해 계통수가 무엇인지 분류할 가상 생물인 깜징어 (Carminalcules)를 소개합니다.

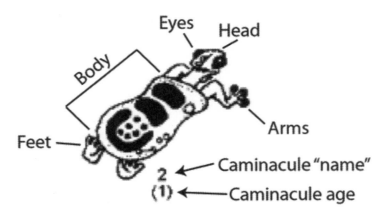

[그림 2-6-21] 깜징어(Carminalcules) 특징

(출처: www.turkanabasin.org/2017/03/a-family-tree-of-caminalcules)

깜징어는 종류가 많으므로 이 중에서 수업용으로 활용할 깜징어를 고릅니다.

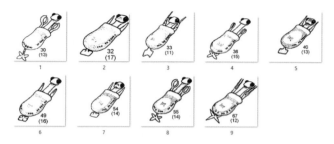

[그림 2-6-22] 깜징어(Carminalcules) 파일

제공된 깜징어에서 유연관계를 판별할 수 있는 분류 기준을 파악한 다음, 분류 기준을 바탕으로 계통수를 작성해보게 합니다. 개인별로 작성한 깜징어 계통수를 가지고 모둠에서 토의를 통해 논의한 후 이를 바탕으로 모둠에서의 계통수를 작성해봅니다. 그리고 모둠에서 작성한 계통수를 SNS에 공유하고 발표합니다.

다른 모둠에서 작성한 깜징어 계통수를 보고 우리 모둠에서 작성한 것과 비교해서 수정할 부분이 없는지 찾은 다음 최종 깜징어 계통수를 작성합니다. 수정된 깜징어 계통수가 모둠별로 차이가 난 이유가 무엇인지 생각해보게 합니다.

선택 활동으로 구글 트렌드와 티처블 머신 프로그램을 활용하여 인공지능의 학습 지도 개념을 이해하는 활동을 하기도 했습니다.

[그림 2-6-23] 티처블 머신 사이트 첫 화면

Orange 프로그램을 이용해 깜징어 계통수를 분류할 수 있는 방법은 무엇일까 생각해보게 하고 깜징어 사진을 제공했습니다. Orange 프로그램의 기능을 이용하여 계통수를 작성할 방법을 설계해보도록 합니다. 실제로 Orange 프로그램을 활용해서 계통수를 작성해보고, 이전 차시에 사람이 직접 작성했던 깜징어 계통수와 비교해봅니다. 차이가 있는지 알아보고 차이는 왜 생기게 되었는지 토의해 발표하게 했습니다. 마지막으로 자신의 진로에 맞는 직업을 진로정보망인 커리어넷(www.career.go.kr/cnet/front/main/main.do)을 통해 조사해보도록 지도했습니다. 그리고 자신이 희망하는 진로와 직업에서 인공지능이 어떤 업무에서 어떻게 활용되고 있는지를 찾아서 조사해보고 조사한 자료를 발표하게 하였습니다.

[그림 2-6-24] 커리어넷(www.career.go.kr/cnet/front/main/main.do) 메인 화면

2) 융합교육과 창의적 체험활동에서의 활용

미래형 융합교육의 목표는 미래사회의 구성원으로서 삶과 연계한 실생활 맥락 속 문제 해결력을 높이고 자기 주도적·협력적 탐구가 가능한 인재를 양성하는 것입니다. 또한, 일상에 영향을 미치는 문제에서 미래사회의 복잡한 문제에 이르기까지 실제 세계의 문제를 도출해 2개 이상의 학문 분야나 교과 지식, 개념 등을 연계한 문제 해결 방

법 및 과정을 습득하고, AI·SW 등 첨단기술에 관한 디지털 소양과 역량을 갖추어 이에 관한 이슈에 대응하면서 새로운 가치를 추구함으로써 평생학습자로서 사회 참여도 증진한다는 것입니다. 따라서 공학적인 도구인 Orange를 활용하여 문제 상황(맥락)에서 중요(핵심) 요소를 파악한 다음, 자연현상 등 반복되는 일정 경향과 규칙성을 탐색하고 핵심 원리를 이용한 문제 해결 절차를 구성, 컴퓨터 도구를 사용하여 해결 과정을 프로그래밍하는 연계 활동 자체가 융합교육이라고 볼 수 있습니다. 다양한 교과 학습에서 논리력 및 절차적 문제 해결력을 함양할 수 있습니다.

Orange를 활용한 융합교육은 중학교 자유학기제뿐만 아니라 교과와 연계한 진로 탐색 활동이나 창의적 체험활동, 학습 취약 시기, 학교 자율시간 편성 운영 등을 활용하여 적용할 수 있습니다. 고등학교에서는 고교학점제에서 공강 시간을 이용할 수도 있습니다.

[수업 사례] 창의적 체험활동 자율 활동과 동아리 활동 활용 수업
주제: 코로나바이러스감염증-19 현황

과목	담당 교사	수업 내용	도구
생명과학	A	코로나바이러스감염증-19 예방 원리 및 백신의 종류	Orange, 패들릿
사회	B	세계에서 각 나라의 코로나바이러스감염증-19 발병 현황 분석을 통한 선진국과 개발도상국 비교	Orange, 패들릿
창의적 체험활동	C	코로나바이러스감염증-19 현황 및 예방을 위한 인포그래픽 제작, SNS 공유를 통한 공감	Orange, 패들릿, Canva

[그림 2-6-25] 식약처 제공 포스터

먼저, 생명과학II 수업 시간에 코로나바이러스감염증–19의 예방 원리 및 백신의 종류를 다룬 수업을 하였습니다. 그리고 사회 시간에 Orange를 활용하여 세계 각 나라의 코로나바이러스감염증–19 발병 데이터를 수집하고, 현황 분석을 통해 선진국과 개발도상국을 비교하는 수업을 하였습니다. 그리고 창의적 체험활동 시간에는 Canva 앱이나 망고보드를 활용하여 코로나바이러스감염증–19 현황 및 예방을 위한 인포그래픽을 제작해 패들릿에 공유하고 공감 활동을 진행했습니다.

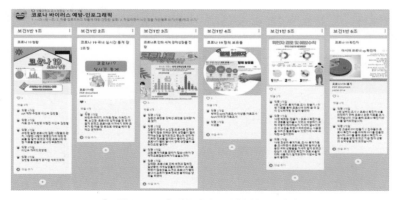

[그림 2-6-26] 패들릿에 공유한 인포그래픽

CHAPTER 07
들어가며

파이썬(Python)과 R은 빅데이터 처리, 데이터 분석, 머신러닝, 앱 제작 등 다양한 분야에서 널리 활용되는 언어입니다. 예전에는 파이썬과 R 중에 어떤 것을 쓰는 것이 더 좋은지 논쟁했다면, 최근 들어서는 목적에 따라 둘 다 사용하는 것이 바람직하다는 의견이 더 많습니다. 두 언어는 유사한 측면도 많지만 각각의 프로그램이 가지는 장점이 다르기 때문입니다. 파이썬은 머신러닝이나 범용성 측면에서 R보다 훨씬 뛰어납니다. 반면에 R은 시각화와 통계 측면에서 파이썬보다 매우 우수합니다.

프로그램을 개발해서 사업을 하는 기업이나 프로그래머의 입장에서는 파이썬이 훨씬 더 매력적입니다. 학생들을 코딩 전문가로 키운다면 이 역시 R보다는 파이썬이 더 좋습니다. 하지만 각자의 본업을 유지하면서 본업의 질을 더욱 향상시키는 도구 정도로만 사용한다면 파이썬보다 R이 접근하기 쉽습니다. 코드가 직관적이고 파이썬보다 적은 코딩만으로 더 많은 결과를 얻어낼 수 있기 때문입니다. 물론 딥러닝과 같이 깊이 있는 분야에서 남다른 성취를 얻어내고 범용적으로 적용하기를 원한다면 파이썬을 사용하는 것이 더 좋습니다.

이번 챕터에서는 R을 활용하여 데이터를 시각화하는 방법을 살펴봅니다. 대부분은 관련 패키지의 도움을 받지만, 일부는 저자가 코딩한 함수의 도움을 받아 시각화합니다.

07 공공 데이터의 시각화로 융합 수업하기

교과 활용 팁	교과 융합: 공공 데이터 시각화하기 과학: 실험 데이터 시각화하기 사회: 각종 사회·경제 지표 시각화하기 모든 교과: 학생 설문 및 교과 학습 활동 결과 시각화하기

1. 데이터와 'Posit Cloud' 소개

1) 공공 데이터 내려받기

(1) 공공데이터포털(www.data.go.kr)

공공데이터포털에서 다양한 공공 데이터를 내려받아 분석할 수 있습니다. 많은 자료가 적은 변수의 조각난 데이터를 제공하다 보니 원하는 자료를 바로 찾기는 쉽지 않습니다.

[그림 2-7-1] 공공데이터포털 첫 화면

일반적인 데이터는 행과 열로 이루어져 있습니다. 구글이나 네이버를 통해 얻은 설문 데이터를 생각해보면 쉽습니다. 행은 데이터의 개수를 의미하고 열은 변수를 의미합니다. 행과 열이 많은 데이터를 빅데이터라고 부릅니다. 다양한 분석을 통해 의미 있는 정보를 얻고자 한다면 엑셀로 분석하기 힘든 빅데이터를 선정해서 분석하는 것이 좋습니다.

(2) 경기도교육연구원(www.gie.re.kr)

인터넷 창에서 직접 주소를 입력하거나 구글에서 '경기도교육연구원'을 검색해서 들어간 후 통계센터 → 종단연구 → 원시데이터 화면에서 초등패널-9차(2020년) 데이터를 내려받습니다.

[그림 2-7-2] 경기도교육연구원에서 데이터 내려받기

'다운로드' 버튼을 클릭하면 데이터를 내려받는 사람의 정보를 입력하고 목적을 선택해야 합니다. 이러한 정보만 입력하면 로그인 없이도 누구나 데이터를 내려받을 수 있습니다. 내려받은 zip 파일의 압축을 해제하면 여러 데이터가 있습니다. 그중에 'Y9SCH.sav' 파일이 있습니다. 이 파일은 SPSS 분석용 데이터인데 R에서는 'foreign'

이라는 패키지의 도움으로 SPSS 데이터도 불러올 수 있습니다.

원래는 설문지나 코드북을 참고해서 알 수 없는 형태로 코딩된 변수명을 이해해야 하지만, 다행히 SPSS 데이터 내부에 관련 정보들이 있기 때문에 굳이 설문지나 코드북을 참고하지 않아도 됩니다.

2) Posit Cloud

(1) Posit Cloud 가입하고 프로젝트 만들기

R 코드는 구글 코랩(Colab)에서도 실행 가능합니다. 하지만 쉽게 작업하고 예쁜 결과물을 얻기 위해서는 Posit 사이트에서 제공하는 Rstudio를 사용하는 것이 좋습니다.

Posit Cloud(posit.cloud)는 'Rstudio Cloud'를 검색해서 접속할 수도 있습니다. 최근에 회사명을 Rstudio에서 Posit으로 변경했기 때문입니다. 처음에는 회원으로 가입해야 합니다. 'Get Start'를 클릭하거나 오른쪽 상단의 'Sign Up'을 클릭한 후 Cloud Free의 'Sign Up'을 클릭합니다.

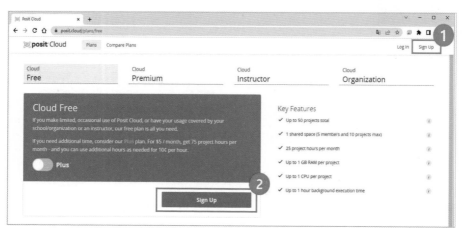

[그림 2-7-3] Posit Cloud 회원 가입 화면

이메일 주소와 패스워드 등을 입력하여 회원으로 가입할 수도 있지만, 구글 계정을 가지고 있다면 이런 번거로운 절차 없이 바로 사용할 수 있습니다.

로그인한 후 나타나는 화면에서 'New Project' 버튼을 클릭한 후 나타나는 메뉴 중에 'New Rstudio Project'를 선택합니다.

[그림 2-7-4] 새로운 프로젝트 만들기

프로젝트가 만들어지면 다음과 같은 화면이 나타납니다. 왼쪽에 있는 Posit Cloud에 대한 정보는 'X'를 눌러 삭제해 작업 공간을 확보하는 것이 좋습니다. 아울러 'Untitled Project'라고 되어 있는 부분을 클릭해서 프로젝트명을 'visualization'으로 입력합니다. 아쉽게도 한글은 지원이 안 되니 영문으로 작성하는 것이 좋습니다. 이렇게 만들어진 프로젝트는 'Your Workspace'를 클릭해서 확인할 수 있습니다.

[그림 2-7-5] Rstudio 프로젝트 관리하기

[그림 2-7-6] visualization이라고 입력한 프로젝트 확인

(2) 데이터와 코드 업로드하여 실행하기

경기도교육연구원에서 내려받은 파일과 책에서 제공하는 스크립트를 클라우드에 업로드하여 사용하는 방법을 살펴보겠습니다. 우선 이 책에서 제공하는 웹 페이지 (metabox.kr/data/aiclass.zip)에서 aiclass.zip 파일을 내려받습니다.

'visualization' 프로젝트를 클릭하고 오른쪽 하단부에 있는 'Upload' 버튼을 클릭합니다. Browse 버튼은 프로젝트의 위치를 결정하는 곳인데 굳이 바꿀 필요는 없습니다. 파일을 업로드하는 것이 중요하기 때문에 '파일 선택' 버튼을 클릭합니다. 내려받은 데이터와 스크립트가 있는 곳을 찾아갑니다. 안타깝게도 동시에 여러 개의 파일을 선택할 수는 없습니다. 하나씩 선택해서 업로드해야 해서 꽤 불편할 수 있습니다. 그래서 데이터와 스크립트를 압축한 데이터(aiclass.zip)를 업로드합니다. 압축 데이터를 선택한 후 '열기', 'OK' 버튼을 클릭하여 데이터를 업로드합니다. 이렇게 하면 한꺼번에 여러 데이터를 업로드할 수 있습니다.

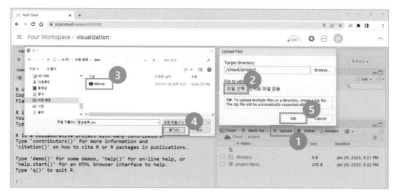

[그림 2-7-7] 파일과 스크립트 압축하여 업로드하기

압축 파일이 제대로 업로드되면 압축 파일이 풀리면서 오른쪽 하단부에 데이터와 스크립트 파일들이 보이게 됩니다. 그중에서 '데이터의 시각화.R' 스크립트를 클릭합니다. 앞에 있는 체크박스는 파일을 삭제하거나 파일명을 바꿀 때 사용하기 때문에 파일명(글자)를 클릭해야 합니다. 잠시 후 왼쪽 위에 새로운 창이 생기면서 노란색 띠가 뜹니다. 분석에 필요한 패키지가 필요한데 없다는 메시지입니다. 'Install' 버튼을 클릭하면 필요한 패키지를 설치해줍니다. 좌우 스크롤바가 생겨서 불편하다면, 창과 창 사이에 마우스를 가져다 대었을 때 나타나는 상하좌우 화살표를 클릭한 후 드래그합니다. 그러면 다음 화면과 같이 스크롤바를 최소화하여 작업할 수 있습니다.

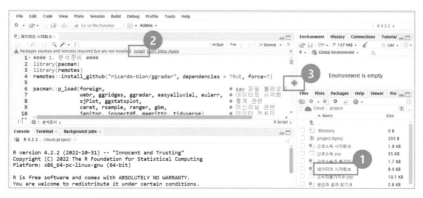

[그림 2-7-8] 기본 패키지 설치 및 화면 크기 조정

위의 과정을 통해 설치된 패키지는 library() 함수로 표현된 패키지만 설치됩니다. 참고로 패키지는 어떤 기능을 하는 코드들의 집합체를 가리킵니다. 패키지에서 제공하는 함수를 사용하면 길고 복잡한 코드를 매우 짧게 작성하여 사용할 수 있습니다. 실제 분석에 필요한 패키지는 6번째 줄에서 10번째 줄까지 표현되어 있습니다. 일일이 library() 함수를 이용해서 한 줄씩 작성하는 것보다는 비슷한 특성의 패키지들을 그룹화해서 표현하면 관리하기가 편하므로, 전문가들은 종종 pacman 패키지의 p_load() 함수를 이용하여 표현합니다. 또한, 해당 패키지가 설치되지 않았을 경우에는 자동으로 설치해주는 장점도 가지고 있습니다. 단, github에서 내려받아 설치하는 파일의 경우에는 따로 설정을 해야 하므로, 사전에 설치해주는 것이 좋습니다.

프로그래밍 언어는 작성한 코드를 한 번에 모두 실행하지 않고, 테스트하기 위해 한 줄씩 실행해야 할 때가 있습니다. R은 한 줄씩 실행 가능한 언어입니다. 참고로 원래 파이썬은 한꺼번에 실행시키는 언어인데, 구글 코랩에서 한 줄 혹은 여러 줄을 묶어서 실행하는 기능을 제공하는 것입니다.

다시 R로 돌아와서 'pacman'과 'remote' 패키지는 패키지를 설치하기 위한 기본 패키지라서 자동설치를 했습니다. 나머지 패키지는 두 패키지를 이용하여 차근차근 설치하고 실행해봅시다. 맨 먼저 4번째 줄을 마우스로 클릭해서 깜빡이는 커서가 놓이도록 만듭니다. 커서는 줄의 맨 끝이나 중간 어느 위치에 있어도 상관없습니다. 그 후에 'Run' 버튼을 클릭하거나 단축키로 Ctrl+Enter를 입력하면 해당 줄에 있는 코드가 실행됩니다. 실행 결과는 Consol 창에서 확인할 수 있습니다. 붉은 글씨로 나타나서 뭔가 잘못되고 있는 것은 아닌가 불안해지지만, 정상적인 진행 과정이니 크게 염려하지 않아도 됩니다.

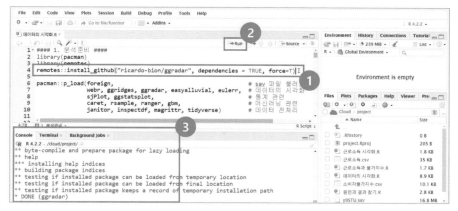

[그림 2-7-9] github에 있는 ggradar 패키지 설치

　github에서 설치된 패키지는 패키지를 만든 사람의 아이디 등의 정보를 자세하게 입력해야 하는데, 그 이외의 패키지들은 패키지명만 있어도 설치가 가능합니다. 6번째 줄에서 10번째 줄까지 표현된 패키지들이 여기에 해당됩니다. 6번째 줄에 마우스 커서를 놓습니다. 'Run' 버튼이나 Ctrl+Enter로 해당 줄의 코드를 실행합니다. 참고로 맨 끝에 콤마(,)나 파이프 연산자(%>%) 등이 있다면 코드가 그다음 줄로 이어진다는 의미가 있기 때문에, 6번째 줄에서 10번째 줄은 하나의 코드로 인식해서 모두 실행됩니다.

　다음으로 12번째 줄에 있는 코드에 커서를 놓고 'Run' 버튼을 클릭하여 실행하면 다음과 같이 오른쪽 위에 있는 Environment 창에 두 개의 함수가 나타납니다. 다소 복잡한 시각화 코드를 저자가 함수로 표현하였는데, 이를 활용하면 매우 쉽게 데이터를 시각화할 수 있습니다. 16번째 줄을 실행시키면 Environment 창에서 rdata09라는 파일도 확인할 수 있습니다. 아울러 18번째 줄을 실행시키면 콘솔 창에 변수명과 함께 해당 변수가 무엇을 질문한 것인지 확인할 수 있습니다. 변수명과 함께 해당 변수가 무엇을 조사한 것인지 표시하는 기능은 SPSS 데이터만 가지고 있는 특징이기도 합니다.

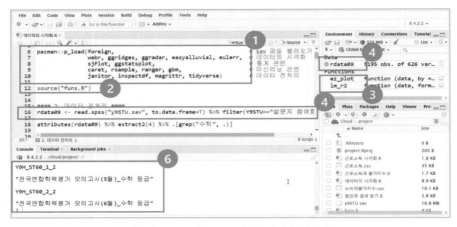

[그림 2-7-10] R코드 실행한 결과 확인하기

3) R 코드의 기초 이해

(1) 작동 원리 및 사용법 이해

공공 데이터는 종류도 다양하고 데이터의 형식도 다양하기 때문에, 데이터에 맞도록 코드를 변형해서 사용할 줄 알아야 합니다. 그러기 위해서는 코드의 원리를 이해할 필요가 있습니다.

가장 중요한 것은 패키지를 로딩하는 것입니다. 가장 일반적인 방법은 library() 함수에 패키지 이름을 넣어서 실행하는 방법입니다. 패키지를 로딩해야 해당 패키지에서 제공하는 각종 함수를 사용할 수 있습니다. 16개의 패키지를 로딩하기 위해 16줄을 작성해야 하는 불편이 있지만, 노란색 띠가 뜨면 Install을 클릭해 쉽게 패키지를 설치할 수 있는 장점도 있습니다. 두 번째 방법은 'pacman' 패키지에서 제공하는 p_load() 함수입니다. 무엇보다 library() 함수를 반복해서 사용하지 않아도 된다는 장점이 있습니다. 마지막 세 번째 방법은 패키지 이름 뒤에 콜론을 2개 붙이는 방법입니다. 이 방법은 특정 패키지의 기능을 한 번 사용하거나 특정 함수만 로딩해서 사용하는 경우에 적용합니다. p_load() 함수의 경우에도 딱 한 번만 사용할 예정이라서 pacman::p_load()

와 같이 'pacman' 패키지에서 제공하는 p_load() 함수를 불러와 사용하면 좋습니다.

```
#### 1. 분석준비 ####
library(pacman)
library(remotes)
remotes::install_github("ricardo-bion/ggradar", dependencies = TRUE, force=T)


pacman::p_load(foreign,
            webr, ggridges, ggradar, easyalluvial, eulerr,
            sjPlot, ggstatsplot,
            caret, rsample, ranger, gbm,
            janitor, inspectdf, magrittr, tidyverse)
```

[그림 2-7-11] 패키지 로딩 관련 R 스크립트

　source() 함수는 다른 R 코드를 실행해줍니다. 복잡한 코드나 반복해 사용하는 기능은 함수 형태로 제작해 따로 보관한 다음 source() 함수로 불러와서 사용할 수 있습니다.

　[그림 2-7-12]에서 16번째 줄의 rdata09는 데이터 이름입니다. 사용자가 편하게 이름을 지정할 수 있습니다. 참고로 rdata09는 로우 데이터(Raw Data)의 의미로 data 앞에 r을 붙였으며 9차에 해당하는 데이터이기 때문에, data 뒤에 09를 입력하여 데이터 이름을 정한 것입니다. 이는 사용자가 알아보기 쉽게 변경하여 저장할 수 있습니다. 한글명도 지원하지만 가급적 영문으로 표기하는 것이 안정적입니다. 그다음에 있는 '<-'는 오른쪽의 결과를 왼쪽에 저장한다는 뜻입니다. 화살표의 방향으로 데이터를 저장한다는 의미를 직관적으로 이해할 수 있습니다. 파이썬이나 다른 프로그램 언어와 마찬가지로 '='을 사용해도 괜찮습니다. 하지만 초보자의 경우 '='이 같다는 의미와 오른쪽의 실행 결과를 왼쪽에 저장한다는 의미를 혼동하기 쉽기 때문에, R에서는 '='과 동일한 기능을 하는 '<-'를 사용해서 데이터를 저장하는 경향이 있습니다.

```
source("funs.R")

#### 2. 데이터 전처리 ####
rdata09 <- read.spss("y9STU.sav", to.data.frame=T) %>% filter(Y9STU=="설문지 참여함")
```

[그림 2-7-12] 함수나 데이터를 저장하고 확인하는 R 스크립트

read.spss() 함수는 'foreign' 패키지에서 제공하는 함수로 SPSS 데이터를 불러올 수 있습니다. 괄호 안의 파일명을 작은따옴표(') 혹은 큰따옴표(")로 작성하면 됩니다. 둘에 차이는 없습니다. 콤마(,) 뒤에 있는 옵션은 함수의 파라미터를 지정하는 기능을 합니다. 여기에서의 T는 TRUE를 가리키는 것으로 T만 입력해도 잘 작동합니다. 코딩 비전문가를 위한 작은 배려이기도 합니다. read.spss() 함수에 있는 to.data.frame 파라미터를 TRUE로 설정한다는 뜻이며, 이는 엑셀 형태의 data frame으로 데이터를 저장한다는 의미입니다. 이 옵션을 지정하지 않으면 list 형태의 다소 복잡한 데이터가 만들어지는데, 조금 더 많은 데이터에 체계적으로 접근할 수 있지만 초보자들에게는 복잡하게 느껴질 뿐입니다. 그래서 초보자들은 data frame 형태로 데이터를 저장하는 것이 좋습니다.

만약 다른 공공 데이터를 내려받아 앞에서와 마찬가지로 분석하고 싶다면 데이터의 종류에 따라 다양한 함수를 이용해서 데이터를 불러와야 합니다. 일반적으로 제공되는 데이터는 'csv', 'xlsx', 'sav' 파일입니다. 그중에 SPSS 분석용으로 제공되는 sav 파일은 'foreign' 패키지에서 제공하는 read.spss() 함수를 이용하여 데이터를 불러올 수 있습니다. 파일명만 바꿔 입력하면 원하는 데이터를 얼마든지 불러오는 것이 가능합니다.

csv 파일의 경우 다른 패키지의 도움 없이 read.csv() 함수를 이용합니다. 예를 들어 근로소득과 관련된 데이터를 내려받아 '근로소득.csv'로 저장된 데이터가 있다고 한다면 read.csv("근로소득.csv")를 사용하여 데이터를 불러올 수 있습니다.

xlsx로 끝나는 엑셀 파일의 경우 'readxl' 패키지의 도움을 받아야 합니다. 6번째 줄에서 pacman::p_load(foreign, readxl, 이와 같이 맨 끝에 readxl을 입력하고 콤마(,)를 찍

어주면 해당 줄을 실행시킬 때 'readxl' 패키지를 설치해주고 해당 패키지를 실행합니다. 'readxl' 패키지에서 지원해주는 read_excel() 함수를 사용하면 됩니다. 파일명이 '소비자물가.xlsx' 파일이라면 read_excel('소비자물가.xlsx')로 데이터를 불러올 수 있습니다. 엑셀의 경우 여러 개의 시트(sheet)로 데이터가 저장되어 있을 수 있습니다. 만약 2번째 시트의 데이터를 불러오고 싶다면 read_excel() 함수의 파라미터인 sheet를 2로 지정해줍니다. 코드는 read_excel('소비자물가.xlsx', sheet=2)와 같이 작성합니다.

Rstudio 화면에서 왼쪽 위는 저장된 스크립트를 보여주는 창이고 왼쪽 아래의 콘솔(Console) 창을 통해서는 코드의 실행 결과를 확인할 수 있습니다. 일회성으로 특정 함수의 파라미터를 확인하고 싶은 경우 콘솔 창에 물음표(?)를 먼저 쓰고 그다음 함수 이름을 입력해 Enter를 치면 됩니다. 스크립트 창에서는 '실행' 버튼을 클릭하거나 Ctrl+Enter로 코드를 실행시키지만, 콘솔 창에서는 Enter로 실행시킬 수 있습니다. 그러면 오른쪽 아래의 탭이 file에서 help로 바뀌면서 그 밑에 함수에 대한 자세한 설명을 볼 수 있습니다. Usage에서 다양한 파라미터(Parameter)를 확인할 수 있고 Argument에서는 해당 파라미터의 기능과 값을 지정할 수 있는 예시가 나타납니다. 참고로 함수가 가지고 있는 옵션 혹은 매개변수를 파라미터(Parameter)라고 부르며, 그 옵션의 입력값을 지정할 수 있는데 이를 인수(Argument, 아규먼트)라고 부릅니다. 참고로 함수와 파라미터의 기능들은 R이나 파이썬이나 다른 프로그램 언어들의 공통적 특징입니다.

[그림 2-7-13] 함수의 파라미터를 확인하는 방법

영어를 모국어로 사용하는 사람들이 프로그램 언어를 개발하다 보니 코딩의 문법이 영어와 상당히 흡사합니다. 한국어의 경우 같은 단어도 주어로 쓰일 때와 목적어로 쓰일 때 '사과가', '사과를'과 같이 조사가 다릅니다. 하지만 영어의 경우 조사가 없고 단어의 순서로 의미를 파악해야 합니다. 그래서 파라미터 이름을 지정하지 않아도 순서만 맞으면 알아서 잘 작동합니다. 예를 들어 [그림 2-7-13]에서 read.spss() 함수의 첫 번째 파라미터는 file입니다. 따라서 read.spss(file="y9STU.sav")와 같이 작성해야 합니다. 하지만 맨 첫 번째라는 위치만 잘 지켜준다면 file이라는 파라미터 이름을 생략해주어도 됩니다. 그래서 file을 생략하고 read.spss("y9STU.sav")와 같이 작성해도 첫 번째를 file로 인식해서 잘 작동합니다. 반면에 to.data.frame는 세 번째 있는 파라미터이기 때문에, 파일명 다음에 사용하기 위해서는 파라미터 이름을 반드시 지정하고 그 값을 입력해야 합니다.

마지막으로 R이 가지는 독특한 파이프 연산자(%>%, 혹은 |>)를 이해해야 합니다. 단축키는 Ctrl+Shift+M입니다. 문법적 특징이 한국어 어순과도 일치하기 때문에 더욱 쉽게 학습할 수 있습니다. R 사용자들이 자주 사용하는 매우 편리한 기능입니다.

한편, 파이썬을 비롯한 프로그램 대부분은 어떤 전처리 작업을 진행할 때마다 새로운 변수를 지정해서 전처리 결과를 저장해주는 방식을 선호합니다. 예를 들어 웹 크롤링 챕터의 파이썬 코드를 보면 다음과 같습니다. 텍스트에서 명사를 추출해서 nouns에 저장합니다. 그리고 그중에서 길이가 1보다 큰 것을 words에 저장합니다. 그리고 해당 단어의 개수를 세어서 count에 저장합니다. 이처럼 전처리 작업 결과들을 다양한 변수에 저장하는 습관이 있습니다.

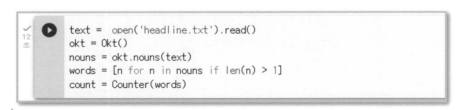

```
text = open('headline.txt').read()
okt = Okt()
nouns = okt.nouns(text)
words = [n for n in nouns if len(n) > 1]
count = Counter(words)
```

[그림 2-7-14] 파이썬과 같은 일반적인 언어에서 주로 사용하는 방법

이렇게 생성된 변수들의 경우 어떤 것들이 얼마나 있는지는 코딩을 자세히 살펴보지 않으면 알 수 없습니다. 그럼에도 불구하고 코딩 전문가들은 그 많은 변수를 생성하고 기억에 의존해서 관리하는 역량을 가지고 있습니다. C나 Java와 달리 변수를 쉽게 생성할 수 있다는 측면에서 파이썬은 코딩 전문가들에게 너무 쉬운 프로그램이지만, 코딩 전문가가 아닌 사람들에게는 이러한 변수가 매우 낯섭니다. 단계별 변수들을 기억하기도 쉽지 않고 관리하기도 버겁습니다. 그래서 R에서는 코딩 비전문가들을 위해 변수를 생성하지 않고 결과물을 이끌어낼 수 있는 파이프 연산자를 제공하고 있으며, 많은 사람이 이 기능을 활용하여 데이터를 분석하는 경향이 있습니다.

[그림 2-7-14]를 R 코딩 스타일로 표현하면 '명사를 추출하고, 그중에 길이가 1보다 큰 것을 선택해서 개수를 세어라'라고 코딩할 수 있습니다. 이를 파이프 연산자로 표현하면 '명사를 추출 %>% 길이가 1보다 큰 것만 선택 %>% 개수 세기'로 표현할 수 있습니다.

[그림 2-7-12]에서 SPSS 데이터를 불러올 때 read.spss("y9STU.sav", to.data.frame=T) %>% filter(Y9STU=="설문지 참여함") 부분이 있는데 이를 간략하게 표현하면 'read.spss() 함수로 sav 파일을 불러오고, filter() 함수를 이용해서 특정 조건에 해당하는 것만 선택하라'는 뜻입니다. 참고로 filter() 함수는 특정 조건에 해당되는 행(데이터)을 선택하는 데 사용합니다. Y9STU라는 변수(열 이름)가 있는데 그 값이 '설문지 참여함'이라고 되어 있는 것만 선택하라는 뜻입니다. 여기서 '='는 오른쪽의 결과를 왼쪽에 저장한다는 의미로 사용되기 때문에, 같다는 것을 표시하기 위해서는 '=='로 표기해야 합니다. 설문에 응답한 행만 선택하라는 뜻입니다. 그렇게 정제된 데이터를 rdata09에 저장하는 것이 [그림 2-7-12]의 코드 내용입니다. filter() 함수는 데이터 전처리에서 매우 중요한 역할을 합니다. 예를 들어 남자와 여자 데이터가 있을 때 남자만 추출한 뒤 분석해서 여자와 어떻게 다른지 분석할 수도 있습니다. 본 장에서는 자주 사용하지 않지만 매우 중요한 전처리 함수입니다.

(2) 데이터 전처리

인터넷을 통해 얻은 데이터나 설문을 통해 얻은 데이터는 분석하기에 적합하지 않은 형태를 띕니다. 이를 데이터 분석에 적합하도록 변형시키는 작업을 데이터 전처리라고 부릅니다. 마치 요리를 하기 전에 재료를 다듬는 것과 같은 작업이라고 보면 됩니다. 많은 전문가가 데이터를 분석하는 데 들어가는 시간보다 데이터를 전처리하는 시간이 더 오래 걸린다고 이야기합니다. 그만큼 힘들고 지루한 작업에 해당합니다(그리고 잠시 후면 데이터 분석이 전처리보다 얼마나 더 쉬운지 체감하게 됩니다). 하지만 공공 데이터나 설문 데이터를 분석하기 위해서는 기초적인 수준에서 데이터를 전처리할 수 있어야 합니다. 다소 지루하고 힘들지 모르지만, 그 원리를 이해해서 분석하고 싶은 데이터에 적용하는 연습을 해야 합니다. 이 부분은 내용이 다소 복잡하고 어렵기 때문에 초보자라면 그냥 넘어가는 것도 좋습니다. 하지만 제대로 데이터를 분석하고 싶은 마음이 있다면 어렵더라도 찬찬히 읽어보고 다른 데이터에 적용하려고 노력하는 것이 좋습니다.

데이터 전처리에 주로 사용되는 함수는 행을 선택할 때 사용하는 filter()가 있고 열을 선택할 때 사용하는 select() 함수가 있습니다. 이를 이용하면 특정 조건의 특정 변수만 선택해서 데이터를 분석할 수 있습니다. 종종 이해할 수 없는 문자로 열 이름(변수명)이 지정된 경우 변수명을 바꾸고 싶을 때에는 rename() 함수를 이용합니다. 평균을 구하거나 범주를 통합할 때 등과 같이 새로운 변수를 생성하거나 데이터를 변형할 때는 mutate() 함수를 사용합니다.

가장 기초적인 select() 함수부터 살펴보도록 하겠습니다. 경기도교육연구원에서 내려받은 데이터의 경우 행(설문에 응답한 학생)이 5,195개이고 열은 626개에 해당합니다. 수백 개나 되는 변수를 다 분석하기는 어렵기 때문에, 관심이 있는 열만 선택해서 분석할 필요가 있습니다. 보통은 코드북과 데이터를 번갈아 보면서 원하는 변수를 선택하는 것이 일반적인데, R에서 SPSS 데이터를 로딩하면 한결 쉬운 방법으로 변수를 이해하고 선택할 수 있습니다.

데이터가 많지 않을 때에는 데이터를 클릭해서 일일이 변수명을 확인하고 선택할 수 있습니다. 오른쪽 위에 있는 Envirenment 창에서 rdata09를 마우스로 클릭합니다. 그러면 변수명 밑에 해당 변수가 무엇을 의미하는지 자세한 정보가 나타납니다. 참고로 이러한 정보는 csv 파일이나 xlxs 파일에서는 나타나지 않습니다. 오로지 SPSS 데이터만 가지고 있는 특징입니다. 단점은 좌우 스크롤바를 움직여도 50개의 변수만 볼수 있다는 점입니다. 해당 데이터는 626개이기 때문에 50개를 초과하는 변수들은 다음 그림의 ❸에서 볼 수 있는 방향 기호를 클릭해야 합니다. '>'를 클릭하면 다음 50개를 볼 수 있고 '>>'를 클릭하면 맨 마지막에 있는 변수들을 확인할 수 있습니다.

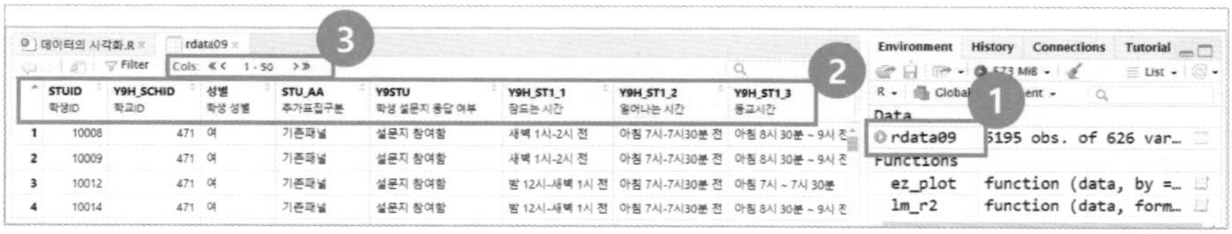

[그림 2-7-15] 변수명과 그 의미를 확인하는 방법 1

이 방법의 경우 데이터를 확인하면 '데이터의 시각화.R'이라는 스크립트 코드 창이 안 보입니다. 그래서 데이터 탭과 스크립트 탭을 번갈아 가면서 클릭하는 식으로 코드를 완성해야 합니다. 코드북을 보면서 코딩하는 것보다 더 불편할 수도 있습니다.

직접 데이터를 보는 것보다 한결 쉽게 변수명의 의미를 확인할 방법은 없을까요? SPSS 데이터에서 변수명과 함께 이 변수가 무엇을 설명하는지 확인할 수 있는 방법은 attributes() 함수를 이용하는 것입니다. 그런데 attributes() 함수는 그 결과를 list 형태로 출력하기 때문에 확인하기 다소 불편합니다. 그래서 'magrittr' 패키지에서 제공하는 extract2() 함수를 이용하는 것이 좋습니다. 다양한 list 정보 중에서 내가 원하는 결과만 추출할 수 있기 때문입니다. 4번째 리스트의 요소가 변수명과 관련이 있기 때문에, attributes(rdata09) %>% extract2(4) 이와 같이 작성하면 attributes() 함수로 rdata09의 정보를 뽑아낸 다음, 그중에서 4번째 정보만 출력하라는 뜻이 됩니다. 윗부분만 드래그해서 선택한 후 실행하면 626개의 변수들을 확인할 수 있습니다. 시간이 많으면 그걸 일일이 읽어보고 변수를 선택해도 됩니다(SPSS 데이터가 아니면 코드북과 데이터를 번갈아 보면서 데이터를 선택해야 합니다. 이런 경우가 더 일반적입니다). 다음 화면에서는 extract2(4) 다음에 파이프 연산자(%>%)를 쓰고 .[grep("수학", .)]이라고 되어 있습니다. 앞과 뒤에 있는 점(.)은 파이프 연산자 앞의 데이터 전체를 가리킵니다. 그리고 코드의 의미는 grep() 함수를 이용해서 해당되는 조건의 데이터만 선택해서 보여달라는 의미가 됩니다.

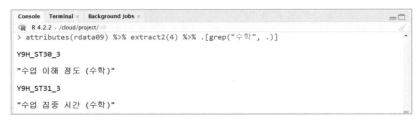

[그림 2-7-16] 변수명과 그 의미를 확인하는 방법 2

grep() 함수는 문자열 중에서 특정 단어를 포함하고 있는 것만 선택합니다. 패턴은 '수학'이라는 단어입니다. 즉, '수학'이라는 단어가 들어간 변수만 선택해서 출력하라는 뜻입니다. 이렇게 내가 관심 있는 데이터를 키워드로 추출해서 데이터를 선택할 수 있습니다.

변수를 선택할 때에는 종속변수를 설정하는 것이 매우 중요합니다. 여기에서는 수학성적을 종속변수로 설정하였습니다. 그리고 필자가 수학성적과 조금이라도 관련성이 있을 것 같은 독립변수들을 선택한 결과는 다음과 같습니다.

```
data <- rdata09 %>%
 select(STUID, 성별, Y9H_ST2_2, Y9H_ST2_3,
     Y9H_ST12_2_1:Y9H_ST12_2_2, Y9H_ST8_1,
     Y9H_ST9_1, Y9H_ST9_3, Y9H_ST11_1:Y9H_ST11_6,
     grep("ST17_", names(.)), Y9H_ST19_1:Y9H_ST19_5,
     grep("ST20_", names(.)), grep("ST21_", names(.)),
     Y9H_ST23_13:Y9H_ST23_16, Y9H_ST24_4, Y9H_ST24_8,
     Y9H_ST24_12, Y9H_ST24_16, grep("ST26_", names(.)),
     grep("ST32M_", names(.)), grep("Y9H_ST33M", names(.)),
     grep("ST35M_", names(.)), grep("ST36M_", names(.)),
     Y9H_ST38_1:Y9H_ST38_6, grep("ST46_", names(.)),
     Y9H_ST39_3, Y9H_ST39_3T, Y9H_ST53, Y9H_ST59_2,
     Y9H_ST60_2_2, Y9H_ST42, Y9H_ST63_7_1, Y9H_ST30_3,
     Y9H_ST31_3)
```

[그림 2-7-17] 변수 선택

파이프 연산자 다음에 Enter를 쳐서 다음 줄로 작성해도 한 줄로 인식하므로, 20번째 줄을 클릭해 커서를 놓고 실행시켜도 그다음 줄 모두 다 실행이 됩니다. 대부분은 콤마(,)로 구분했지만 중간에 grep() 함수를 사용한 경우가 있습니다. 예를 들어 Y9H_ST26_1~Y9H_ST26_14까지 14개 문항 모두 학업 스트레스와 관련된 문항들입니다. 하나하나 다 기록할 수도 있지만 'Y9H_ST26_1 : Y9H_ST26_14'와 같이 콜론으로 묶으면 1번부터 14번까지 모두 선택한다는 의미가 됩니다. 이렇게 표현하려면 해당 문항들이 서로 인접해 있어야만 가능합니다. 만약 필요한 변수들이 이곳저곳에 흩어져 있다면 일일이 변수명을 기록해줘야 합니다. 또한, 학업 스트레스와 관련된 문항이 몇 번까지 있는지 확인해야 합니다. 반면에 grep("ST26_", names(.))처럼 표현해서 변수명 중에 "ST26_"이 들어간 모든 변수를 선택하게 만들 수도 있습니다. 해당 문항이 1개이든 10개이든, 서로 흩어져 있어도 알아서 잘 선택한다는 장점이 있습니다. 빅데이터 전처리에 자주 사용하는 방법입니다. 참고로 names(.)의 점(.)은 파이프 연산자 앞에 있는 rdata09 데이터를 가리킵니다. names() 함수는 rdata09의 변수명들을 의미합니다.

이렇게 선택된 변수들만 모아서 data에 저장합니다. rdata09라는 로우 데이터는 그대로 유지하고 있어야 나중에 또 다른 분석을 할 수 있기 때문에, 다른 변수명에 데이터를 저장하는 것입니다.

일반적으로 볼 수 있는 데이터는 크게 2가지로 구분됩니다. 성별과 같이 '남', '여'로 구분되듯이 몇 개의 범주 안에서 선택하는 데이터를 범주형 데이터라고 합니다. 한편 내신 등급처럼 숫자로 표현되는 데이터를 연속형이라고 합니다. 연속형에서 2는 1보다 2배 더 크다는 의미가 됩니다. 참고로 범주형 데이터보다 연속형 데이터가 더 많은 정보를 가지고 있어서 더 많은 분석이 가능합니다. 그래서 가급적이면 데이터는 연속형으로 수집하는 것이 좋습니다.

그런데 설문지를 제작하거나 데이터를 수집할 때 데이터 분석을 염두에 두지 않다 보니, 연속형 데이터인데도 범주형처럼 수집된 데이터가 있습니다. 예를 들어 학원 숙제를 하는 데 걸리는 시간도 그중 하나입니다. 2시간은 1시간의 2배이기 때문에 분명히 연속형 데이터입니다. 이런 경우 응답자가 직접 숫자를 입력하게 하면 되는데 굳이 '전혀 안 함', '30분 미만', '30분–1시간 미만' 등과 같이 구간을 정해서 선택하도록 만드는 경우가 있습니다. 따라서 이를 다시 연속형으로 환원해줘야 합니다. 물론 40분이나 50분이어도 '30분–1시간 미만'을 선택했기 때문에 많은 정보를 상실했지만, 그래도 연속형으로 바꾸어야 다양한 분석이 가능해집니다. 이를 위해서는 우선 어떤 형태로 데이터가 기록되었는지 확인해야 하는데 다음과 같은 방법으로 확인할 수 있습니다. Y9H_ST2_2가 하루 평균 학원 숙제를 하는 시간을 가리킵니다. as.factor(rdata09$Y9 H_ST2_2)는 해당 응답을 범주화하라는 뜻입니다. 이를 다시 summary() 함수로 감싸면 이를 통계 내라는 뜻입니다. 그리고 그 결과는 다음과 같습니다.

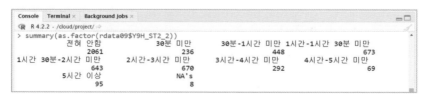

[그림 2-7-18] 범주 확인하기

mutate() 함수는 1개의 변수만 전처리합니다. 반면 mutate_at() 함수는 여러 개의 열을 한꺼번에 전처리할 수 있습니다. mutate_at() 함수는 '.vars', '.funs' 파라미터를 가지고 있습니다. '.vars'는 적용할 변수명을 지정할 때 사용하고 '.funs'는 어떻게 변형시킬지 지정할 수 있습니다. 변수명에 Y9H_ST2_2:Y9H_ST12_2_2로 표현되어 있는데 이는 Y9H_ST2_2에서부터 Y9H_ST12_2_2까지 모두 적용하라는 뜻입니다. 이렇게 여러 개의 변수를 한꺼번에 변환하고자 한다면 같은 범주를 가진 데이터를 연속해서 선택해야 합니다. [그림 2-7-17]은 이러한 데이터 전처리를 염두에 두고 같은 유형의 데이터끼리 묶어놓은 것입니다. 변수들을 vars() 함수로 묶어서 적용할 변수들을 지정합니다. 그리고 '.funs' 파라미터에 적용할 함수는 물결표(~)를 붙여서 함수 형태(as a function of)로 지정해줍니다. case_when() 함수는 조건에 따라 값을 변형시킬 때 사용합니다. 점(.)은 vars() 함수로 표현된 데이터를 의미합니다. 그 값이 '전혀 안 함'과 같으면 0으로 바꿔줍니다. '30분 미만'이면 0과 30분의 사이인 15분으로 간주해서 0.25시간의 의미로 0.25로 변환해줍니다. 이와 같은 방식으로 범주형처럼 표현된 데이터를 연속형으로 바꿔줍니다.

```
data <- data %>%
  mutate_at(vars(Y9H_ST2_2:Y9H_ST12_2_2),
        ~case_when(.=="전혀 안 함"~0,
              .=="30분 미만"~0.25,
              .=="30분-1시간 미만"~0.75,
              .=="1시간 30분-2시간 미만"~1.75,
              .=="2시간-3시간 미만"~2.5,
              .=="3시간-4시간 미만"~3.5,
              .=="4시간-5시간 미만"~4.5,
              .=="5시간 이상"~5.5)) %>%
  mutate_at(vars(Y9H_ST9_1:Y9H_ST9_3),
        ~case_when(.=="전혀 없다"~0,
              .=="1년 1-2번"~1,
              .=="한 학기 1-2번"~3,
              .=="한 달 1-2번"~24,
              .=="한 주 1-2번"~96,
              .=="거의 매일"~224)) %>%
  mutate_at(vars(Y9H_ST11_1:Y9H_ST46_12),
        ~case_when(.=="전혀 그렇지 않다"~1,
              .=="그렇지 않다"~2,
              .=="보통이다"~3,
              .=="그렇다"~4,
              .=="매우 그렇다"~5)) %>%
  mutate(Y9H_ST63_7_1=
      case_when(Y9H_ST63_7_1=="나의 적성과 흥미" ~ "적성 흥미",
            grepl("성적", Y9H_ST63_7_1) ~ "성적",
            Y9H_ST63_7_1=="취업 전망" ~ "취업 전망",
            grepl("명성", Y9H_ST63_7_1) ~ "대학 명성",
            is.na(Y9H_ST63_7_1) ~ "NA",
            TRUE ~ "기타")) %>%
  mutate(Y9H_ST42=
      case_when(Y9H_ST42=="전혀 만족하지 않음"~1,
            Y9H_ST42=="만족하지 않음"~2,
            Y9H_ST42=="보통임"~3, Y9H_ST42=="만족함"~4,
            Y9H_ST42=="매우 만족함"~5)) %>%
  mutate_at(vars(Y9H_ST30_3),
        ~case_when(.=="20% 이하"~10,
              .=="21-40%"~30, .=="41-60%"~50,
              .=="61-80%"~70, .=="81% 이상"~90)) %>%
  mutate_at(vars(Y9H_ST31_3),
        ~case_when(.=="0-10분"~5,
              .=="11-20분"~15,
              .=="21-30분"~25,
              .=="31-40분"~35,
              .=="41분 이상"~45)) %>%
```

[그림 2-7-19] 범주형처럼 표현된 데이터를 연속형으로 바꿔주는 전처리 작업

가장 흔하게 하는 실수가 숫자로 표현될 수 있는 리커트 척도를 '전혀 그렇지 않다', '그렇지 않다', '보통이다', '그렇다', '매우 그렇다' 등과 같이 범주형으로 묻는 경우입니다. 각각 1, 2, 3, 4, 5를 의미합니다. 리커트 척도도 연속형으로 바꿔줍니다.

한편, Y9H_ST63_7_1는 대학을 선택할 때의 기준인데 이는 범주의 개수가 너무 많고 특정 범주의 경우 학생수가 매우 적습니다.

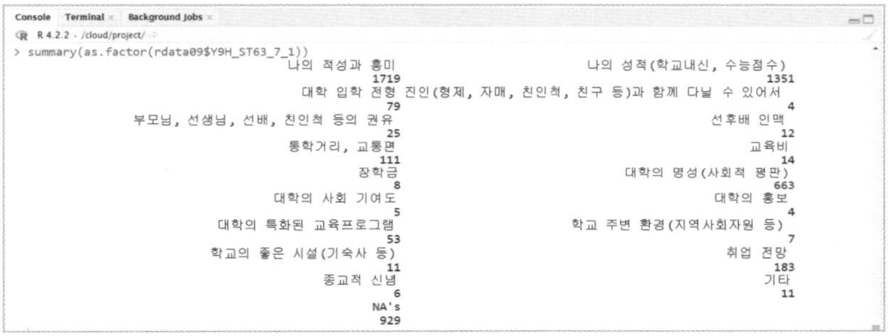

```
Console  Terminal ×  Background Jobs ×
R 4.2.2 · /cloud/project/
> summary(as.factor(rdata09$Y9H_ST63_7_1))
                   나의 적성과 흥미                              나의 성적(학교내신, 수능점수)
                               1719                                                    1351
                     대학 입학 전형 진인(형제, 자매, 친인척, 친구 등)과 함께 다닐 수 있어서
                                 79                                                       4
     부모님, 선생님, 선배, 친인척 등의 권유                                           선후배 인맥
                                 25                                                      12
                     통학거리, 교통편                                                  교육비
                                111                                                      14
                             장학금                                  대학의 명성(사회적 평판)
                                  8                                                     663
                   대학의 사회 기여도                                              대학의 홍보
                                  5                                                       4
             대학의 특화된 교육프로그램                        학교 주변 환경(지역사회자원 등)
                                 53                                                       7
             학교의 좋은 시설(기숙사 등)                                             취업 전망
                                 11                                                     183
                         종교적 신념                                                    기타
                                  6                                                      11
                               NA's
                                929
```

[그림 2-7-20] 대학 선택 기준의 범주

'나의 적성과 흥미'는 1,719명인데 '대학의 홍보'는 4명뿐입니다. 5,000명이 넘는 학생 중에 10명 미만이 선택한 이유가 꽤 많습니다. 이런 경우 데이터를 분석하기 위해서는 최대한 비슷한 수의 학생들이 묶일 수 있도록 새로 범주화하고 서로 묶이지 않는 나머지는 '기타'로 분류해야 합니다. [그림 2-7-19] 중반 부분은 이러한 적용에 해당합니다. 참고로 해당 case_when() 함수의 맨 끝에 있는 TRUE~"기타" 부분은 나머지 모두를 '기타'로 분류한다는 뜻입니다.

변수의 타입을 확인하고 범주형으로 체크한 다음, 같은 종류의 데이터끼리 묶어서 선택하고 해당 범주를 일일이 확인해서 연속형인데도 불구하고 범주형으로 표현된 데이터를 다시 연속형으로 바꿔주는 이런 작업을 '데이터 전처리'라고 부릅니다. 매우 지루하고 힘든 과정이지만 이 과정을 거쳐야 데이터를 제대로 분석할 수 있습니다.

rename() 함수는 변수명을 바꿔주는 기능을 합니다. 1번째 변수는 학생 아이디로 8차 혹은 10차 설문조사 결과와 데이터를 합칠 때 사용할 수 있어서 기본적으로 가져가야 합니다. 2번째 변수는 다행히 성별이라고 되어 있어서 굳이 바꾸지 않아도 됩니다. 3번째 변수는 '학원숙제시간'으로 지정했고 4번째 변수는 '자기주도시간'으로 명명하였습니다. 이런 방식으로 9번째까지의 변수를 쉽게 알아볼 수 있도록 지정하였습니다. 변수명은 문자로 시작하고 띄어쓰기가 없어야 데이터를 분석하기 편하며 대체로 4~5글자로 표현하는 것이 좋습니다.

한편, 독서, 우울, 자아개념 등은 여러 문항을 설문해서 평균을 내야 합니다. mean() 함수는 열별로 평균을 내는 함수입니다. 행별로 평균을 내는 함수가 rowMeans() 함수입니다. 이 함수만 사용하면 전체 행의 평균을 구하기 때문에, select() 함수와 grep() 함수를 이용해서 특정 문자가 들어간 변수만 선택해서 평균을 내도록 해야 합니다. 그리고 학생에 따라서는 어떤 문항에 대해 응답하지 않은 경우가 있기 때문에, na.rm=T로 결측치를 제외하고 평균을 내도록 만듭니다. '.before' 파라미터는 그렇게 평균을 낸 데이터가 놓일 위치를 지정해줍니다.

```
rename(학원숙제시간=3, 자기주도시간=4, 주중게임시간=5,
       주말게임시간=6, 임원여부=7, 떠든일수=8, 잠잔일수=9) %>%
mutate(독서=rowMeans(select(., grep("ST11_", names(.))),
       na.rm=T), .before=10) %>%
mutate(우울=rowMeans(select(., grep("ST17_", names(.))),
       na.rm=T), .before=11) %>%
mutate(자아개념=rowMeans(select(., grep("ST19_", names(.))),
       na.rm=T), .before=12) %>%
mutate(자아존중감=rowMeans(select(., grep("ST20_", names(.))),
       na.rm=T), .before=13) %>%
mutate(자기효능감=rowMeans(select(., grep("ST21_", names(.))),
       na.rm=T), .before=14) %>%
mutate(초인지=rowMeans(select(., grep("ST24_", names(.))),
       na.rm=T), .before=15) %>%
mutate(학업스트레스=rowMeans(select(., grep("ST26_", names(.))),
       na.rm=T), .before=16) %>%
mutate(수학 학습태도=rowMeans(select(., grep("ST32M_", names(.))),
       na.rm=T), .before=17) %>%
mutate(수학효능감=rowMeans(select(., grep("ST35M_", names(.))),
       na.rm=T), .before=18) %>%
mutate(수학흥미=rowMeans(select(., grep("ST36M_", names(.))),
```

```
               na.rm=T), .before=19) %>%
    mutate(부모신뢰=rowMeans(select(., grep("ST38_", names(.))),
               na.rm=T), .before=20) %>%
    mutate(학교적응=rowMeans(select(., grep("ST46_", names(.))),
               na.rm=T), .before=21) %>%
    mutate(수학교사역량=rowMeans(select(., grep("ST33M", names(.))),
               na.rm=T), .before=22) %>%
    mutate(수학사교육=ifelse(Y9H_ST39_3=="불참", 0, Y9H_ST39_3T),
               .before=23) %>%
    mutate(수학이해도=Y9H_ST30_3, .before=24) %>%
    mutate(수학집중시간=Y9H_ST31_3, .before=25) %>%
    mutate(수학내신=Y9H_ST59_2, .before=26) %>%
    mutate(모평수학등급=Y9H_ST60_2_2, .before=27) %>%
    mutate(학교만족도=Y9H_ST42, .before=28) %>%
    mutate(혁신학교여부=Y9H_ST53, .before=29) %>%
    mutate(대학선택기준=Y9H_ST63_7_1, .before=30) %>%
    mutate(수학성적=rowMeans(select(., 수학내신, 모평수학등급),
               na.rm=T), .before=31) %>%
    select(1:31)
```

[그림 2-7-21] 평균을 내고 데이터를 선택하는 등의 데이터 전처리 작업

[그림 2-7-21]의 수학 사교육 부분을 보면 ifelse(조건, A, B) 형태의 함수가 있습니다. 조건을 만족하면 A를 실행하고 그렇지 않으면 B를 실행하라는 뜻입니다. 수학 사교육 시간을 응답하지 않은 학생들이 많습니다. 그중에는 사교육을 안 받는 학생들이 대부분입니다. 그래서 사교육의 참여 여부를 묻는 Y9H_ST39_3의 값이 '불참'과 같으면 사교육 시간을 0으로 입력하고 그렇지 않으면 학생의 입력값을 그대로 유지하라는 뜻입니다. 이런 방식으로 데이터를 전처리하면 결측치(응답이 없는 데이터)를 최소화할 수 있습니다.

[그림 2-7-21]의 수학성적도 마찬가지입니다. 내신 성적은 있지만 모의평가 수학 등급(모평 수학 등급)이 없는 학생이 있는가 하면, 내신 성적이 없지만 모평 수학 등급은 있는 경우도 있습니다. 그래서 두 성적을 평균 내도록 하고 na.rm=T를 지정하면 두 성적 중 1개만 있어도 평균을 낼 수 있기 때문에 결측치가 조금이라도 줄어들게 됩니다.

이렇게 한글 형태로 변수명을 변경하고 1번부터 순서대로 31번까지 지정한 후

select() 함수를 써서 전처리한 결과를 최종 선정할 수 있습니다. 그리고 그 결과는 다음과 같습니다.

	STUID	성별	학원숙제시간	자기주도시간	주중게임시간	주말게임시간	임원여부	떠든일수	잠잔일수	독서	우울	자아개념	자아존중감	자기효능감	조인지	학업스트레스
1	10008	여	0.00	NA	4.50	5.50	없다	224	24	2.333333	4.500000	4.0	3.571429	2.750000	1.00	1.78571
2	10009	여	0.75	5.50	0.00	0.00	있다	224	0	2.500000	2.166667	5.0	4.428571	4.500000	5.00	2.78571
3	10012	여	0.00	NA	0.25	0.25	없다	3	0	4.166667	3.666667	2.8	2.857143	5.000000	4.75	3.42857
4	10014	여	NA	1.75	0.00	0.00	없다	96	3	2.166667	2.000000	4.0	3.714286	4.000000	3.75	4.00000
5	10016	남	0.00	0.00	5.50	5.50	없다	0	0	1.500000	1.833333	2.6	3.285714	3.250000	1.75	2.28571

[그림 2-7-22] 전처리를 끝낸 데이터

자, 이제 전처리를 끝낸 데이터를 본격적으로 분석해봅시다.

2. 데이터의 시각화

1) 데이터 전체 둘러보기

(1) 데이터 탐색(EDA) 결과 시각화

데이터 전처리 과정을 모두 끝내고 90번째 줄의 코드를 실행합니다. 'inspectdf' 패키지에서 지원하는 함수 inspect_types()는 변수의 타입을 알려줍니다. 그 뒤에 파이프 연산자를 붙이고 show_plot()을 실행시키면 [그림 2-7-23]과 같이 시각화된 결과를 확인할 수 있습니다. 오른쪽 아래의 창 부분이 Plot 탭으로 바뀌고 시각화 결과가 뜹니다. 잘 보면 맨 위쪽 글자가 조금 잘린 것을 볼 수 있습니다. 시각화 결과가 잘 안 보이거나 글자 크기가 마음에 안 든다면 Export를 클릭하고 Copy to Clipboard를 클릭합니다.

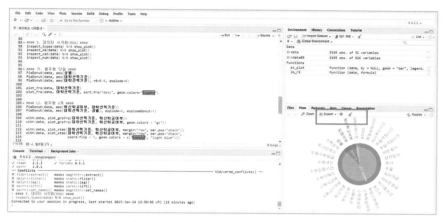

[그림 2-7-23] 변수의 타입 확인 시각화

다음 그림의 오른쪽 맨 아래를 보면 표시가 다른 부분이 있습니다. 이 부분에 마우스를 가져가면 좌우상하 화살표가 나타나고 클릭한 후 드래그하면 화면의 크기를 바꿀수 있습니다. 적절하게 크기를 변화시키다 보면 보이지 않던 글자가 보이기도 하고 마음에 드는 글자 크기 등을 확인할 수 있습니다. 그림을 마우스 오른쪽 버튼으로 클릭한후 그림을 복사하면 한글, 파워포인트 등에 붙여 넣는 것도 가능합니다.

[그림 2-7-24] 그림 크기 변화시키기

대학 선택 기준은 범주가 다양하다 보니 문자로 된 데이터로 인식하고 있고, 혁신학교 여부, 임원 여부, 성별은 범주형 데이터로 인식하였습니다. 그 이외의 데이터들은 모두 연속형으로 나타났습니다.

같은 방식으로 [그림 2-7-23]에서 91번째 줄과 92번째 줄을 실행시키면 다음과 같이 데이터의 결측치를 확인할 수 있습니다. 이 역시 글자들이 겹치면서 잘 안 보이는 결과가 나타나는데 앞에서와 같이 Export → Copy to Clipboard를 통해 크기를 적절하게 변화시키면 다음과 같이 보기 좋은 시각화 결과를 얻을 수 있습니다.

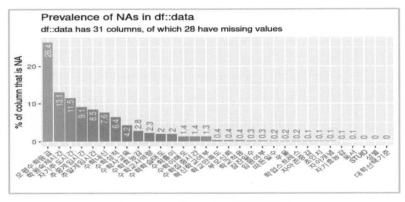

[그림 2-7-25] 변수별 결측치 확인하기

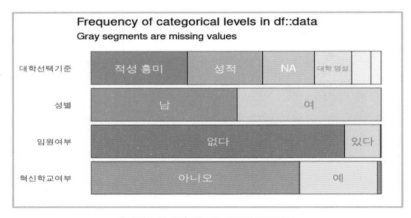

[그림 2-7-26] 범주형 데이터 확인하기

inspect_na() 함수는 결측치를 확인하는 데 유용하고, inspect_cat() 함수는 범주형 (Categorical) 데이터의 분포를 확인하는 데 유용합니다. 모의평가 수학 등급과 관련된 데이터의 결측치가 가장 많은 것을 알 수 있습니다. 수학성적의 결측치가 수학 내신보다 더 적은 것도 알 수 있습니다. 수학 내신과 모평 수학 등급을 평균 냈기 때문입니다.

inspect_num() 함수를 적용하면 연속형 데이터의 특성들을 한꺼번에 확인할 수 있습니다. 해당 코드를 실행시키면 Plot 창에서는 잘 보이지 않습니다. 데이터 수가 너무 많기 때문입니다. Zoom 버튼을 클릭하면 자동으로 적절한 크기로 확대되면서 보이지 않던 데이터의 분포를 확인할 수 있습니다.

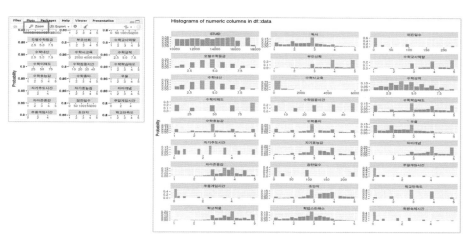

[그림 2-7-27] 연속형 데이터 확인하기

'inspectdf' 패키지에서 지원하는 데이터 탐색(EDA)용 함수들을 이용하면 매우 간단한 코드를 통해 데이터 전체를 대략 파악할 수 있습니다.

2) 데이터의 시각화

(1) 범주형 데이터 1개 시각화

범주형 데이터를 시각화하는 것은 파이(Pie) 형태와 막대그래프 형태로 확인할 수 있습니다. 그중 파이 차트는 'webr' 패키지에서 제공하는 PieDonut() 함수로 시각화할 수 있습니다. 분석할 변수명은 aes() 안에 넣어서 표시할 수 있습니다. PieDonut() 함수에서 지원하는 파라미터를 알고 싶다면 '?PieDonut'를 콘솔 창에 실행해서 알아냅니다. [그림 2-7-23]의 99번째 줄에 있는 코드에서 이러한 파라미터 중에서 2개를 적용하고 적절한 크기로 분석 결과를 확대시킨 것이 아래 오른쪽 그래프입니다. r0=0.6은 안쪽 지름을 60%로 확장시킨다는 것을 의미하고, explode=6은 12시를 기준으로 시계방향으로 범주를 셀 때 6번째(취업 전망)를 튀어나오게 만들어서 강조하겠다는 뜻입니다.

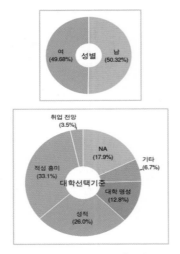

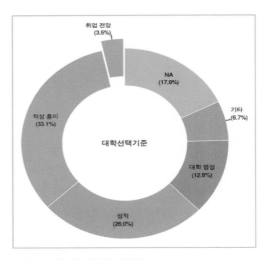

[그림 2-7-28] 도넛 형태의 범주형 데이터 시각화

[그림 2-7-28]과 같은 시각화가 다음 그림에서 97~99번째 줄과 같이 매우 간단한 코드로 확인할 수 있다는 것이 R 프로그램이 가지는 매력입니다.

```
#### 가. 범주형 단일 ####
PieDonut(data, aes(성별))
PieDonut(data, aes(대학선택기준))
PieDonut(data, aes(대학선택기준), r0=0.6, explode=6)

plot_frq(data, 대학선택기준)
plot_frq(data, 대학선택기준, sort.frq="desc", geom.colors="tomato")
```

[그림 2-7-29] 범주형 데이터 시각화 코드들

[그림 2-7-29]에서 101번째 줄과 102번째 줄의 코드는 각 범주별 개수를 막대그래
프 형태로 보여주는 코드입니다. 이를 실행하면 다음과 같은 결과를 확인할 수 있습니
다. 102번째 줄의 sort.frq 파라미터를 "desc"로 설정하면 점차 빈도수가 높은 것을 맨
앞에 표시하고 점차 빈도수가 작은 순으로 정렬한다는 뜻이고, geom.colors 파라미터
를 "tomato"로 지정하면 토마토색으로 표현한 결과를 보여줍니다. 색상을 가리키는
문자의 경우 스크립트 창에서도 색을 확인할 수 있습니다.

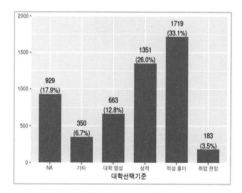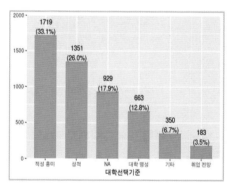

[그림 2-7-30] 막대그래프 형태로 표현된 범주형 데이터의 시각화

plot_frq() 함수는 'sjPlot' 패키지에서 지원하고, 파라미터의 기능들을 알아보고 싶
으면 '?plot_frq'를 실행시켜 도움말을 참고할 수 있습니다.

(2) 범주형 데이터 2개 시각화

다음은 범주형 데이터 2개를 동시에 파이 차트 형태로 표현하는 코드입니다.

```
#### 나. 범주형 2개 ####
PieDonut(data, aes(혁신학교여부, 대학선택기준))
PieDonut(data, aes(대학선택기준, 성별), explode=1, explodeDonut=T)
```

[그림 2-7-31] 2개의 범주형 데이터를 도넛 형태의 파이 차트로 표현하는 코드

위 코드의 실행 결과는 다음과 같습니다.

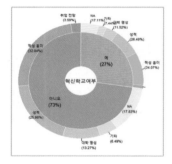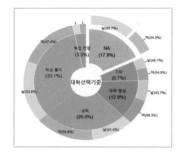

[그림 2-7-32] 2개의 범주형 데이터를 도넛 형태의 파이 차트로 표현한 결과

다음은 막대그래프 형태로 2개의 범주형 데이터를 시각화하는 코드입니다. with() 함수로 **data**를 포함시켜야 plot_grpfrq() 함수에서 변수명만 입력해도 데이터를 시각화할 수 있습니다.

```
with(data, plot_grpfrq(대학선택기준, 혁신학교여부))
with(data, plot_grpfrq(대학선택기준, 혁신학교여부,
    geom.colors = "gs"))
```

[그림 2-7-33] 2개의 범주형 데이터를 막대그래프로 표현하는 코드

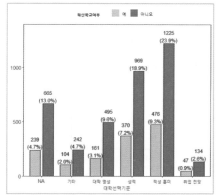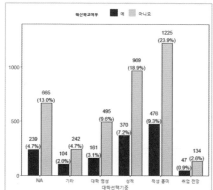

[그림 2-7-34] 2개의 범주형 데이터를 막대그래프로 표현한 결과

파라미터를 특별하게 지정하지 않으면 파란색 계열로 두 범주형 변수를 비교해주는데, geom.colors를 "gs"로 지정하면 흑백(Grayscale) 형태로 표현되는 것을 알 수 있습니다.

[그림 2-7-34]와 같은 그래프는 엑셀로도 얼마든지 만들 수 있습니다. 하지만 변수를 바꾼다거나 색을 바꾸는 등의 다양한 변화를 주기 위해서는 여러 번 마우스를 클릭해야 합니다. 하지만 R에서는 변수명만 바꿔주거나 파라미터를 추가하거나 변경하는 것만으로 순식간에 그래프를 만들 수 있습니다.

다음은 하나의 막대그래프에서 각각의 범주가 차지하는 비율을 구분해서 표현해주는 코드입니다. margin을 'row'로 지정해주고 bar.pos를 'stack'으로 지정해주면 이와 같은 기능이 구현됩니다. cood.flip을 TRUE로 지정해주면 가로로 표현할 수 있으며 geom.colors에 구체적인 색을 지정해서 원하는 색으로 표현할 수도 있습니다.

```
with(data, plot_xtab(대학선택기준, 혁신학교여부,
    margin="row", bar.pos="stack"))
with(data, plot_xtab(대학선택기준, 혁신학교여부,
    margin="row", bar.pos="stack", coord.flip = T,
    geom.colors = c("tomato", "light blue")))
```

[그림 2-7-35] 2개의 범주형 데이터를 다른 형태의 막대그래프로 표현하는 코드

다음은 [그림 2-7-35]에 있는 코드를 실행한 결과입니다.

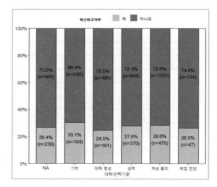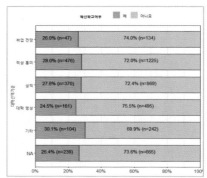

[그림 2-7-36] 2개의 범주형 데이터를 다른 형태의 막대그래프로 표현한 결과

(3) 연속형 데이터 1개의 시각화

연속형 데이터 1개를 시각화하는 방법은 도수분포표나 밀도함수 그래프를 이용하는 방법입니다. 다음과 같이 plot_frq() 함수를 이용해 시각화할 수 있으며 type은 "histogram"으로 지정해주어야 합니다. 연속형 변수의 평균과 표준편차를 함께 표현하기를 원한다면 show.mean을 TRUE로 지정해주면 됩니다. geom_colors에 색상 이름을 입력해서 색을 바꿀 수도 있고 normal.curve를 TRUE로 지정하여 밀도함수 그래프와 병행해서 표현할 수도 있습니다.

```
#### 다. 연속형 단일 ####
plot_frq(data, 수학성적, type="histogram", show.mean=T)
plot_frq(data, 수학성적, type="histogram", geom.colors = "pink",
        show.mean=TRUE, normal.curve=T)
```

[그림 2-7-37] 연속형 변수 1개를 시각화하는 코드

위 코드의 실행 결과는 다음과 같습니다.

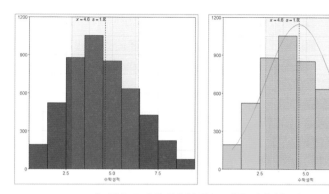

[그림 2-7-38] 연속형 변수 1개를 시각화한 결과

(4) 여러 개의 연속형 데이터 시각화

연속형 변수 여러 개의 데이터를 비교하는 방법에는 여러 가지가 있지만, 대표적인 방법들 몇 가지만 소개하도록 하겠습니다. 5점 척도로 조사한 리커트 척도의 경우 'sjPlot' 패키지에서 제공하는 plot_likert() 함수로 다음과 같이 시각화할 수 있습니다. 리커트 척도는 정수로 표현되는데, 앞선 전처리 과정에서 다양한 문항들의 평균값을 구했기 때문에 이는 소수점으로 표현됩니다. 따라서 plot_likert() 함수를 적용하기 전에 mutate_all() 함수를 적용하여 모든 데이터를 round()로 평균값을 정수로 바꿔주어야 합니다.

```
#### 라. 리커트 척도 ####
data %>% select(독서:학업스트레스) %>% mutate_all(~round(.)) %>%
  plot_likert()
data %>% select(독서:학업스트레스) %>% mutate_all(~round(.)) %>%
  plot_likert(sort.frq="pos.asc")
```

[그림 2-7-39] 리커트 척도 시각화 코드

다음은 앞선 코드를 실행한 결과입니다. 참고로 5점의 경우 차지하는 비율 차이가 크고 빈도수가 높지 않아 시각화에서 제외되었습니다.

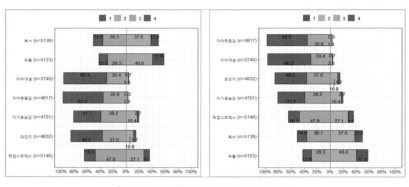

[그림 2-7-40] 리커트 척도 시각화 결과

연속형 변수 여러 개를 비교하는 방법 중에는 범주형 데이터를 추가하여 범주별로 그 차이를 비교하는 방법도 있습니다. 다음 코드와 같이 select() 함수를 이용해서 학원 숙제 시간부터 주말 게임 시간까지 시간과 관련된 데이터를 선택합니다. funs.R 코드에서 제공하는 ez_plot() 함수로 연속형 변수들의 평균을 막대그래프로 비교할 수 있습니다. geom을 'bar'로 지정해야 막대그래프로 그려지는데, 아무것도 지정하지 않았을 때에는 디폴트로 'bar'를 인식합니다. by를 '임원 여부'로 설정하면 임원 여부에 따른 숙제 시간 및 게임 시간 등을 서로 비교한 결과를 확인할 수 있습니다. palette를 'Greens'로 지정하면 녹색으로 구분해서 시각화합니다. na.omit() 함수는 결측치를 제거한 후 시각화하라는 뜻입니다.

```
#### 마. 막대그래프 ####
data %>% select(학원숙제시간:주말게임시간) %>% ez_plot()
data %>% select(임원여부, 학원숙제시간:주말게임시간) %>% n
 a.omit() %>%
 ez_plot(geom="bar", by="임원여부", legend="top", palette="Greens")
```

[그림 2-7-41] 여러 연속형 변수를 막대그래프로 비교하는 코드

위 코드의 실행 결과는 다음과 같습니다. 왼쪽은 단순히 평균만 비교한 것이고 오른쪽은 임원 여부에 따른 차이를 확인한 결과입니다.

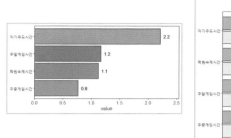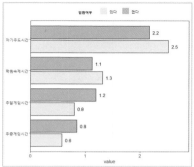

[그림 2-7-42] 여러 연속형 변수를 막대그래프로 비교한 결과

　　다음은 여러 개의 연속형 데이터 분포를 시각화해서 비교하는 코드입니다. 단순히 평균만 비교하는 방법보다 조금더 세밀하게 차이를 비교할 수 있다는 장점이 있습니다. geom을 'ridges'로 설정하면 밀도함수 그래프 형태로 비교가 가능합니다. palette를 'Spectral'로 지정하면 해당 색상표가 적용됩니다. 디폴트는 'Dark2'이며 'Set1', 'Set2' 등 다양한 색상표를 적용하여 그 결과를 확인할 수 있습니다. by 파라미터에 "임원 여부"를 설정하면 임원 여부에 따른 차이를 확인할 수 있습니다. 주의할 점은 임원 여부에 따른 차이를 확인하고 싶은 경우 select() 함수를 적용할 때 임원 여부에 해당하는 변수를 추가해야 한다는 것입니다.

```
#### 바. 다층 밀도 그래프 ####
data %>% select(독서:학업스트레스) %>%
  ez_plot(geom="ridges", palette="Spectral")
data %>% select(임원여부, 독서:학업스트레스) %>% na.omit() %>%
  ez_plot(geom="ridges", by="임원여부", palette="Spectral")
# Dark2, Spectral, Set1,2,3, Pastel1,2, Paired
```

[그림 2-7-43] 여러 연속형 변수를 밀도함수 그래프로 비교하는 코드

　　다음은 위 코드를 실행한 결과입니다.

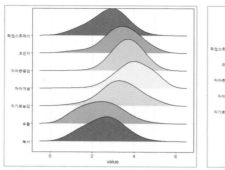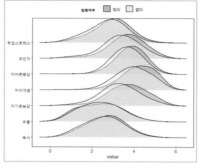

[그림 2-7-44] 여러 연속형 변수를 밀도함수 그래프로 비교한 결과

레이더(radar) 차트는 ez_plot() 함수의 geom을 "radar"로 지정해서 구현할 수 있습니다. 이 역시 by를 범주형 변수로 지정해서 범주 간 차이를 비교할 수도 있습니다.

```
#### 사. 레이더 차트 ####
data %>% select(독서:학업스트레스) %>%
 ez_plot(geom="radar", max=5)
data %>% select(성별, 독서:학업스트레스) %>%
 ez_plot(geom="radar", by="성별", max=5)
```

[그림 2-7-45] 여러 연속형 변수를 레이더 차트로 비교하는 코드

다음은 위 코드를 실행한 결과입니다.

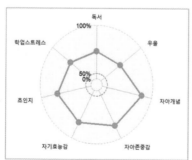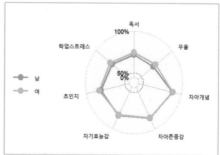

[그림 2-7-46] 여러 연속형 변수를 레이더 차트로 비교한 결과

(5) 범주형 및 연속형 데이터 시각화

'easyalluvial' 패키지에서 지원하는 alluvial_wide() 함수를 이용하면 생키(Sankey Diagram)를 시각화할 수 있습니다. 범주형 변수뿐만 아니라 연속형 변수도 시각화할 수 있으며, 자동을 5단계로 나누어 데이터가 어떻게 구분되는지 알 수 있습니다. 변수의 개수가 많아질수록 복잡해져서 데이터를 해석하는 데 어려움이 있다는 단점이 있습니다.

```
#### 아. 생키 다이어그램(Sankey Diagram) ####
data %>% select(성별, 대학선택기준) %>% alluvial_wide()
data %>% select(성별, 대학선택기준, 수학성적) %>% alluvial_wide()
```

[그림 2-7-47] 생키 다이어그램 시각화 코드

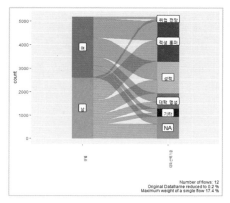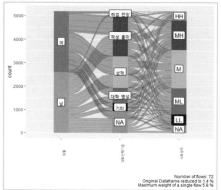

[그림 2-7-48] 생키 다이어그램 시각화 결과

콘솔 창에 '?alluvial_wide'를 입력하고 Enter를 실행시켜 해당 함수의 파라미터를 확인하고 각각 어떤 기능이 있는지 알아볼 수 있습니다. 파라미터를 다양하게 적용해보면서 독특한 형태의 시각화 결과를 얻거나 자신이 원하는 기능을 표현할 수 있습니다.

(6) 연속형에 대한 연속형 데이터 시각화

　연속형 데이터끼리의 관계를 시각화하는 일반적인 방법은 산점도 혹은 선 그래프를 이용하는 방법입니다. 예를 들어 수학성적(등급)에 따라 학업 스트레스가 어떻게 다른지 알아보고자 한다고 합시다. 우선 수학성적이 평균값이기 때문에 round() 함수로 반올림해줍니다. 그다음 1등급에서 9등급까지 수학성적별로 학업 스트레스의 평균을 구해보려 합니다. group_by() 함수는 등급별로 구분 지어 다음 단계를 진행하라는 뜻이고, summarise() 함수는 평균, 표준편차 등을 구할 때 사용하는 함수입니다. 계산이 끝나면 ggplot() 함수를 이용해서 좌표를 설정해줍니다. aes() 함수의 첫 번째 파라미터가 x축을 의미하고 두 번째가 y축을 의미합니다. ggplot() 함수는 플러스(+) 기호를 통해 그래프 위에 한 층씩 기능을 구현합니다. geom_point() 함수는 점을 표시하는 함수입니다. 여기까지만 실행시키면 그래프에 점만 찍힙니다. geom_point() 함수 다음에 플러스(+)를 한 후 geom_line() 함수를 더 작성하면 점과 함께 선이 함께 표현됩니다. 하지만 이런 방법은 평균값만 표시되고 그 값의 분포는 알지 못한다는 단점이 있습니다. 이를 보완해주는 방법이 직접 평균을 구하지 않고 stat_summary() 함수를 이용하는 방법입니다. fun.data 파라미터를 mean_cl_normal로 지정하고 geom을 "pointrange"로 설정하면 데이터의 분포 특성을 알 수 있는 값을 오차 막대 형태로 표현해줍니다.

```
#### 자. 연속형에 따른 연속형 ####
data %>% mutate(수학성적=round(수학성적)) %>% na.omit() %>%
  group_by(수학성적) %>%
  summarise(학업스트레스=mean(학업스트레스, na.rm=T)) %>%
  ggplot(aes(수학성적, 학업스트레스)) +
  geom_point() + geom_line()

data %>% mutate(수학성적=round(수학성적)) %>% na.omit() %>%
  ggplot(aes(수학성적, 학업스트레스)) +
  stat_summary(fun.data=mean_cl_normal, geom="pointrange") +
  stat_summary(geom="line")
```

[그림 2-7-49] 선 그래프 구현 코드

다음은 앞선 코드의 실행 결과입니다.

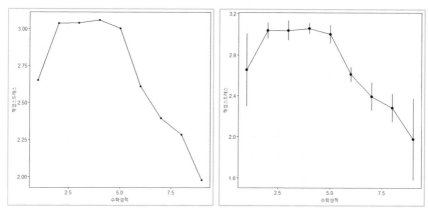

[그림 2-7-50] 선 그래프 구현 결과

코드를 실행하다 보면 다음과 같이 특정 패키지가 필요하다는 메시지가 뜨기도 합니다. 이 경우 Selection에 1을 입력하고 Enter를 누르면 관련 패키지를 설치하고 완성된 시각화 결과를 출력합니다.

[그림 2-7-51] 패키지의 추가 설치 요구

선 그래프도 2가지 이상의 변수를 서로 비교해볼 수 있습니다. 이를 위해서는 pivot_longer() 함수를 이용해서 두 개의 변수를 묶어주어야 합니다. 예를 들어 수학성적에 따른 자기효능감과 학업 스트레스를 시각화한다면, 다음과 같이 pivot_longer()

함수로 두 변수를 '구분'으로 묶어줍니다. 그 후의 코드는 [그림 2-7-49]와 크게 다르지 않습니다. 다만, aes() 함수에 color를 '구분'으로 구분해서 자기효능감과 학업 스트레스를 서로 다른 색으로 표현하도록 지정해주는 코드만 추가했을 뿐입니다.

```
data %>% mutate(수학성적=round(수학성적)) %>% na.omit() %>%
  group_by(수학성적) %>%
  summarise(학업스트레스=mean(학업스트레스, na.rm=T),
       자기효능감=mean(자기효능감, na.rm=T)) %>%
  pivot_longer(c(자기효능감, 학업스트레스), names_to="구분") %>%
  ggplot(aes(수학성적, value, color=구분)) +
  geom_point() + geom_line()

data %>% mutate(수학성적=round(수학성적)) %>% na.omit() %>%
  pivot_longer(c(자기효능감, 학업스트레스), names_to="구분") %>%
  ggplot(aes(수학성적, value, color=구분)) +
  stat_summary(fun.data=mean_cl_normal, geom="pointrange") +
  stat_summary(geom="line")
```

[그림 2-7-52] 두 변수 이상을 비교하는 선 그래프 구현 코드

위 코드를 실행한 결과는 다음과 같습니다.

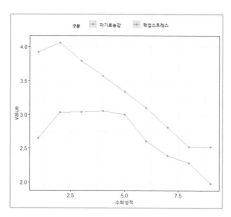 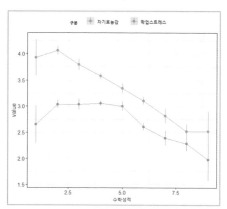

[그림 2-7-53] 두 변수 이상을 비교하는 선 그래프 구현 결과

3. 공공 데이터의 시각화 활용 수업 사례

1) 사회 교과 적용

(1) 근로소득 시각화하기

다른 교과도 마찬가지겠지만 사회 교과는 특히 사회 현상과 관련한 데이터를 기반으로 올바른 가치관을 형성하도록 돕는 교과입니다. 데이터의 시각화가 이러한 교육 효과를 향상시킬 수 있습니다.

통합사회 교육과정을 보면 우리나라 근로자의 평균임금을 바탕으로 금융 생활을 설계하는 탐구 활동 예시가 있기도 하고, 사회계층의 양극화 등의 사례를 찾아보고 원인을 분석하거나 이를 해결하기 위한 대책을 다루는 단원이 있습니다.

해당 단원에서 공공 데이터를 활용하여 근로자의 평균임금을 알아보고 시간이 지남에 따라 평균임금이 어떻게 달라져 왔는지, 학생들이 직장 생활을 할 때에는 평균임금이 어느 정도 될지 예측해볼 수 있습니다. 이를 바탕으로 금융 생활을 설계해보고 데이터를 시각화하여 양극화도 시각적으로 확인할 수 있습니다.

공공데이터포털 사이트가 있지만, 원하는 데이터를 얻기가 쉽지 않습니다. 데이터의 성격에 따라 적절한 사이트에서 데이터를 찾아야 어렵지 않게 내려받을 수 있습니다. 근로소득의 경우 통계청이나 국가통계포털 사이트에서 쉽게 구할 수 있습니다.

다음은 국가통계포털에서 "근로소득 연말정산"이라는 키워드로 검색한 결과입니다. 맨 첫 번째 보이는 데이터에서 2014년 이후의 근로소득과 관련된 데이터를 내려받을 수 있습니다.

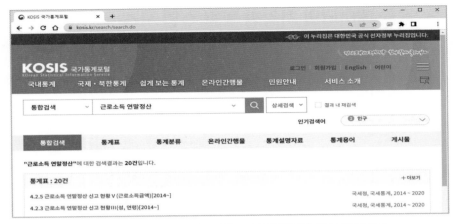

[그림 2-7-54] 국가통계포털에서 '근로소득 연말정산'으로 검색한 결과

4.2.1에 해당하는 데이터를 선택하면 2020년 자료만 보입니다. '시점'을 클릭한 후 체크박스를 모두 선택하고 적용 버튼을 눌러 적용합니다. 그 후에 '다운로드' 버튼을 클릭하면 데이터를 내려받을 수 있습니다. 데이터는 csv 파일 형태로 받는 것이 좋습니다.

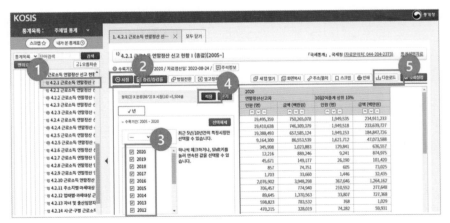

[그림 2-7-55] 데이터 내려받기

긴 파일명은 '근로소득.csv'와 같이 짧게 수정합니다. [그림 2-7-7]에서 설명한 방법대로 내려받은 csv 파일을 Posit Cloud에 업로드합니다. 그 후에 File 밑에 있는 녹색의 플러스(+) 기호를 클릭한 후 R script를 선택합니다. 그러면 새로운 스크립트 창이 뜹니다.

[그림 2-7-56] 새로운 스크립트 만들기

여기에 '데이터의 시각화.R'의 맨 위쪽에 있는 코드를 복사해서 붙여 넣습니다. 같은 프로젝트 내에서는 패키지가 로딩되어 있기 때문에 필요는 없지만, 새로운 데이터를 분석할 때는 습관적으로 'pacman' 패키지에서 제공하는 p_load() 함수를 실행해주는 것이 좋습니다.

read.csv() 함수를 이용해서 내려받은 데이터를 불러오려고 하면 에러가 납니다. 한글 Encoding 문제 때문에 나타나는 현상입니다. 이 경우 fileEncoding 파라미터에 한글에 해당하는 "cp949"를 입력하면 오류 없이 데이터를 불러올 수 있습니다.

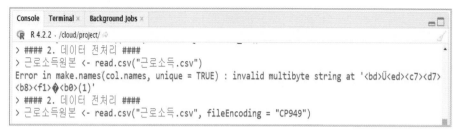

[그림 2-7-57] 에러 메시지와 대처법

이것으로 끝이 아닙니다. 데이터를 전처리해야 합니다. 데이터를 분석하고 시각화하는 것은 어렵지 않지만, 데이터를 전처리하는 과정은 쉽지 않습니다. 그래도 이러한 과정을 거쳐야만 데이터를 분석할 수 있기 때문에 반드시 해야 하는 과정입니다.

'근로소득 원본'으로 데이터를 로딩한 후 해당 데이터를 클릭해보면 다음과 같이 보입니다. 실제 데이터 이외의 다양한 부연 설명이 보입니다. 엑셀로 작성된 데이터의 전형적인 모습입니다.

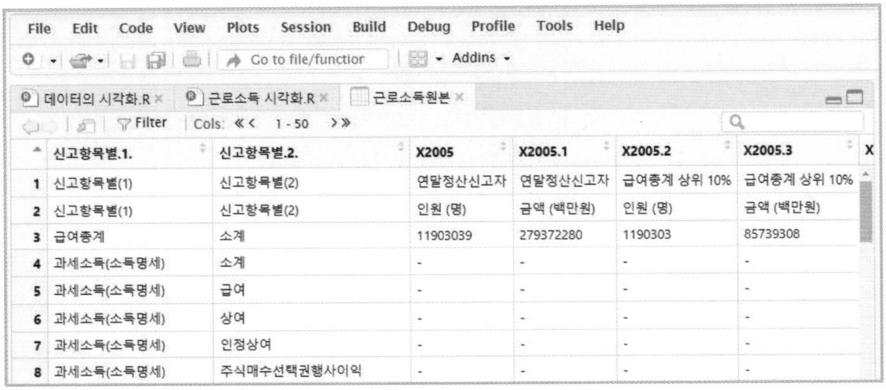

	신고항목별.1.	신고항목별.2.	X2005	X2005.1	X2005.2	X2005.3
1	신고항목별(1)	신고항목별(2)	연말정산신고자	연말정산신고자	급여총계 상위 10%	급여총계 상위 10%
2	신고항목별(1)	신고항목별(2)	인원 (명)	금액 (백만원)	인원 (명)	금액 (백만원)
3	급여총계	소계	11903039	279372280	1190303	85739308
4	과세소득(소득명세)	소계	-	-	-	-
5	과세소득(소득명세)	급여	-	-	-	-
6	과세소득(소득명세)	상여	-	-	-	-
7	과세소득(소득명세)	인정상여	-	-	-	-
8	과세소득(소득명세)	주식매수선택권행사이익	-	-	-	-

[그림 2-7-58] 근로소득 관련 원본 데이터

전처리 과정을 설명하면 우선 2~3번째 행을 제거해야 합니다. 급여 총계의 소계만 선택합니다. [그림 2-7-58]의 원본 데이터를 보면 '.2'는 상위 10%의 인원을 '.3'은 상위 10%의 금액을 의미한다는 것을 알 수 있습니다. rename_all() 함수로 패턴을 만들어줍니다. 이 경우 연도별 데이터가 오른쪽으로 죽 늘어서는 형태가 됩니다. 연도라는 변수로 묶을 때 연도별 데이터가 행으로 나타나야 해서, pivot_longer() 함수를 이용해서 Wide Type의 데이터를 Long Type의 데이터로 바꿔줍니다. 그 후 쓸모없는 데이터를 삭제한 후 연도와 함께 전체금액, '상위 10인원' 등과 같은 데이터를 separate() 함수를 이용하여 분리해줍니다. 이렇게 분리해낸 연도는 앞에 X라는 문자가 들어갑니다. 변수명은 문자로 시작해야 하는데 csv 파일에 연도가 숫자로 표시되어 있기 때문에 자동으로 앞에 문자를 추가한 것입니다. str_sub() 함수를 이용해서 x를 뺀 2번째부터 맨

마지막(-1이라고 입력하면 맨 마지막을 의미)까지 잘라내고 이를 as.intger() 함수를 이용해서 숫자로 바꿔줍니다.

마지막으로 전체금액을 전체인원으로 나눠준 일인당금액 변수를 만들고 상위 10% 전체금액을 상위 10% 전체인원으로 나눈 상위 10%의 인당 금액을 '상위10'으로 저장합니다. 아울러 전체금액에서 상위10%의 금액을 뺀 값은 하위 90%를 의미합니다. 이를 전체인원에서 상위 10% 인원을 뺀 값으로 나눠주면 하위 90%의 일인당 금액을 구할 수 있습니다. 이렇게 전처리하는 과정은 [그림 2-7-59]와 같습니다.

```
#### 2. 데이터 전처리 ####
근로소득원본 <- read.csv("근로소득.csv", fileEncoding = "CP949")
근로소득 <- 근로소득원본 %>% slice(-c(1:2)) %>%
  filter(신고항목별.1.=="급여총계" & 신고항목별.2.=="소계") %>%
  rename_at(vars(-c(1,2)),
        ~case_when(grepl("\\.1", .) ~ gsub("\\.1", "_전체금액", .),
            grepl("\\.2", .) ~ gsub("\\.2", "_상위10인원", .),
            grepl("\\.3", .) ~ gsub("\\.3", "_상위10금액", .),
            TRUE ~ paste0(., "_전체인원"))) %>%
pivot_longer(everything()) %>%
slice(-c(1:2)) %>%
separate(name, into=c("년", "구분"), sep="_") %>%
pivot_wider(names_from = 구분, values_from = value) %>%
mutate(년=as.integer(str_sub(년, 2, -1))) %>%
mutate_at(2:5, ~as.numeric(.)) %>%
mutate(인당금액=전체금액/전체인원,
    상위10=상위10금액/상위10인원,
    하위90=(전체금액-상위10금액)/(전체인원-상위10인원))
```

[그림 2-7-59] 근로소득 관련 데이터 전처리 과정

전처리가 끝난 데이터는 [그림 2-7-60]과 같습니다. 데이터의 양이 많지 않기 때문에 엑셀에서 다음과 같은 형태로 데이터를 정리해도 됩니다. 하지만 데이터의 양이 많은 빅데이터라면 엑셀로 정리하기가 힘들어집니다. 그런 경우에는 위와 같은 코드를 이용해서 전처리를 해야 합니다.

이런 데이터 전처리 과정은 학생들이 하기 힘들기도 하고 많은 시간을 소비해야 하

므로, 가능하면 교사가 전처리해서 학생들에게 제공해주는 것이 좋습니다.

데이터의 시각화.R × | 근로소득 시각화.R × | 근로소득 ×

Filter

	년	전체 인원	전체금액	상위 10인원	상위 10금액	인당 금액	상위 10	하위 90
1	2005	11903039	279372280	1190303	85739308	23.47067	72.03150	18.07503
2	2006	12594596	317872095	1262974	100536682	25.23877	79.60313	19.17955
3	2007	13376254	336480044	1337377	110206364	25.15503	82.40486	18.79525
4	2008	14045580	361878914	1404558	119405737	25.76461	85.01303	19.18145
5	2009	14294993	369570625	1429499	121671749	25.85315	85.11496	19.26851
6	2010	15176782	401086049	1517678	136053140	26.42761	89.64559	19.40339
7	2011	15540057	437838449	1554005	146941565	28.17483	94.55669	20.79907
8	2012	15768083	470771597	1576808	154403354	29.85598	97.92147	22.29315

[그림 2-7-60] 전처리 과정이 끝난 데이터

전처리가 끝난 데이터를 시각화하는 코드는 다음과 같습니다. ggplot() 함수로 그래프의 축을 설정합니다. aes() 함수의 첫 번째에 x축인 '년'을 입력하고 y축에 해당하는 두 번째는 '인당금액'을 입력합니다. geom_point()로 점을 찍고 geom_line()으로 선을 그립니다. 아울러 상위 10%와 하위 90%를 구분해서 나타내고 싶다면 상위10과 하위90을 '구분'으로 명명하여 pivot_longer() 함수로 묶어줍니다. ggplot() 함수로 축을 설정할 때 color를 '구분'으로 지정해주면 상위10과 하위90을 구분해서 시각화해줍니다.

```
#### 3. 데이터 시각화 ####
근로소득 %>% ggplot(aes(년, 인당금액)) + geom_point() + geom_line()
근로소득 %>%
  pivot_longer(c(상위10, 하위90), names_to = "구분") %>%
  ggplot(aes(년, value, color=구분)) +
  geom_point() + geom_line()
```

[그림 2-7-61] 데이터의 시각화 코드

다음은 [그림 2-7-61] 코드의 시각화 결과입니다.

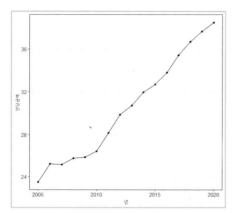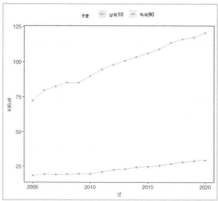

[그림 2-7-62] 데이터의 시각화 코드

위의 시각화 결과를 바탕으로 학생들에게 미래 연봉을 예측하게 해보고 토론을 시켜볼 수 있습니다. 소득의 양극화에 시각화 자료를 바탕으로 원인을 분석하거나 이를 해결하기 위한 대책을 토의할 수도 있습니다. 시각화 자료는 상황을 보다 실감 나게 인식하게 도와주기 때문에 학생들의 적극성을 유도하는 데 도움이 됩니다.

CHAPTER 08
들어가며

원인과 결과는 많은 분야에서 의미 있는 정보를 제공하기 때문에 매우 중요한 이슈입니다. 원인에 영향을 받아 결과가 달라지는 변수를 종속변수라고 부르고 종속변수에 영향을 미치는 원인에 해당하는 변수를 독립변수라고 부릅니다. 예를 들면 수업 만족도는 종속변수가 될 수 있고, 만족도에 영향을 미치는 수업 내용, 교수 학습 방법, 난이도 등이 독립변수가 될 수 있습니다. 종속변수와 독립변수 사이의 관계를 분석하면 어떤 변수가 수업 만족도에 영향을 미치는지 알 수 있습니다. 종이비행기의 비행 성능이 종속변수라면 성능에 영향을 미치는 종이의 재질, 종이비행기의 크기나 구조 등은 독립변수가 됩니다. 이들 사이의 관계를 통해 종이비행기의 성능에 영향을 미치는 변수를 찾아낼 수 있습니다.

종속변수와 독립변수 사이의 관계를 제대로 분석하려면 많은 사항을 고려해야 합니다. 논문을 쓸 수 있을 정도로 엄밀한 수준은 아니지만, 학교 수업이나 일상생활에서 적용할 수 있을 정도로만 살펴보겠습니다. 설명력을 높이려면 딥러닝을 적용해야 하는데, 왜 그런지 이유를 알 수 없다는 단점 때문에 통계적인 분석을 활용할 예정입니다.

앞선 내용에서 배웠던 시각화를 한 단계 더 업그레이드한다는 생각으로 살펴보면 좋을 것 같습니다.

08 원인 분석으로 융합 수업하기

교과 활용 팁	교과 융합: 종속변수에 영향을 미치는 독립변수 찾기
	과학: 추세선 분석으로 실험 결과 확인하기
	사회: 각종 사회, 경제 지표 인과관계 찾기
	모든 교과: 학생 설문 및 교과 학습 활동 결과 분석하기

1. 통계분석 결과 이해하기

1) 통계적 유의도와 효과 크기

(1) 통계적 유의도

선거철이 되면 각종 설문조사 결과가 발표되는데 이를 좀 더 자세히 살펴보겠습니다. 예를 들어 95% 신뢰 수준에서 오차범위가 ±3.1%이고 설문조사 결과 A 후보는 45%, B 후보는 49%가 나왔다고 합시다. 이는 똑같은 설문을 100번 했을 때 A 후보는 41.9~48.1%, B 후보는 45.9~52.1% 범위에 있을 확률이 95번 정도 된다는 뜻입니다. 이 경우 겹치는 부분이 너무 많아서 B 후보가 A 후보를 앞선다고 판단할 수 없습니다. 이때 '오차범위 내에서 접전'이라고 표현합니다.

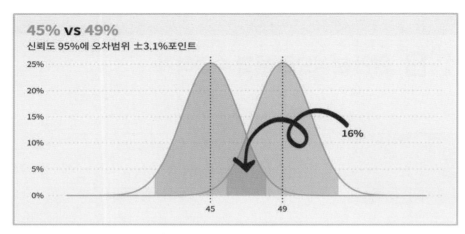

[그림 2-8-1] 오차범위가 겹칠 때

(출처: kuduz.tistory.com/1220)

한편, 두 후보가 각각 42%, 49%가 나왔다면 이때는 A 후보의 경우 38.9~45.1% 범위에 놓이게 되고 B 후보는 45.9~52.1% 범위에 있을 가능성이 큽니다. 이 경우에는 오차범위가 겹치지 않기 때문에 B 후보가 A 후보를 앞선다고 표현합니다.

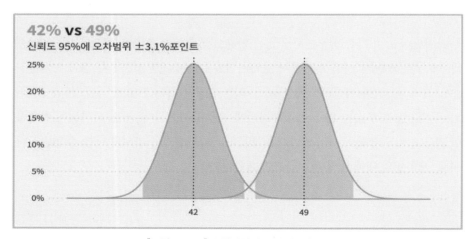

[그림 2-8-2] 오차범위가 겹치지 않을 때

(출처: kuduz.tistory.com/1220)

오차범위가 겹치지 않는다는 것은 [그림 2-8-2]에서 회색과 하늘색 영역이 겹치지 않는다는 것을 의미합니다. 100번 정도 반복했을 때 대략 95번 정도 오차범위가 겹치지 않는다면 둘은 분명한 차이가 있다고 판단할 수 있습니다. 이러한 표현은 한국언론진흥재단의 선거 여론조사 보도준칙에도 명시되어 있고, 법원의 판결에서도 오차범위는 매우 중요하기 때문에 법률적으로도 반드시 공표하게 되어 있습니다.

측정값, 오차범위 등 2개 이상의 값을 설명하지 않아도 통계적 유의도(p 값) 1개만 써도 동일하게 해석할 수 있습니다. p 값이 0.05보다 작으면 오차범위가 겹치지 않으며 이를 '통계적으로 유의한 차이가 있다'고 해석할 수 있습니다.

(2) 효과 크기

대부분의 논문에서는 통계적 유의도(p 값)만을 가지고 차이가 있는지 여부를 판단합니다. 하지만 오차범위는 데이터 수가 클수록 줄어드는 특징이 있습니다. 빅데이터 수준으로 데이터 수가 많아지면 매우 작은 차이로도 p 값이 0.05보다 작아지므로 통계적으로 유의한 차이가 있다는 결과가 나옵니다. 예를 들어 [그림 2-8-3]과 같이 성별에 따른 학교 만족도의 평균을 비교해보면, 남자는 3.29이고 여자는 3.22입니다. 0.07이라는 매우 작은 차이지만 맨 위에 표기된 p 값이 8.14e-03=0.00814입니다. 0.05보다 작기 때문에 통계적으로 유의한 차이가 있다는 결론이 나왔습니다. 그 이유는 데이터 수가 5,172개로 매우 많기 때문입니다.

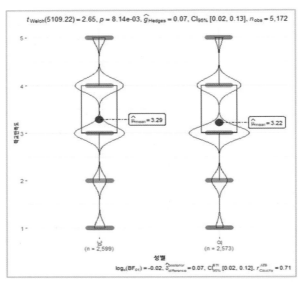

[그림 2-8-3] 성별에 따른 학교 만족도 차이

이런 문제점 때문에 많은 학자는 통계적 유의도와 함께 효과 크기를 함께 표현하도록 권고합니다. 효과 크기는 데이터 수와 무관한 값으로 추정할 수 있어서 통계적 유의도와 함께 표기하는 것이 바람직합니다. [그림 2-8-3]에서 보면 $\hat{g}_{\text{Hedges}}$ 값이 효과 크기에 해당합니다. Hedges의 g 값을 의미하는데, g 값이 0.2보다 작으면 의미 없는 차이로 간주합니다. g 값이 0.07이기 때문에 남녀 간 학교 만족도에는 '차이가 없다'고 해석해야 합니다. 실제 평균의 차이도 5점 만점에 0.07점(1.4%) 차이라서 논리적으로도 충분히 타당합니다.

보통 2개의 범주에 의한 차이를 비교할 때 효과 크기는 $\hat{g}_{\text{Hedges}}$(Hedges의 g), 3개 이상의 범주에 의한 차이는 $\hat{\omega}_p^2$(오메가 제곱), 연속변인의 경우 회귀분석에서의 R_{adj}^2(결정계수)가 효과 크기를 대변할 수 있습니다. 참고로 $\hat{g}_{\text{Hedges}}$, $\hat{\omega}_p^2$, R_{adj}^2 등이 조금 더 문제점을 개선한 효과 크기지만, $\hat{g}_{\text{Hedges}}$ 대신에 $\hat{d}_{\text{Cohen}}$(Cohen의 d)를, $\hat{\omega}_p^2$ 대신에 $\hat{\eta}_p^2$을, R_{adj}^2 대신에 R^2을 표기하기도 합니다.

$\hat{g}_{\text{Hedges}}$는 0.2 미만일 경우에는 무의미한 차이를 의미합니다. 0.2~0.5 사이에 있을 때 작은 차이, 0.5~0.8 범위는 보통 차이, 0.8 이상은 큰 차이를 뜻합니다. 참고로 0.5는 A의 평균이 B보다 표준편차의 0.5배만큼 크다는 뜻이고, B의 약 70%는 A의 평균보다 작다는 의미입니다.

$\hat{\omega}_p^2$는 0.01 미만일 때 무의미한 차이, 0.01~0.25는 작은 차이, 0.25~0.4는 보통 차이, 0.4 이상은 큰 차이를 의미합니다.

R^2은 상관계수 R을 제곱한 값으로 0과 1 사이의 값이며 설명력이라고도 합니다. 이에 대한 해석은 분야에 따라 차이가 큽니다. 사회과학의 경우 대략 0.3 이상을 보통 수준의 설명력으로 간주하고 공학은 0.7 이상을 기준으로 삼습니다.

2) 상관관계

(1) 상관관계 이해하기

2018년 10월 19일 자 신문 기사 중 '위기의 제조업 동남벨트… 아파트값도 82주 연속 추락'이라는 기사가 있었습니다.

2016년 1월~2018년 8월 제조업 고용 및 아파트값 변동률 단위: %

제조업고용		아파트값
▼ -12.42	경남	▼ -10.44
▼ -0.55	경북	▼ -11.46
▲ 8.18	충북	▼ -7.08
▲ 4.81	충남	▼ -8.76
▲ 0.78	전남	▲ 4.68
▼ -4.61	전북	▼ -0.30
▲ 3.56	대전광역시	▲ 2.20
▲ 5.45	광주광역시	▲ 2.47
▲ 0.70	대구광역시	▼ -0.83
▼ -2.27	부산광역시	▲ 3.79
▼ -19.44	울산광역시	▼ -7.90

※고용은 고용보험 가입된 피보험자 수

자료 =한국고용정보원·한국감정원

공장에서 동쪽으로 약 5㎞ 거리에 있는 아파트촌도 썰렁했다. 공인중개업소에 붙은 전단 열에 아홉은 '급매물'이었고 인근에 밀집한 가구, 의류 상점들은 세 집에 한 집 꼴로 폐점 상태였다. 집집마다 '폐점정리' '전국최저가' 등의 현수막이 붙어 있었지만 손님은 없었다. 한 공인중개사는 "최근 동구 인구가 2만명 정도 줄었는데 대부분 공장에서 일하던 청장년층"이라며 "구매력 있는 사람들이 나가면서 집값은 폭락했고 상권도 죽었다"고 했다.

한때 한국 제조업의 25%, 수출 24%를 차지했던 부·울·경(부산·울산·경남) '동남권 제조업 벨트'가 흔들리고 있다. 기반 산업인 조선, 자동차, 기계부품업 등이 불황의 직격탄을 맞으면서, 부동산 시장에도 쓰나미가 몰아치고 있는 것이다. 일자리를 잃은 근로자들이 떠나면서 한때 번화하던 거리는 사람을 찾아보기 어려워졌고 집값도 추락 중이다. 전문가들은 "제조업을 살려야 부동산도 회복될 수 있다"고 조언한다.

아파트값이 이처럼 떨어진 것은 구매할 만한 사람이 줄었기 때문이다. 고용정보원에 따르면 2016년 1월부터 올해 8월까지 2년 8개월 동안 경남과 울산의 제조업 고용보험 피가입자 수는 각각 12.42%, 19.44% 줄었다. 권대중 대한부동산학회장(명지대 교수)은 "수도권처럼 서비스업이 발달하지 못한 지방 공업도시에서는 제조기업 근로자가 곧 아파트 수요층"이라며 "제조업 종사자 감소는 집값에 직격탄이 될 수밖에 없으므로 제조업 경기를 살리고 고용을 늘려야 부동산도 회복될 수 있다"고 했다.

[그림 2-8-4] '위기의 제조업 동남벨트… 아파트값도 82주 연속 추락'

(출처: biz.chosun.com/site/data/html_dir/2018/10/18/2018101803772.html)

제조업의 고용률이 아파트값에 영향을 미친다는 의미입니다. 그리고 그 근거로 고용률과 아파트값을 제시하고 있습니다. 상관관계가 있다고 해서 인과관계는 될 수 없지만, 인과관계가 있으면 상관관계가 있습니다. 과연 제조업과 아파트값 사이에는 상관관계가 있을까요? 만약 상관관계가 있다면 제조업 고용률은 아파트값을 몇 %나 설명할 수 있을까요?

우선 신문 기사에서 나온 데이터를 바탕으로 상관관계 분석을 해보면 다음과 같습니다. p 값은 0.34로 통계적으로 유의하지 않습니다. 하지만 앞에서도 언급했듯 p 값은 데이터의 수에 민감합니다. 데이터가 11개밖에 안 되기 때문에 통계적으로 유의하지 않은 결과가 나왔을 가능성이 큽니다. 따라서 효과 크기(상관계수)인 $\hat{r}_{Pearson}$을 살펴볼 필요가 있습니다.

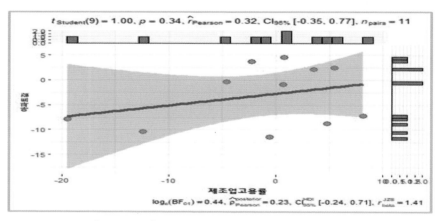

[그림 2-8-5] 제조업 고용률과 아파트값 사이의 상관관계

상관계수가 양의 값이면 양의 상관관계, 음의 값이면 음의 상관관계라고 합니다. 절댓값이 0.2 미만이면 거의 상관관계가 없고, 0.2~0.4는 약한, 0.4~0.6은 보통, 0.6~0.8은 강한, 0.8 이상일 때 매우 강한 상관관계라고 합니다. 제조업의 고용률과 아파트값 사이의 상관계수는 0.32입니다. 이 정도면 약한 상관관계가 있다고 말할 수 있습니다. 상관계수의 제곱인 결정계수로 환산하면 0.1 정도가 되며 이는 대략 10% 정도의 설명

력을 가지고 있다고 볼 수 있습니다. 제조업 고용률을 아파트값의 중요한 원인으로 지목하기에는 미흡한 수준입니다.

(2) 상관관계와 인과관계의 차이

상관계수를 해석할 때에는 여러 가지를 고려하고 주의해야 합니다. 그중에서 가장 중요한 것은 상관관계가 있다고 해서 인과관계가 있다고 말해서는 안 된다는 점입니다. 2가지 사례를 통해 인과관계를 설명하기 위한 조건을 살펴봅시다.

우선, 도시에 있는 교회의 수와 범죄의 수를 조사하여 이들 사이의 상관계수를 구했더니 무시할 수 없는 수준의 상관관계가 확인되었다고 합시다. 그럼, 교회의 수가 범죄 수의 원인이라고 말할 수 있을까요?

한편, 수업 후 학생들의 만족도를 설문조사 하는 것은 어떨까요? 수업의 내용을 점점 어렵게 했더니 만족도가 감소하는 상관관계가 확인되었다고 합시다. 이 경우 수업의 난이도는 만족도에 영향을 미치는 원인이라고 할 수 있을까요?

위와 같은 질문에 대해 인과관계를 확인하기 위해서는 다음의 3가지를 점검해야 합니다.

첫째, 원인이 결과보다 먼저 발생했는가?
교회가 생기고 범죄가 발생했는지 살펴본다면 꼭 그렇다고 말할 수 없습니다. 반면, 수업 후에 수업 만족도를 설문했다면 수업 난이도가 만족도를 측정하는 것보다 선행하기 때문에 이 조건을 만족합니다.

둘째, 독립변수를 변화시키면 종속변수가 변하는 상관관계가 있는가?
교회의 수를 늘리거나 줄이면 범죄 수가 변할지 점검해볼 수 있습니다. 인위적으로 교회를 줄여도 범죄 수가 변하지 않는다면 상관관계가 있다고 말할 수 없습니다. 반면에 수업의 난이도를 바꾸었을 때 만족도가 달라졌다면 수업의 난이도와 만족도는 상관관계가 있다고 말할 수 있습니다.

셋째, 독립변수 이외의 다른 변수들을 통제하였는가?

도시 간 교회의 수와 범죄 수 이외의 다른 변수들은 모두 같다고 볼 수 있을까요? 사실 인구가 많은 도시일수록 교회가 많고 인구가 많다 보니 범죄 수도 높아졌을 가능성이 큽니다. 범죄 수에 크게 영향을 미치는 인구수를 통제하지 않았기 때문에, 교회의 수가 범죄 수의 원인이라고 말할 수 없습니다. 한편, 수업 난이도에 따른 수업 만족도는 어떨까요? 이 경우도 변인통제의 조건을 통과하기 쉽지는 않습니다. 수업의 난이도가 만족도에 영향을 미친다는 것을 확인하기 위해서는 수업 난이도 이외의 다른 변수들을 통제해야 하기 때문입니다. 이 조건을 만족하기 위해서는 학생들을 두 집단 이상으로 나누는 것이 좋습니다. 학생들의 학업 능력이나 교과에 대한 흥미도 등 다른 변수들은 같거나 통계적으로 유의한 차이가 없어야 합니다. 그 상태에서 서로 다른 난이도로 수업을 진행한 후 수업 만족도를 비교해야 합니다. 이렇게 통제되지 않은 상태에서 수업 방법과 만족도를 설문했다면 인과관계 해석에 주의해야 합니다.

데이터를 얻는 과정에서 변수를 통제하지 않았더라도 분석 과정에서 이를 통제할 수 있습니다. 이후에 배우게 될 회귀분석에 통제변수를 넣으면 변수 통제와 비슷한 결과를 얻는 것이 가능합니다. 다만, 그렇게 하기 위해서는 통제해야 할 변수들을 수집해야 합니다. 물론 이 방법도 완벽하지 않기 때문에 이를 보완한 성향점수를 바탕으로 한 인과추론 등의 고급 통계분석이 있기는 하지만, 매우 전문적이기 때문에 이 책에서는 다루지 않겠습니다.

이상의 조건을 살펴볼 때 교회의 수와 범죄 수는 상관관계가 있지만, 교회의 수가 많아질수록 범죄 수가 높아진다고 해석하기 어렵다는 것을 알 수 있습니다. 그에 반해 수업의 난이도는 충분히 만족도의 원인이 될 수 있습니다.

가능하면 3가지 조건을 모두 확인한 후 인과관계를 설명하는 것이 바람직합니다. 최소한 상관관계가 확인되어도 인과관계로 확대하여 해석하려면 이런저런 조건을 만족해야 한다는 사실만 명확하게 인지하고 넘어가면 좋겠습니다.

2. 원인과 결과 찾기

1) T 검정과 ANOVA

(1) T 검정

데이터는 이전 장에서 전처리한 경기도교육연구원의 패널 데이터를 사용하겠습니다. 아울러 종속변수는 수학성적으로 정하고 다른 변수들은 수학성적에 영향을 줄 수 있는 잠재적인 원인으로 간주하겠습니다.

독립변수가 범주형이면서 범주가 2개이고 종속변수가 연속형이면 T 검정을 사용할 수 있습니다. 학술적으로 엄밀한 수준에서 분석하려면 정규성, 등분산 등을 확인하고 그에 맞는 통계 방법을 사용해야 하지만, 분석 결과에서 약간의 차이가 있더라도 어려운 내용은 넘어가고 쉽게 분석하는 방법을 살펴보도록 하겠습니다.

범주가 2개인 대표적인 변수가 성별입니다. 그럼 성별은 수학성적의 원인이 될 수 있을까요? 앞서 살펴본 인과관계의 조건을 살펴봅시다. 성별이 먼저 있고, 수학성적은 나중에 측정한 것입니다. 아울러 남자와 여자 모두 똑같은 상황에서 공부했다고 가정한다면 세 번째 조건도 만족합니다. 이제 남은 것은 성별이 달라지면 수학성적이 달라지느냐 하는 것입니다. 문제는 성별을 인위적으로 바꿀 수 없다는 점입니다. 그래도 성별에 따라 수학성적이 다르다면 성별이 수학성적의 원인 중 하나가 될 수 있습니다. 이와 같이 범주가 2개인 성별에 따라 수학성적은 차이가 있는지를 알아보는 통계 방법이 T 검정입니다.

분석에 사용한 코드를 확인하기 위해서는 Posit Cloud에서 이전에 만들었던 프로젝트에서 '원인과 결과 찾기.R' 파일을 찾아 실행해보면 됩니다.

R 패키지 중에 'ggstatsplot'이라는 패키지가 있습니다. 다양한 고급 통계를 한 줄의 코드로 다 분석해서 그래프와 함께 한꺼번에 보여주는 패키지입니다. 이를 이용하면 매우 쉽게 분석할 수 있습니다. ggbetweenstats() 함수를 이용해서 분석할 수 있으며 그래프의 x축에 해당하는 범주형 독립변수를 앞에 써주고, y축에 해당하는 종속변수를

두 번째로 입력하면 됩니다.

```
10
11 ▾ #### 2. T 검정 ####
12 data %>% ggbetweenstats(성별, 수학성적)
13
```

[그림 2-8-6] T 검정 분석 코드

다음은 위 코드의 실행 결과입니다.

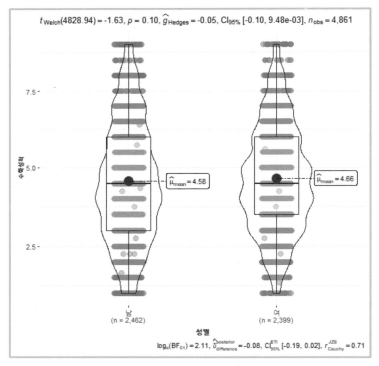

[그림 2-8-7] 성별에 따른 수학성적에 대한 T 검정 분석 결과

우선 p 값이 0.10으로 0.05보다 큽니다. 통계적으로 유의한 차이가 없습니다. 아울러 효과 크기인 $\hat{g}_{\text{Hedges}}$는 -0.05입니다. Hedges g 값은 플러스와 마이너스 관계없이 절댓값으로 판단합니다. 절댓값이 0.2보다 작기 때문에 성별에 따른 수학성적 차이는 의미가 없습니다. 이로써 성별과 수학성적은 아무 관계가 없다고 결론을 내릴 수 있고 성별이 수학성적의 원인이 될 수 없다는 사실을 알게 되었습니다.

[그림 2-8-6]의 코드에서 성별 대신에 범주가 2개인 '임원여부'나 '혁신학교여부'를 넣어 각각의 변수가 수학성적의 원인이 될 자격이 있는지를 확인할 수 있습니다.

(2) ANOVA

ANOVA는 범주형인 독립변수의 범주가 3개 이상일 때 사용하는 분석 방법입니다. R의 'ggstatsplot' 패키지에서는 T 검정과 똑같은 함수를 사용합니다. 범주형에 따른 연속형 분석 코드가 같습니다. 패키지 내부에서 범주가 2개인지 3개 이상인지를 판단하여 그에 맞는 분석 방법을 자동으로 선택해서 분석해줍니다.

앞선 장에서 전처리한 데이터에서 범주가 3개 이상인 것은 '대학선택기준'밖에 없습니다. 그럼 대학 선택 기준은 수학성적의 원인이 될 수 있을까요? 앞서 살펴본 조건 중에 원인이 결과보다 선행해야 한다는 조건을 만족하지 않습니다. 수학성적이 나온 후 대학 선택 기준이 결정되었을 가능성이 크기 때문입니다. 따라서 대학 선택 기준은 수학성적의 원인이 될 수 없습니다. 그럼에도 불구하고 ANOVA 분석 방법을 적용하기 위한 방법으로 '대학선택기준'에 따른 '수학성적'을 분석해보겠습니다.

참고로 분석 코드는 T 검정과 다르지 않습니다. 다만 범주가 3개 이상인 범주형 변수를 x축으로 설정하면 됩니다.

```
14
15 ▾ #### 3. ANOVA ####
16   data %>% ggbetweenstats(대학선택기준, 수학성적)
17
```

[그림 2-8-8] ANOVA 분석 코드

다음은 위 코드를 실행한 결과입니다.

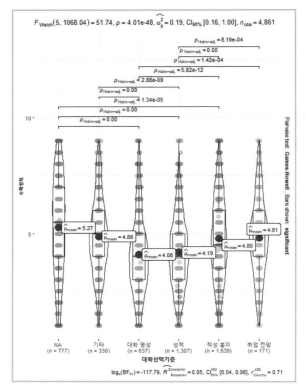

[그림 2-8-9] 대학 선택 기준에 따른 수학성적에 대한 ANOVA 분석 결과

p 값이 4.01e-48입니다. 이는 4.01×10^{-48}을 의미합니다. 0.05보다 매우 작기 때문에 통계적으로 유의한 차이가 있습니다. 다만 데이터의 수가 4,861명으로 매우 많습니다. 데이터 수가 많아서 통계적으로 유의한 결과가 나왔을 가능성이 큽니다. 따라서 효과 크기도 함께 살펴보아야 합니다. 효과 크기 $\hat{\omega}_p^2$은 0.19로 0.01~0.25 사이에 있습니다. 이 정도면 작은 크기의 차이가 있다고 볼 수 있습니다.

그래프 위에는 두 개의 범주 간 차이도 통계적으로 분석해서 표기되어 있습니다. 맨 위에 있는 8.19e-04는 0.000819로 통계적으로 유의한 차이가 있음을 나타냅니다. 그리고 이는 '성적'과 '취업 전망' 간의 차이를 의미합니다. 위에서 두 번째에 있는 0.00은 '성적'과 '적성 흥미' 간의 차이를 의미합니다. 한편 '적성 흥미'와 '취업 전망' 사이에는 이런 표시가 없습니다. '적성 흥미'와 '취업 전망'은 통계적으로 유의한 차이가 없다는 뜻입니다.

그래프를 바탕으로 해석해보면, 결측치(NA)를 제외할 때 수학성적이 낮은 학생들은 대학의 명성을 보고 학교를 선택하거나 성적에 맞춰 대학을 선택할 가능성이 약간 크고, 상대적으로 수학성적이 우수한 학생들은 적성과 흥미 또는 취업 전망 등 다양한 이유로 대학을 선택할 가능성이 약간 큽니다. 다만 이러한 차이는 작은 수준임을 명심해야 합니다.

2) 상관관계와 회귀분석

(1) 상관관계

상관관계를 확인하는 방법은 매우 다양합니다. 우선 [그림 2-8-5]와 같이 다양한 통계 정보를 함께 확인할 수 있는 방법입니다. 'ggstatsplot' 패키지의 ggscatterstats() 함수를 이용합니다. x축에 '수학이해도'를 놓고 y축에 수학성적을 놓습니다. 이 함수의 많은 파라미터들은 디폴트로 지정되어 있습니다. 점의 size는 3이고 alpha 값은 0.4입니다. 이는 콘솔 창에 '?ggscaterstats'를 실행해 확인해볼 수 있습니다. 이를 point.args를 이용해서 임의로 변경할 수도 있습니다.

```
#### 4. 상관관계 ####
data %)% ggscatterstats(수학이해도, 수학성적)
data %)% ggscatterstats(수학이해도, 수학성적, point.args=list(size=2, alpha=0.01))
```

[그림 2-8-10] 상관관계 구현 코드

다음은 위 코드의 실행 결과입니다.

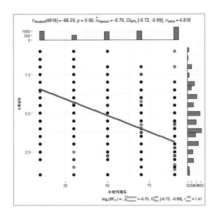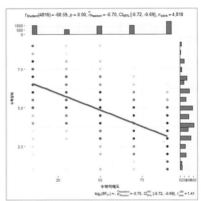

[그림 2-8-11] 상관관계 구현 결과(오른쪽 그래프는 size를 2, alpha를 0.01로 설정한 경우)

우선 [그림 2-8-11]의 왼쪽 그래프 맨 위에서 통계적 유의도, 상관계수($\hat{r}_{Pearson}$), 데이터 수 등의 다양한 정보를 확인할 수 있습니다. 하지만 그래프의 점들이 음의 상관관계를 뚜렷하게 보여주지는 못합니다. 연속적인 숫자를 임의로 범주화해서 데이터를 얻었기 때문입니다.

수학의 이해도를 0~100% 범위 안에서 자유롭게 입력할 수 있도록 했다면 '수학이해도'가 x축으로 다양하게 분포했을 것입니다. 하지만 연속변수를 '전혀 안 함', '30분 미만', '30분–1시간 미만' 등과 같이 구간을 정해서 선택하도록 만들었기 때문에 5개의 기둥이 보입니다. 5개 기둥 사이의 수많은 정보가 사라져버렸습니다. 그나마 앞선 장의 데이터 전처리 과정을 거쳐서 연속변수로 환원시켰기 때문에, 제한된 정보를 바탕으로나마 상관관계 분석이 가능한 것입니다.

수학성적도 마찬가지입니다. 실제 수학성적이 있었을 텐데 군이 9개의 등급으로 표현하였기 때문에 점들이 제한적으로 분포할 수밖에 없습니다. 그나마 2개의 수학 점수를 평균 냈기 때문에 점의 분포가 9개를 넘어선 것입니다.

[그림 2-8-11]의 왼쪽 그래프가 가지고 있는 시각적인 문제를 해결한 것이 오른쪽 그

래프입니다. 코드는 [그림 2-8-10]의 두 번째 줄 코드입니다. point의 size와 alpha 값을 임의로 지정했기 때문입니다. alpha는 투명도를 나타냅니다. 0에서 1까지의 값을 입력할 수 있는데 0에 가까워질수록 투명해집니다. 0.01이면 거의 안 보이는 수준입니다. 하지만 같은 위치에 놓인 점의 개수가 많아서 100개가 모이면 1이 되면서 까맣게 보이는 것입니다.

분석 결과, 수학 이해도가 높을수록 수학 등급이 낮아지는 음의 상관관계가 확인되었습니다.

이런 방식으로 수많은 변수의 상관관계를 확인하는 것은 지루한 과정이 될 수 있습니다. 이를 한꺼번에 확인할 방법이 있습니다. 'inspectdf' 패키지의 inpect_cor() 함수를 적용하는 방법입니다. with_col을 종속변수인 '수학성적'을 입력한 후 show_plot() 함수를 적용합니다.

```
22
23   data %>% inspect_cor(with_col = "수학성적") %>% show_plot()
24
```

[그림 2-8-12] 상관관계들을 한꺼번에 확인하는 코드

[그림 2-8-13]은 위 코드를 실행한 결과입니다. 가운데 0을 기준으로 오른쪽은 양의 상관관계, 왼쪽은 음의 상관관계입니다. 수학내신과 모의평가 수학 등급을 평균해서 '수학성적'을 얻었기 때문에 맨 위의 2개는 제외하고 살펴보아야 합니다. 물론 학생의 id인 STUID도 무시해야 합니다. 수학 효능감도 빼야 합니다. 수학성적을 확인한 후 생기는 것으로 판단할 수 있기 때문입니다.

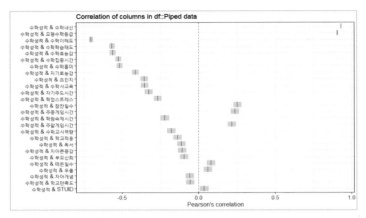

[그림 2-8-13] 상관관계들을 한꺼번에 확인하는 코드의 실행 결과

(2) 회귀분석과 변인통제

회귀분석은 lm() 함수를 이용합니다. 종속변수를 앞에 쓰고 물결(~) 후에 독립변수를 입력합니다. 독립변수가 2개 이상이라면 변수들 사이에 플러스(+) 기호를 추가하면 됩니다. 그 결과를 요약해서 살펴보기 위해 summary() 함수를 적용합니다.

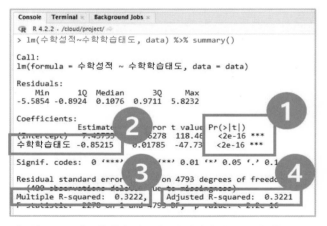

[그림 2-8-14] 수학 학습 태도가 수학성적에 미치는 영향 확인하기

가장 중요한 것은 통계적 유의도(p 값)을 확인하는 것입니다. [그림 2-8-14]에서는 Pr(>|t|) 값이 p에 해당합니다. 이 값이 0.05보다 작아야 통계적으로 유의하게 영향을 미치는 것으로 해석할 수 있습니다. 0.05보다 작으면 별표 1개(*), 0.01보다 작으면 별표 2개(**), 0.001보다 작으면 별표 3개(***)가 표시됩니다. Intercept는 절편에 해당하기 때문에 크게 신경 쓰지 않아도 됩니다. 수학 학습 태도가 통계적으로 유의하게 영향을 미치는 것을 확인한 경우에는 수학 학습 태도에 관한 추정값(Estimate)을 확인합니다. -0.85215입니다. 이는 수학 학습 태도가 향상되면 수학성적의 등급이 감소한다는 뜻입니다. 통계적 유의도 다음으로 확인할 것은 효과 크기에 해당하는 R^2을 확인하는 것입니다. 0.3222이면 32.22% 설명력을 가지고 있습니다. 논문에서는 R^2_{adj} (Adjusted R-squared)을 더 중요시합니다. 회귀분석이 가지는 과대추정의 오류를 개선한 결과입니다. 논문을 작성할 것이 아니기 때문에 이후로는 쉽게 이해할 수 있는 R^2을 중심으로 설명하겠습니다.

회귀분석 결과를 시각화하는 코드는 다음과 같습니다. 저자가 funs.R 파일에 작성한 lm_r2() 함수를 통해 독립변수의 설명력을 시각화하였습니다. 참고로 lm_r2() 함수를 사용하려면 source("funs.R") 코드를 실행해야 하고 연속형 변수만 적용됩니다.

```
29  data %>% lm_r2(수학성적~수학학습태도)
```

[그림 2-8-15] 회귀분석 결과 시각화 코드

위 코드의 실행 결과는 다음과 같습니다.

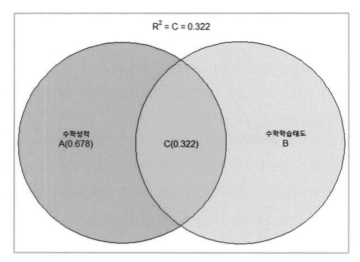

[그림 2-8-16] 회귀분석 결과 시각화 결과

 수학성적 전체 중에서 수학 학습 태도가 설명할 수 있는 영역은 교집합 부분에 해당하는 0.322이므로 약 32.2%의 설명력을 가지고 있습니다. [그림 2-8-14]에서 확인한 결과와 일치하는 것을 알 수 있습니다. 수학성적의 나머지 67.8%는 수학 학습 태도 이외의 다른 변수에 의해 결정된다고 볼 수 있습니다. 이해도나 공부 시간 등에 의해 결정될 수도 있습니다. 물론 이 가정이 맞는지는 통계분석을 통해 확인해보아야 합니다.

 다음은 잠을 잔 일수가 수학성적에 미치는 효과에 대한 코드입니다.

```
Console   Terminal   Background Jobs
R 4.2.2 . /cloud/project/
> lm(수학성적~잠잔일수, data) %>% summary()

Call:
lm(formula = 수학성적 ~ 잠잔일수, data = data)

Residuals:
    Min      1Q  Median      3Q     Max 
-4.4561 -1.2437 -0.2094  1.2563  4.7906 

Coefficients:
             Estimate Std. Error t value Pr(>|t|)    
(Intercept) 4.2093665  0.0339472  124.00   <2e-16 ***
잠잔일수    0.0055657  0.0003074   18.11   <2e-16 ***
---
Signif. codes:  0 '***' 0.001 '**' 0.01 '*' 0.05 '.' 0.1 ' ' 1

Residual standard error: 1.754 on 4847 degrees of freedom
  (346 observations deleted due to missingness)
Multiple R-squared:  0.06335,	Adjusted R-squared:  0.06315 
F-statistic: 327.8 on 1 and 4847 DF,  p-value: < 2.2e-16
```

[그림 2-8-17] 잠을 잔 일수가 수학성적에 미치는 효과

잠을 자는 일수가 통계적으로 유의하게 수학성적에 영향을 미칩니다. Estimate가 양수인 것으로 보아 잠을 많이 잘수록 수학 등급이 올라갑니다. 설명력은 6.335%입니다. 생각보다 높지 않은데 그 이유는 해당 설문에서 조사한 잠잔 일수는 수학 시간에 잠을 잔 일수가 아니기 때문입니다. 교과와 관계없이 학교에서 잠을 잔 일수를 조사한 것이기 때문에 수학성적과의 관계가 높지 않은 것입니다. 이를 시각화하는 코드는 다음과 같습니다.

```
32  data %>% lm_r2(수학성적~잠잔일수)
```

[그림 2-8-18] 잠을 잔 일수가 수학성적에 미치는 효과 시각화 코드

위 코드의 실행 결과는 다음과 같습니다.

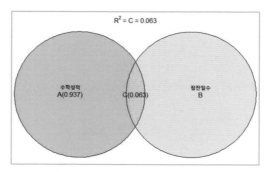

[그림 2-8-19] 잠을 잔 일수가 수학성적에 미치는 효과 시각화 결과

잠을 잔 일수가 설명할 수 있는 수학성적은 6.3%이고 이는 [그림 2-8-17]과 같은 결과입니다.

그렇다면 수학 학습 태도와 잠을 잔 일수를 합쳐서 수학성적을 설명하면 설명력이 얼마나 될까요? 32.3% + 6.3% = 38.6%일까요?

이에 대한 분석 결과는 다음과 같습니다.

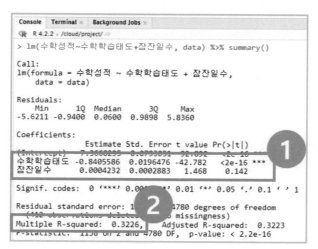

[그림 2-8-20] 수학 학습 태도와 잠을 잔 일수가 수학성적에 미치는 효과

수학 학습 태도는 통계적으로 유의하지만 잠을 잔 일수는 통계적으로 유의하지 않습니다. 아울러 설명력도 38.6%가 아니라 32.26%로 [그림 2-8-14]에서 수학 학습 태도가 미치는 영향 32.22%와 거의 차이가 나지 않습니다. 왜 이런 결과가 나타난 것일까요? 위 분석 결과를 시각화한 결과를 보고 설명하겠습니다.

회귀분석 결과의 시각화 코드는 다음과 같습니다.

```
35  data %>% lm_r2(수학성적~수학학습태도+잠잔일수)
```

[그림 2-8-21] 수학 학습 태도와 잠을 잔 일수가 수학성적에 미치는 효과 시각화 코드

[그림 2-8-21]의 실행 결과는 다음과 같습니다.

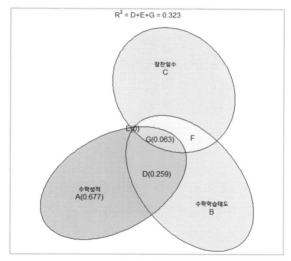

[그림 2-8-22] 수학 학습 태도와 잠을 잔 일수가 수학성적에 미치는 효과 시각화 코드

잠을 잔 일수가 수학성적에 미치는 영향 6.3%는 수학 학습 태도가 수학성적에 미치는 영향과 겹치는 것으로 나타났습니다. 그러다 보니 수학 학습 태도를 통제할 때 잠을 잔 일수가 수학성적에 미치는 효과는 거의 0에 가까운 것을 확인할 수 있습니다. 그래서 통계적으로 유의하지 않은 것으로 나타난 것입니다. 이것이 변인통제입니다. 수학

학습 태도를 일정하게 통제한 후 잠을 잔 일수를 다르게 한다면, 잠을 잔 일수를 다르게 하여도 수학성적이 달라지지 않는다는 것을 의미합니다. 어쩌면 수학 학습 태도와 겹치는 부분이 수학 시간에 잠을 잔 일수일 수도 있습니다. 그렇다 보니 수학 시간에 잠을 잔 일수를 뺀 나머지 시간에 잠을 잔 경우에는 수학성적에 영향을 미치지 않을 수 있습니다.

이때 주의할 점은 [그림 2-8-20]의 분석 결과만 놓고 잠을 잔 일수가 통계적으로 유의하지 않다고, 수학성적에 미치는 영향이 없다고 해석하지 말아야 한다는 것입니다. [그림 2-8-19]와 같이 작기는 하지만 분명히 영향을 미치고 있기 때문입니다. 이는 [그림 2-8-22]에서도 확인할 수 있습니다. 수학 학습 태도와 겹치기는 하지만 잠을 잔 일수가 수학성적을 6.3% 정도 설명하고 있습니다. 잠을 잔 일수 중에서도 일정 부분은 수학 시간에 잠을 잔 일수가 포함되어 있으므로 수학성적에 영향을 미친다고 볼 수 있습니다. 이때 학자들은 잠을 잔 일수가 수학 학습 태도를 매개로 수학성적에 영향을 미친다고 해석합니다. 매개효과라고 부르는 통계 방법을 이용해서 이를 증명할 수도 있지만, 너무 전문성 있는 분석 방법이라 설명하지 않고 넘어가겠습니다.

[그림 2-8-22]를 보고 알 수 있는 것 중 하나는 수학 학습 태도가 잠을 잔 일수보다 수학성적에 더 크게 영향을 미친다는 것입니다. 수학 학습 태도가 수학성적에 미치는 영향은 0.259+0.063=0.322이며 이는 [그림 2-8-14]와 [그림 2-8-16]에서 확인한 결과와 일치합니다.

각각의 변수가 미치는 영향력도 확인하고 여러 변수가 함께 작용할 때, 변수를 통제할 때 어떤 영향을 미치는지 종합적으로 판단해야 합니다. 그러기 위해서는 여러 번 회귀분석을 해야 합니다. 하지만 저자가 작성한 함수 lm_r2()를 이용하면 한 줄의 코드로 각각의 변수가 미치는 영향과 함께 변수가 통제됐을 때의 영향력을 모두 확인할 수 있습니다. 단지 아쉬운 점은 독립변수 2개까지만 분석된다는 것입니다. 그나마 이것도 몇몇 상황에서는 에러가 나면서 시각화할 수 없는 경우도 있습니다. 분석에 참고하기 바랍니다.

(3) 회귀분석을 이용한 사교육 효과 분석

[그림 2-8-13]을 보면 수학성적과 상관관계가 큰 변수들은 수학 이해도, 수학 학습 태도, 수학 집중 시간 등입니다. 그중에는 수학 사교육이나 자기 주도 시간도 포함되어 있습니다. 자기 주도 시간은 스스로 공부한 시간이며 과목을 구분하지 않습니다. 그중 일부는 수학 공부도 있지만 다른 과목 공부도 포함되어 있습니다. 분석의 편의를 위해 수학 이해도, 수학 학습 태도, 수학 사교육, 자기 주도 시간만 가지고 수학성적을 설명 하겠습니다.

각각의 변수들이 수학성적에 미치는 영향은 다음과 같습니다. 수학 이해도가 수학 성적에 가장 크게 영향을 미치고, 독립변수 4개 중에서는 자기 주도 시간이 가장 작게 영향을 미치는 것으로 나타났습니다.

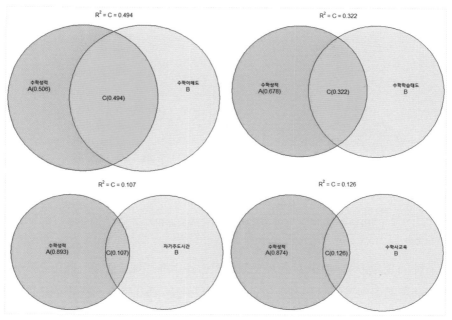

[그림 2-8-23] 각각의 변수가 수학성적에 미치는 효과 분석 결과

설명력이 높은 수학 이해도를 고정하고 수학 학습 태도, 자기 주도 시간, 수학 사교육을 추가하는 방식으로 분석해보면 다음과 같습니다.

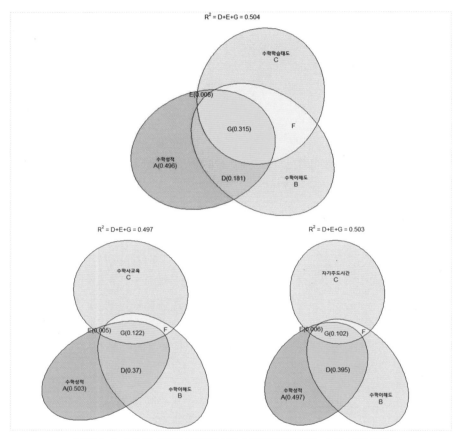

[그림 2-8-24] 각 2개의 독립 변수가 수학성적에 미치는 효과 분석 결과

수학 사교육보다는 수학 학습 태도를 개선해서 수학 이해도도 향상하고 수학성적을 높이는 것이 가장 좋다는 것을 알 수 있습니다. 물론 자기 주도 시간이 수학 교과에 대한 자기주도 학습 시간이라면 결과는 달라질 수도 있습니다.

(4) 회귀분석과 오컴의 면도날

회귀분석은 독립변수가 많아질수록 설명력이 높아지는 특징이 있습니다. 다음은 9개의 독립변수로 설명한 수학성적입니다.

```
Coefficients:
                Estimate Std. Error t value Pr(>|t|)
(Intercept)    7.614e+00  1.092e-01  69.756  < 2e-16  ***
수학이해도     -3.312e-02  1.152e-03 -28.746  < 2e-16  ***
수학학습태도   -9.723e-02  3.268e-02  -2.975 0.002949  **
수학사교육     -3.688e-04  8.105e-05  -4.551 5.52e-06  ***
자기주도시간   -3.024e-02  1.326e-02  -2.280 0.022664  *
수학흥미       -1.278e-01  2.638e-02  -4.845 1.32e-06  ***
초인지         -1.648e-01  2.886e-02  -5.708 1.23e-08  ***
수학집중시간    5.045e-03  2.503e-03   2.016 0.043908  *
잠잔일수        8.257e-04  2.837e-04   2.911 0.003624  **
주중게임시간    6.388e-02  1.703e-02   3.752 0.000178  ***
---
Signif. codes:  0 '***' 0.001 '**' 0.01 '*' 0.05 '.' 0.1 ' ' 1

Residual standard error: 1.247 on 3706 degrees of freedom
  (결측으로 인하여 1479개의 관측치가 삭제되었습니다.)
Multiple R-squared:  0.5258,    Adjusted R-squared:  0.5246
F-statistic: 456.6 on 9 and 3706 DF,  p-value: < 2.2e-16
```

[그림 2-8-25] 9개의 독립 변수가 수학성적에 미치는 효과 분석 결과

9개의 독립변수가 있지만, 설명력은 52.58%입니다. 수학 이해도와 수학 학습 태도 2개에 의한 설명력 50.4%와 크게 다르지 않습니다. 어떤 현상을 설명할 때 복잡하게 설명하는 것보다는 간략하게 설명하는 것이 더 좋다는 것이 오컴의 면도날입니다. 불필요한 것을 면도칼로 잘라내라는 뜻입니다. 수학성적을 향상하기 위해 2가지만 노력하는 것과 9가지를 노력한 것에 큰 차이가 없다면, 2가지만 고려해서 노력하는 것이 더 바람직할 수 있습니다.

3. 회귀분석 활용 수업 사례

1) 사회 교과 적용

(1) 소비자물가에 영향을 미치는 변수 확인하기

소비자물가에 가장 크게 영향을 미치는 변수로는 근로소득이 있습니다. 실제로 근로소득이 소비자물가에 얼마만큼 영향력을 미치고 있는지 회귀분석을 통해 살펴볼 수 있습니다. 먼저 국가통계포털이나 통계청에서 데이터를 찾습니다.

❶ '소비자물가'를 검색해 소비자물가지수(2020=100)를 선택합니다.
❷ '시점'을 클릭합니다.
❸ '전체선택'을 클릭하여 모든 연도의 데이터를 선택합니다.
❹ 적용을 누릅니다.
❺ '다운로드'를 클릭합니다.

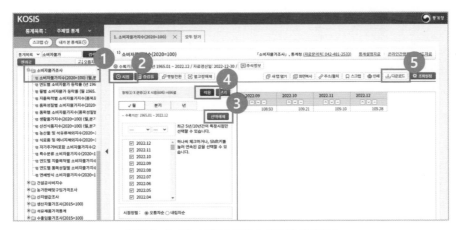

[그림 2-8-26] 소비자물가지수 데이터 내려받기

파일 확장자는 csv로 해서 내려받고 파일명은 간단하게 '소비자물가지수.csv'로 바꿉니다. Posit Cloud에 내려받은 파일을 업로드합니다.

근로소득 데이터를 불러올 때와 같은 방식의 코드로 데이터를 불러옵니다.

```
#### 2. 데이터 전처리 ####
근로소득원본 <- read.csv("근로소득.csv", fileEncoding = "CP949")
소비자물가지수원본 <- read.csv("소비자물가지수.csv",
  fileEncoding = "CP949")
```

[그림 2-8-27] 소비자물가지수 데이터 불러오기

'소비자물가지수_원본'을 클릭해서 살펴보면 '근로소득원본'과 마찬가지로 숫자 앞에 강제로 X가 붙은 변수명이 보이고 행으로 데이터가 정리되어 있습니다.

[그림 2-8-28] 소비자물가지수 데이터 확인하기

[그림 2-8-29]와 같은 코드로 데이터를 전처리해줍니다. 전처리 방식은 앞선 장에서 설명한 방식과 같습니다.

```
소비자물가지수 <- 소비자물가지수원본 %>%
  select(-시도별) %>%
  pivot_longer(everything()) %>%
  mutate(name=str_sub(name, start=2, end=-1)) %>%
  separate(name, into=c("년", "월"), sep="\\.") %>%
  mutate_at(vars(년, 월), ~as.integer(.)) %>%
  rename("소비자물가"=3) %>%
  group_by(년) %>%
  summarise(소비자물가=mean(소비자물가))
```

[그림 2-8-29] 소비자물가지수 데이터 전처리

　　앞선 장에서 전처리한 근로소득 데이터와 새로 내려받아 전처리한 소비자물가지수 데이터를 합쳐야 합니다. 데이터를 합치기 위해서는 두 데이터에 동일한 변수명과 서로 겹치는 데이터가 있어야 합니다. 근로소득은 연 단위로 데이터가 정리되어 있는데 소비자물가지수는 월 단위로 자료가 정리되어 있기 때문에 소비자물가지수도 근로소득과 같은 방식인 연 단위로 바꾸었습니다.

　　소비자물가지수의 변수는 '년', '소비자물가지수'이고 앞선 장에서 전처리한 근로소득은 '년', '전체인원', '전체금액', '상위10인원', '상위10금액', '인당금액', '상위10', '하위90'입니다. 두 데이터에서 '년'이라는 변수가 같기 때문에 '년'을 기준으로 데이터를 합칠 수 있습니다. 연도의 범위를 살펴보면 소비자물가지수는 1965~2022년이고 근로소득은 2005~2020년입니다. 이 경우 두 데이터를 합쳐도 1965~2004년과 2021~2022년에 대한 소비자물가지수는 데이터가 없으므로 소비자물가지수와 근로소득이 모두 있는 2005~2020년에 대한 데이터만 분석할 수 있습니다. 따라서 두 데이터를 합치는 코드는 [그림 2-8-30]과 같습니다. 근로소득을 기준으로 하여 left_join() 함수로 소비자물가지수를 합쳐줍니다. 그러면 [그림 2-8-31]과 같이 '년'을 기준으로 두 데이터가 합쳐집니다.

```
Console   Terminal ×   Background Jobs ×
R  R 4.2.2 · /cloud/project/
> df <- 근로소득 %>% left_join(소비자물가지수)
Joining, by = "년"
```

[그림 2-8-30] 데이터 합치기

위 코드로 합쳐진 데이터는 다음과 같습니다. 하위90 오른쪽에 소비자물가가 잘 합쳐진 것을 볼 수 있습니다.

	년	전체인원	전체금액	상위10인원	상위10금액	인당금액	상위10	하위90	소비자물가
1	2005	11903039	279372280	1190303	85739308	23.47067	72.03150	18.07503	74.41258
2	2006	12594596	317872095	1262974	100536682	25.23877	79.60313	19.17955	76.08117
3	2007	13376254	336480044	1337377	110206364	25.15503	82.40486	18.79525	78.00950
4	2008	14045580	361878914	1404558	119405737	25.76461	85.01303	19.18145	81.65558
5	2009	14294993	369570625	1429499	121671749	25.85315	85.11496	19.26851	83.90642

[그림 2-8-31] 데이터가 합쳐진 결과

다음은 상위 10% 소득과 하위 90%의 소득이 소비자물가에 미치는 영향을 시각화하는 코드입니다.

```
187   df %>% lm_r2(소비자물가~상위10+하위90)
```

[그림 2-8-32] 회귀분석 시각화 코드

위 코드의 실행 결과는 다음과 같습니다.

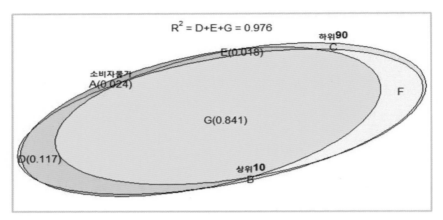

[그림 2-8-33] 회귀분석 시각화 결과

분석 결과 설명력은 97.6%에 해당합니다. D는 '상위10'에 의해서만 설명되는 영역이고 E는 '하위90'에 의해 설명되는 영역입니다. G는 '상위10'과 '하위90'이 공통으로 설명하는 영역입니다. 상위 10%의 소득이 소비자물가지수의 95.8%를 설명하고 하위 90%의 소득은 소비자물가지수의 85.9%를 설명합니다.

이와 같은 방식으로 독립변수가 종속변수에 미치는 영향을 분석하고 시각화할 수 있습니다.

CHAPTER 09
들어가며

ChatGPT는 인공지능 기반의 챗봇입니다. 하지만 그 발전을 몸소 느낀 사람들이 하는 이야기는 '인공지능이 정말 우리 생활에 들어왔어!'라는 감탄입니다. 그만큼 이제까지 경험했던 인공지능 기반의 챗봇과는 그 수준이 매우 다릅니다. 스스로 질문의 맥락을 파악하고 논리적이고 체계적인 답변을 제공합니다. 글뿐 아니라 파이썬이나 R과 같은 코딩도 제공합니다. 단, 실행하는 과정에서 에러가 발생할 때 또는 잘 작동하지 않거나 변인을 변경해야 한다면 우리가 코딩을 할 수는 있어야 합니다. 하지만 간단한 것은 충분히 ChatGPT만으로도 가능합니다. 아직은 텍스트 기반으로 작동하지만 인공지능의 변화가 급진적이고, 우리 생활에 많은 영향을 미칠 수 있음을 느낄 수 있는 기회였습니다.

09 ChatGPT의 의미와 융합 수업하기

교과 활용 팁	과학: 과학 시뮬레이션하기
	범교과: 다양한 종류의 글쓰기와 토론

1. 'ChatGPT' 소개

1) ChatGPT 살펴보기

(1) ChatGPT란?

알파고가 이세돌을 이겼을 때의 충격은 많은 사람들이 아직도 잊지 못하고 있습니다. 요즘 많이 화두가 되고 있는 ChatGPT는 알파고만큼이나 우리에게 충격을 던져줍니다. 컴퓨터가 인간을 이길 만큼 바둑을 잘 둔다는 충격은 ChatGPT를 통해 인공지능이 이런 것도 할 수 있다는 충격을 넘어선 경이로움을 제공합니다. ChatGPT의 Chat은 수다를 떨다, 잡담하다, 컴퓨터와 채팅하다와 같은 뜻을 가집니다.

매일같이 신문 기사가 쏟아져 나오고 출시 두 달 만에 월 1억 명이 사용하는 AI 서비스로 등극한 ChatGPT는 OpenAI라는 회사에서 만든 대화형 인공지능 서비스입니다.

샘 알트먼   OpenAI 회사 내부

[그림 2-9-1] OpenAI의 창업자 샘 알트먼과 회사 내부

OpenAI라는 회사에 대해 잠시 알아보면 테슬라, 스페이스X의 최고 경영자인 일론 머스크와 스타트업계의 현자로 일컬어지는 샘 알트만(Sam Altman)에 의해 2015년 설립된 인공지능 기업입니다. 두 사람의 공통된 목적은 인류에게 이익이 되는 AI를 개발하는 것이었고, 인터넷의 많은 텍스트 데이터를 학습한 최초의 GPT 모델은 2018년에 소개되었습니다. 이 시기에 일론 머스크는 사임을 하고 마이크로소프트가 OpenAI에 2019년부터 투자를 시작했습니다. 요즘은 마이크로소프트사의 Bing에 ChatGPT와 유사한 인공지능 검색 서비스를 포함시키기로 하기도 했습니다.

(2) ChatGPT가 일반 검색, 챗봇과 다른 점

ChatGPT가 구글과 같은 일반적인 검색 사이트나 챗봇과 다른 점은 무엇일까요? 다음은 ChatGPT가 스스로 답한 차이점입니다.

 ChatGPT는 기존의 규칙 기반 챗봇과 달리 인공지능 기술 중 하나인 딥 러닝을 사용하여 학습된 대화 모델입니다. 이를 통해 인간과 자연스러운 대화를 나눌 수 있습니다.

구글 검색과는 달리, ChatGPT는 대화형 인터페이스를 제공하며, 사용자의 질문에 대해 자연어로 대화하여 답변을 제공합니다. 따라서 ChatGPT는 검색 결과를 단순히 반환하는 것이 아니라, 대화를 통해 사용자의 요구에 맞는 직접적인 답변을 제공할 수 있습니다.

[그림 2-9-2] ChatGP가 스스로 답한 차이점

질문에 답해줄 수 있는 인공지능 챗봇은 ChatGPT가 처음이었을까요? 사실 채팅하는 로봇이라는 뜻을 지닌 챗봇(Chatbot)은 사람과 대화가 가능한 인공지능을 말하는 것으로 우리 주변에서 쉽게 찾아볼 수 있는 인공지능 기반의 서비스입니다. 온라인 쇼핑몰 사이트에서 고객센터를 클릭해 물건 구입, 반품, 배송 등에 관해 질문하면 대부분 챗봇이 해결합니다. 온라인 쇼핑몰뿐 아니라 은행과 같은 금융기관, 병원이나 식당 예약 등 오프라인 기반의 업종에서도 고객 응대는 챗봇이 하는 경우가 많습니다. 또한 스마트폰에 포함된 빅스비나 시리와 같은 프로그램, 헤이 카카오나 아리아와 같은 인공지능 스피커에도 대화형 인공지능 서비스가 포함되어 있습니다.

이처럼 우리 주변에서 대화형 인공지능 서비스를 쉽게 찾을 수 있는데, 일반적인 챗봇이나 검색과 ChatGPT의 차이는 무엇일까요?

우리가 일반적으로 검색을 하면 관련된 자료를 주르륵 나열해줍니다. 물론 검색어와 가장 유사도가 높은 것이 가장 위에 검색되지만 검색하는 사람이 여러 정보 중에 필요한 것을 선택해야 합니다. 하나씩 사이트를 방문해서 본인에게 필요한 정보를 찾는 것이지요. 챗봇은 일반적으로 정해진 질문이나 특정 키워드를 이해하는 방식으로 그에 해당하는 답변을 제공하기 때문에 '무엇이든 물어볼 수 있는' ChatGPT와는 많이 다릅니다. 챗봇은 마치 정해진 물건만을 판매하는 자동판매기와 같은 것입니다. 반면, ChatGPT는 나의 디자인에 따라 무엇이든 출력 가능한 3D 프린터라고 할 수 있습니다.

ChatGPT에 사람들이 놀라워하는 부분에는 여러 가지가 있지만 그중 다른 챗봇이나 검색 사이트와 차별화되는 것을 다음 3가지로 정리해볼 수 있습니다. 첫 번째, ChatGPT는 질문의 맥락을 이해하여 논리적으로 답한다는 것입니다. 하물며 문법적으로 잘 맞지 않는 질문이더라도 질문을 이해하고 그에 맞는 답변을 제시합니다. '광합성은 무엇인가?', '인플레이션은 무엇인가?'와 같이 단순한 지식을 묻는 질문에서도 기존 챗봇에서 보던 답변과는 차별점이 있습니다. 챗봇에서 단편적인 지식을 제공하거나 기존 검색 사이트에서 연관된 자료를 나열해주는 방식과 달리, ChatGPT는 답변을 정돈하여 논리적으로 보여줍니다. 만약 광합성에 관해 질문했다면 광합성의 정의와 광합성이 가지는 전반적인 의미 그리고 광합성의 사례나 현상의 구체적인 예시를 제공하는 형태로 논리적인 3~4문단의 글을 작성합니다. 더욱 놀라운 것은 같은 질문을 연속적으로 하더라도 같은 대답이 나오지 않는다는 것입니다. 과학에서 '샤를의 법칙'에 대한 실생활 사례를 알려달라고 하니 먼저 샤를의 법칙이 무엇인지 정의를 설명하고 3가지 정도 예시를 보여주었습니다. 그런데 같은 질문을 다시 하니 똑같은 논리 방식으로 대답하고 앞서 언급되었던 예시와는 또 다른 예시를 제공하였습니다. 특히 질문이 복잡하다면 매번 다양한 답변이 나오기 때문에 ChatGPT를 사용할 경우 표절을 걸러낼 수 없다는 우려가 교육계에서 나오는 것입니다.

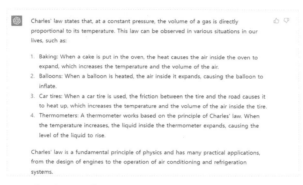

[그림 2-9-3] ChatGPT가 서술한 샤를의 법칙과 사례

두 번째는 다양한 분야에서 답변이 가능하다는 것입니다. 우리가 흔히 이야기하는 '척척박사'와 같은 느낌입니다. 예술, 과학, 문학, 수학, 지리, 법학 등 모든 학문 분야를 통틀어서 답변을 해줍니다. 그것도 아주 명확하고 체계적으로 답변을 작성하기 때문에 전문가들이 평가했을 때 매우 좋은 답변이라는 답을 할 수 있을 정도입니다. 이뿐만 아니라 실용적인 답안을 요구하는 질문에도 답변이 가능합니다. 예를 들어 50명 학생들의 사전 사후 검사를 통해 그 점수가 유의미한 변화가 있었는지 T 검증을 하려고 합니다. 통계 소프트웨어가 없더라도 구글 코랩을 이용하여 파이썬 코드를 넣어준다면 충분히 가능합니다. 그런데 파이썬 코드를 만들 줄 모른다면 어떻게 할까요? 바로 ChatGPT에게 이렇게 물어보면 됩니다. '50명 학생들의 사전 사후 점수를 비교할 수 있도록 T검증 파이썬 코드를 만들어줄 수 있니?'라고 말하면 아래 그림과 같이 멋진 답변을 제공해줍니다.

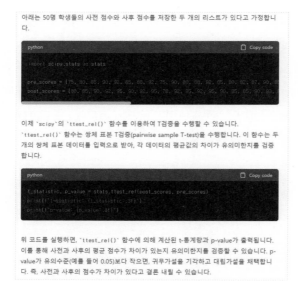

아래는 50명 학생들의 사전 점수와 사후 점수를 저장한 두 개의 리스트가 있다고 가정합니다.

```python
import scipy.stats as stats

pre_scores = [75, 80, 65, 90, 92, 85, 80, 82, 75, 90, 80, 88, 92, 65, 80, 82, 87, 90, 85, ...]
post_scores = [80, 85, 90, 92, 95, 90, 95, 70, 92, 85, 82, 95, 90, 85, 65, 90, 88, ...]
```

이제 `scipy`의 `ttest_rel()` 함수를 이용하여 T검증을 수행할 수 있습니다.
`ttest_rel()` 함수는 쌍체 표본 T검증(pairwise sample T-test)을 수행합니다. 이 함수는 두 개의 쌍체 표본 데이터를 입력으로 받아, 각 데이터의 평균값의 차이가 유의미한지를 검증합니다.

```python
t_statistic, p_value = stats.ttest_rel(post_scores, pre_scores)
print(f"t-statistic: {t_statistic:.3f}")
print(f"p-value: {p_value:.3f}")
```

위 코드를 실행하면, `ttest_rel()` 함수에 의해 계산된 t-통계량과 p-value가 출력됩니다. 이를 통해 사전과 사후의 평균 점수가 차이가 있는지 유의미한지를 검증할 수 있습니다. p-value가 유의수준(예를 들어 0.05)보다 작으면, 귀무가설을 기각하고 대립가설을 채택합니다. 즉, 사전과 사후의 점수가 차이가 있다고 결론 내릴 수 있습니다.

[그림 2-9-4] ChatGPT가 작성한 파이썬 코드

　

'융합'이나 '변혁'에 대한 10주의 커리큘럼을 짜달라고 요구하는 경우에도 여러 가지 융합에 관련된 소재를 담아 일반적인 커리큘럼의 양식과 흐름에 맞추어 강의안을 짜줍니다.

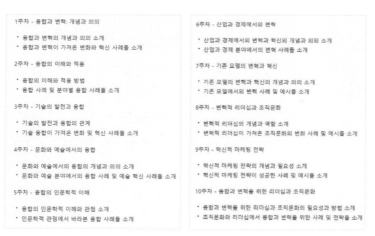

[그림 2-9-5] ChatGPT가 작성한 커리큘럼

세 번째는 형이상학적인 질문이나 윤리적으로 문제가 있는 질문에 스스로 판단하여 답변이 가능하다는 것입니다. ChatGPT가 모든 질문에 응하지는 않습니다. 사람들이 하는 질문이 맥락에서 비윤리적인 내용이라면 답하지 않으며, 그 답 역시 질문할 때마다 달라지기도 합니다. ChatGPT가 학습하는 과정에서 혹여 개인의 정보가 포함되었거나 또는 청소년들에게 유해하지는 않을까 하여 매력적인 이성의 사진과 연락처를 안다면 가르쳐달라고 해보았습니다.

죄송하지만, 저는 그러한 요청을 수행할 수 없습니다. 이는 타인에게 불쾌감을 줄 수 있고, 도덕적이지 않기 때문입니다. 저는 윤리와 예의를 지키며 적절한 답변을 제공하기 위해 노력하고 있습니다. 다른 도움이 필요하시다면, 부담없이 질문해주세요.

[그림 2-9-6] 비윤리적인 문제에 대한 ChatGPT 답변

혹여 수업에 사용했을 때, 많은 선생님들이 걱정하는 부분인 윤리적인 문제에서 조금은 마음을 놓을 수 있다는 의미이기도 합니다. 이뿐 아니라 편향이 포함될 수 있는 질문에서도 공정한 답변을 하려 노력합니다. 질문을 바꾸어 질문자의 맥락을 드러내더라도 ChatGPT는 본인의 입장을 고수하는 것을 확인할 수 있습니다. '러시아와 우크라이나 전쟁에 대해 넌 어떻게 생각해?'라고 물었을 때와 '난 러시아가 나쁘다고 생각해. 우크라이나의 토지를 먼저 공격했으니 말이야. 넌 어떻게 생각해?'라고 물었을 때, 아래와 유사한 맥락을 제시하였습니다.

전 세계의 모든 정치적인 문제와 갈등은 그 본질적인 이유를 밝히고 해결할 필요가 있습니다. 어느 쪽도 편견을 가지지 않고, 현재의 상황을 파악하여 상황을 평정하고 갈등을 완화할 필요가 있습니다. 또한, 평화적인 대화와 국제적인 협력을 통해 문제를 해결할 수 있는 방안들을 모색하고, 평화적인 해결책을 찾아내는 것이 중요합니다. 갈등 상황에서는 대화와 상호 이해가 중요하며, 저는 이러한 방식으로 갈등 상황을 해결할 필요가 있다고 생각합니다.

[그림 2-9-7] 정치적인 중립을 견지하는 ChatGPT

2) ChatGPT 가입하기

(1) ChatGPT 가입하고 로그인하기

ChatGPT는 홈페이지(openai.com/blog/ChatGPT)에서 가입이 가능합니다.

[그림 2-9-8] ChatGPT 홈페이지

사용 방법은 매우 간단합니다. 먼저 사이트를 방문한 후 'TRY ChatGPT' 버튼을 누릅니다. 만약 사이트에 접속이 되지 않고 빈 화면이 나타나거나 Error 화면이 뜬다면, 이것은 주소가 잘못된 것이 아니라 접속자가 너무 많아 구동이 되지 않는 것입니다. 전 세계 사람들이 ChatGPT에 접속하고 있어 접속이 되지 않을 때도 많으니 그럴 때에는 조금 후 다시 시도해보기 바랍니다.

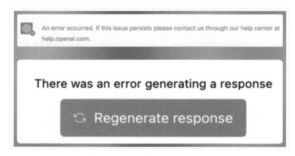

[그림 2-9-9] 에러 메시지

이번에는 회원 가입을 해보겠습니다. 'Sign up' 버튼을 누릅니다. 이메일 주소로 새로 계정을 만들 수도 있고, 구글 계정이나 마이크로소프트 계정과 연동하면 바로 가입하는 것도 가능합니다.

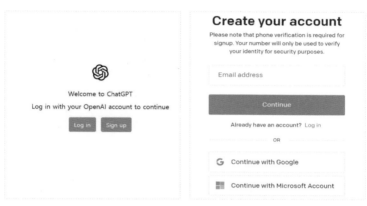

[그림 2-9-10] ChatGPT 가입 방법 　 [그림 2-9-11] ChatGPT 로그인 방법

이름과 성을 순서대로 입력하면 되는데, 영어와 한글 모두 사용할 수 있습니다. 그다음에는 전화번호를 인증합니다. +82 국가 번호 뒷부분에 인증할 핸드폰 번호를 입력하면 핸드폰으로 6자리의 인증 코드가 전달됩니다. 그 인증 코드를 넣으면 아주 간단하게 가입이 끝납니다.

(2) ChatGPT 사용해보기

본격적으로 사용해보겠습니다. 가입을 하고 나면 [그림 2-9-12]와 같은 화면이 보입니다. ❶에 질문을 넣고 종이비행기 모양의 버튼을 클릭하면 ChatGPT의 응답을 볼 수 있습니다. 챗봇이므로 연이어서 궁금한 것을 물어볼 수 있습니다. 예를 들어 '우크라이나와 러시아의 전쟁 원인은 무엇입니까?'라고 물은 후 나온 답변을 보고 '언제 끝날 것으로 예상하고 있습니까?'라고 물으면 바로 이어서 답변을 줍니다. 그리고 이렇게 물어본 답변은 나의 계정에 저장됩니다.

만약 우크라이나와 러시아 전쟁에 대한 질문을 하다가, 다른 궁금증이 생겨서 주제를 바꾸고 싶다면 어떻게 해야 할까요? 저장할 필요가 없다면 그대로 이어서 질문하면 되지만, 만약 다른 파일처럼 분리하여 저장하고 싶다면 '+New Chat' 버튼을 눌러 새로운 질문을 할 수 있습니다. ❷에서 볼 수 있는 것처럼 이제까지 본인이 물었던 질문은 기록됩니다. 한번 접속해서 계속해서 질문을 했다면 하나의 탭으로 묶여서 보이게 됩니다.

그리고 아래에는 여러 가지 설정 모드가 있는데 그중에서 보이는 것이 'Upgrade to Plus'입니다. 이것은 ChatGPT의 유료 버전입니다. 유료 서비스의 월 구독료는 2023년 2월을 기준으로 20달러입니다. ChatGPT의 유료 버전은 사람이 몰리는 시간에도 원활하게 이용이 가능하며, 질문에 더 빠르게 응답합니다.

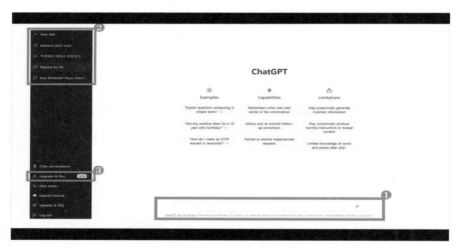

[그림 2-9-12] ChatGPT 첫 화면

2. ChatGPT로 수업하기

1) 과학과 정보의 융합 수업

코딩이 어려워서 컴퓨터나 정보 수업과 융합하기 어렵다고 느끼던 사람도 쉽게 도전할 수 있습니다. 과학 수업에서 역학과 관련된 수업은 매우 어려운 편입니다. 특히 학년이 높아질수록 고려해야 하는 요소가 많기 때문에 더욱 그러합니다. 그런데 만약 컴퓨터로 시뮬레이션하는 수업을 진행하고 싶다면 교사는 마찰력도 알아야 하지만 컴퓨터 코딩도 할 수 있어야 합니다. 쉽지 않은 일이지요. 이때 ChatGPT를 이용하여 이를 해결할 수 있습니다.

먼저 ChatGPT에 코드를 생성해달라고 요구하고 사용할 언어를 지정해줍니다. 예를 들어 '구글 코랩에서 사용할 수 있는 마찰력 실험 시뮬레이션 코드를 만들어주세요'라고 말입니다. 그러면 주르륵 하고 [그림 2-9-13]과 같이 코드가 만들어지는 것을 확인할 수 있습니다.

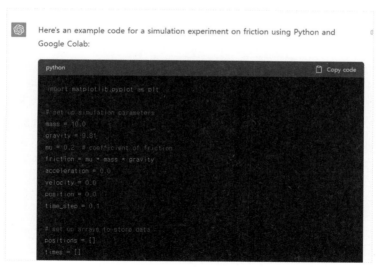

[그림 2-9-13] ChatGPT가 작성한 파이썬 코드

보시면 마찰력의 수식과 가속도를 어떻게 할지, 중력 가속도는 무엇이며, 질량은 어떠한 관계가 있는지를 모두 표현하고 있습니다. 즉, 이러한 코드를 통해서도 충분히 물리 수업이 가능한 것입니다. 그리고 코드 아래에는 어떠한 변인을 조절할 수 있는지 설명이 제공됩니다.

코드를 복사하여 구글 코랩에 가서 실행을 하니 아래 그래프를 얻을 수 있었습니다.

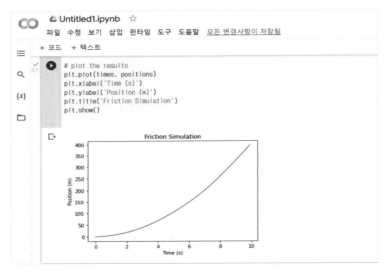

[그림 2-9-14] 파이썬 코드로 산출된 그래프

그런데 만약 실제 공이 튀기는 것 같은 시뮬레이션이 보고 싶다면 어떻게 해야 할까요? 바로 이어서 ChatGPT에 물어보면 가능합니다. '난 그래프가 아니라 공이 움직이는 시뮬레이션으로 보고 싶어'라고 말입니다. 평서문이어도 잘 이해할 수 있으니 걱정 마시기 바랍니다.

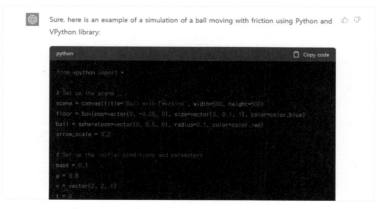

Sure, here is an example of a simulation of a ball moving with friction using Python and VPython library:

```python
from vpython import *

# Set up the scene
scene = canvas(title='Ball with Friction', width=500, height=500)
floor = box(pos=vector(0, -0.05, 0), size=vector(3, 0.1, 1), color=color.blue)
ball = sphere(pos=vector(0, 0.5, 0), radius=0.1, color=color.red)
arrow_scale = 0.2

# Set up the initial conditions and parameters
mass = 0.1
g = 9.8
v = vector(2, 2, 0)
t = 0
```

[그림 2-9-15] ChatGPT가 작성한 시뮬레이션 코드

답변은 코드와 함께 이러한 시뮬레이션을 확인할 수 있는 사이트를 안내해줍니다.

"You can run this code in a Python environment with the VPython library installed, or you can use an online platform like GlowScript or Trinket to run it in a web browser."

만약 접속하는 방법을 모르겠다면 포기하지 말고 또 질문하시면 됩니다. 'Vpython을 어떻게 설치해?' 또는 온라인 플랫폼이라고 알려준 'GlowScript에 어떻게 접속해?'라고 물으면 바로 답을 해줍니다.

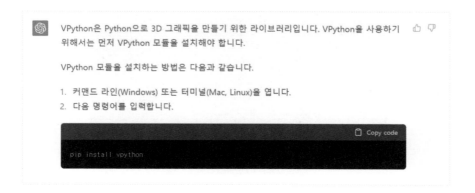

VPython은 Python으로 3D 그래픽을 만들기 위한 라이브러리입니다. VPython을 사용하기 위해서는 먼저 VPython 모듈을 설치해야 합니다.

VPython 모듈을 설치하는 방법은 다음과 같습니다.

1. 커맨드 라인(Windows) 또는 터미널(Mac, Linux)을 엽니다.
2. 다음 명령어를 입력합니다.

```
pip install vpython
```

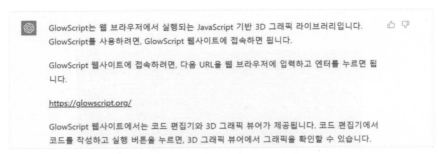

GlowScript는 웹 브라우저에서 실행되는 JavaScript 기반 3D 그래픽 라이브러리입니다. GlowScript를 사용하려면, GlowScript 웹사이트에 접속하면 됩니다.

GlowScript 웹사이트에 접속하려면, 다음 URL을 웹 브라우저에 입력하고 엔터를 누르면 됩니다.

https://glowscript.org/

GlowScript 웹사이트에서는 코드 편집기와 3D 그래픽 뷰어가 제공됩니다. 코드 편집기에서 코드를 작성하고 실행 버튼을 누르면, 3D 그래픽 뷰어에서 그래픽을 확인할 수 있습니다.

[그림 2-9-16] 다른 사이트 접속 방법이나 프로그램 설치 안내

모르는 것을 계속해서 묻는다면 아마도 어떻게든 답변을 해줄 것입니다. 잘 알아듣지 못했다고 이야기하면 다른 방법으로 설명해주는 참 좋은 교사입니다. 그렇게 glowscript에 접속해 얻은 시뮬레이션 장면입니다. 변인을 바꾸어보고 운동을 관찰하면서 변인의 의미를 파악할 수 있습니다. 변인을 어떻게 바꾸는지 모르겠다면 ChatGPT에 '무게를 바꾸고 싶어'라고 이야기만 하면 바꾸는 방법을 가르쳐줄 것입니다.

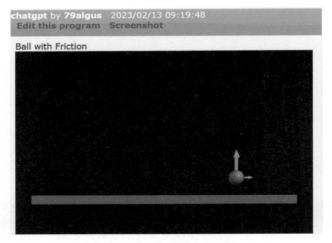

[그림 2-9-17] glowscript 결과

2) 글쓰기, 토의 수업

ChatGPT의 글쓰기 능력은 매우 우수합니다. 광합성의 정의와 의미는 서술형 시험 문제로 나올 법한 문항입니다. 하지만 아마도 많은 분들이 채점에 대한 두려움으로 이러한 개방형 서술형 문항을 내기가 쉽지 않은 듯합니다. 조만간 인공지능이 서술형 평가를 채점해주는 시기가 올 것 같긴 합니다. 학생들은 서술형 문항에 익숙하지 않기 때문에 지식적인 내용을 논리적으로 서술하는 데 어려움을 겪습니다. 그런데 ChatGPT는 매우 논리적으로 이러한 내용을 서술합니다. [그림 2-9-18]은 ChatGPT가 광합성의 정의와 의미에 관한 질문에 답변한 것입니다. 한글 답안보다 영어로 작성된 답안이 훨씬 더 내용이 풍부합니다. 학생들과 수업을 할 때에는 영어로 작성된 것을 번역 프로그램을 이용해서 한글로 바꾸어 볼 수도 있습니다.

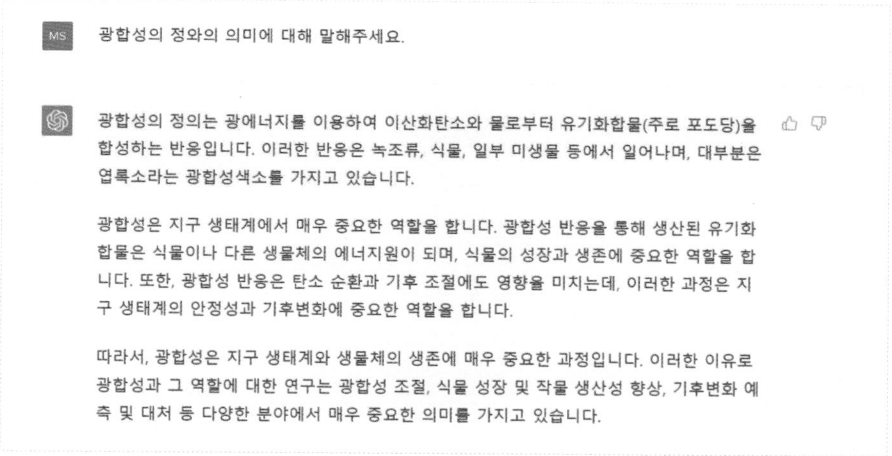
MS 광합성의 정와의 의미에 대해 말해주세요.

광합성의 정의는 광에너지를 이용하여 이산화탄소와 물로부터 유기화합물(주로 포도당)을 합성하는 반응입니다. 이러한 반응은 녹조류, 식물, 일부 미생물 등에서 일어나며, 대부분은 엽록소라는 광합성색소를 가지고 있습니다.

광합성은 지구 생태계에서 매우 중요한 역할을 합니다. 광합성 반응을 통해 생산된 유기화합물은 식물이나 다른 생물체의 에너지원이 되며, 식물의 성장과 생존에 중요한 역할을 합니다. 또한, 광합성 반응은 탄소 순환과 기후 조절에도 영향을 미치는데, 이러한 과정은 지구 생태계의 안정성과 기후변화에 중요한 역할을 합니다.

따라서, 광합성은 지구 생태계와 생물체의 생존에 매우 중요한 과정입니다. 이러한 이유로 광합성과 그 역할에 대한 연구는 광합성 조절, 식물 성장 및 작물 생산성 향상, 기후변화 예측 및 대처 등 다양한 분야에서 매우 중요한 의미를 가지고 있습니다.

[그림 2-9-18] ChatGPT 광합성의 정의와 의미에 대한 답변

이를 수업에 활용할 때에는 학생들에게 다양한 서술형 문항을 제시하고 답을 작성하게 한 후 ChatGPT의 답안과 비교하면서 보충해야 하는 부분이나 빠진 부분을 확인해보도록 할 수 있습니다. 선생님께서 작성해야 하는 모범 답안을 ChatGPT가 대신 작

성해주는 것입니다. 또한 이를 활용해 동료 평가 등에도 활용할 수 있습니다.

이러한 간단한 질문을 통해서 토의 수업을 시도하는 것도 가능합니다. ChatGPT는 앞에서 살펴본 것과 같이 비윤리적이거나 편향된 질문에는 대답을 하지 않고 중립적인 입장에서 설명합니다. 따라서 이를 이용해서 토론 기초 자료를 수집하거나 학생들의 초기 입장을 정리하고 참고할 때 활용할 수 있습니다. 또는 중립적인 입장을 취하는 ChatGPT에 지속적인 질문을 하여 다른 사람의 의견을 엿볼 수도 있습니다. 학생들은 지속적인 질문과 답변 과정을 통해 질문하는 방법과 답변하는 방법 역시 익힐 수 있을 것입니다.

CHAPTER 10
들어가며

바야흐로 대데이터 시대가 찾아왔습니다. 만물이 데이터와 연결되고 새로운 가치와 경제가 이로부터 피어나는 데이터 봄의 시대가 도래한 것입니다. IT 산업에서 시작하여 다양한 제조업 분야까지 데이터 분석과 활용 능력은 중요하게 자리매김하고 있으며, 이러한 변화는 일상생활 속에서도 여실히 느껴지곤 합니다. 말장난처럼 들리겠지만 데이터 통계 활용 현황의 데이터 통계 결과를 살펴보면, 불과 몇 년 사이에 이뤄진 시대적 변화와 함께 우리의 인식이 바뀌었음을 알 수 있습니다.

다만 조금 아쉽게도, 방대한 데이터를 다루고 이에 기반해 의사 결정을 내리는 데 필요한 데이터 분석 역량이 아직은 이러한 변화 속도에 충분히 발맞추어 따라가지 못하는 모습들이 종종 나타납니다. 특히 교육 분야에서 데이터 활용과 관련된 전공을 하지 않았거나 경험이 부족한 사람들에게, 파이썬을 비롯한 텍스트 코딩 기반의 데이터 분석 및 처리의 문턱은 꽤 높게 느껴지는 것이 현실입니다. 엑셀로 데이터를 다루어본 것이 전부인 누군가에게 알고리즘 설계를 통한 데이터 처리를 요구한다면, 당사자는 이제 막 뗀 걸음마로 뜀박질을 해야 하는 막막함을 느낄지 모릅니다.

본 챕터에서는 구글 스프레드시트를 이용하여 웹 기반 인터랙티브 교육 문서를 만들고, 데이터 기반의 탐구 수업에 활용해보겠습니다. 우리에게 보다 익숙한 스프레드시트 장면에서 데이터 분석을 시작하여, 동적인 자동화 데이터 문서 설계와 활용 방안을 다루게 됩니다. 나아가 이를 통해 데이터 역량 강화 본연의 목적에 집중할 수 있는 교육 환경 조성 방안을 함께 모색해보고자 합니다.

10 구글 인터랙티브 시트와 자동화봇을 활용한 데이터 탐구

교과 활용 팁	교과 융합: 공공 데이터를 활용한 융합 프로젝트 수업하기 통합사회: 지역사회 데이터를 활용한 문제와 해결 방안 모색 통합과학: 웹 시뮬레이션과 연계한 데이터 기반 과학탐구

1. 엑셀과 비교하며 구글 스프레드시트의 특징 살펴보기

1) 구글 스프레드시트와 엑셀 비교

구글 스프레드시트(Google Spreadsheet)는 웹상에서 데이터를 표 형식, 즉 행(Row)과 열(Column)로 나타내고 연산, 시각화, 통계 처리, 사용자 정의 함수 및 매크로 등의 조작을 할 수 있는 도구입니다. 함수와 계산식을 포함한 사용자 인터페이스가 마이크로소프트사의 엑셀(Microsoft Excel)과 유사하여 기존 엑셀 사용자들이 자연스럽게 활용할 수 있습니다.

데이터의 차원과 연산량이 매우 크다면 전문 통계 프로그램이나 파이썬 기반의 통계 처리가 더 유용하지만, 빅데이터에 비해 규모가 작고 단순한 실데이터(Authentic Data)를 다루는 교육 활동은 스프레드시트 데이터를 직접 마주하면서 다루는 사용자 환경이 더 효과적인 경우들도 많습니다. 텍스트 코딩이나 알고리즘 설계가 중심이 되지 않으면서 직관적으로 이를 다룰 수 있는 구글 스프레드시트는 구글 설문, 구글 드라이브, 구글 코랩 등 다양한 문서와도 연계하기 용이해 더욱 능동적인 데이터 문서 작업이 가능합니다. [그림 2-10-1]과 같이 구글 계정에 로그인한 후 구글 드라이브 화면에서 화면 좌측 상단의 새로 만들기 버튼을 통해 새 스프레드시트 파일을 생성하고 작업할 수 있습니다.

[그림 2-10-1] 구글 드라이브에서 새 스프레드시트 파일 만들기

구글 스프레드시트는 엑셀의 유용하고 다양한 함수, 사용자가 직접 정의하는 매크로, 데이터의 요약과 재구성을 위한 피벗 테이블(Pivot Table) 등의 기능을 활용하면서, 동시에 웹 기반 공유 문서로도 활용할 수 있습니다. 이러한 특성은 기존 엑셀에서 구현하기 어려웠던 교육적 협동 학습을 원활하게 해줄 뿐만 아니라, 데이터가 단일 문서 형태로 존재하지 않고 여러 데이터 문서들이 연결된 네트워크가 구축될 수 있도록 합니다.

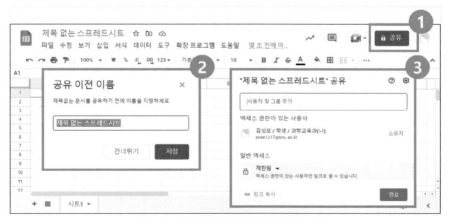

[그림 2-10-2] 공유를 통해 웹 공유 문서로 활용

구글 시트 공유 시 [그림 2-10-3]의 ❶과 같이 링크가 있는 모든 사용자가 접근할 수 있도록 선택한 후, ❷처럼 권한을 설정할 수 있습니다. 편집자를 선택하여 문서 편집 권한까지 부여할 수도 있고 혹은 문서를 열람만 가능하도록 하는 뷰어를 선택할 수도 있습니다. 권한 설정이 끝나면 ❸의 링크 복사를 누른 후 완료 버튼을 누르면, 해당 구글 스프레드시트가 공유화됩니다. 이제 복사된 주소를 이메일이나 메신저 등에 붙여 넣기를 하여 원하는 사용자들에게 배포할 수 있습니다.

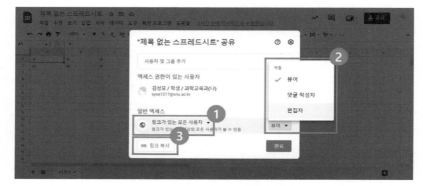

[그림 2-10-3] 웹 기반 구글 스프레드시트 공유 문서 설정

2. 구글 시트로 국가 기술 변화 동향을 분석하고 데이터 베이스 설계하기

1) 데이터 통계 활용에 관한 데이터 통계분석

(1) 메타데이터 통계

메타데이터(Metadata)란 데이터에 대한 데이터, 더 높은 수준의 상위 데이터를 의미 합니다. 원래 데이터(Raw Data)에서 원하는 정보를 효율적으로 찾고 이용할 수 있도

록 부여되는 데이터로, 의미 그대로 데이터들에 관한 정보를 담고 있는 구조화된 데이터입니다. 디지털 카메라 속 사진이라면 촬영 당시 시간, 해상도, 사진 크기 등이 이에 해당하며, 도서관의 책들에 관한 정보(저자, 제목, 주제 등)를 담고 있는 카드 카탈로그 또한 이러한 메타데이터의 예시 중 하나입니다.

우리는 복잡한 데이터를 다루어보기 이전에 오늘날 많은 관심을 받고 있는 데이터 통계 분야의 활용 현황에 대하여, 이와 관련된 데이터 통계를 살펴볼 것입니다. 국가통계포털(kosis.kr)을 이용하여 데이터 통계 활용에 관한 데이터 통계, 즉 메타데이터 통계를 다루어보는 예제를 실습해볼 것입니다. 국가통계포털에 접속하면 [그림 2-10-4]와 같은 메인 화면이 나타납니다. 화면 좌측 상단의 '국내통계'에서 '주제별 통계'를 선택해줍니다.

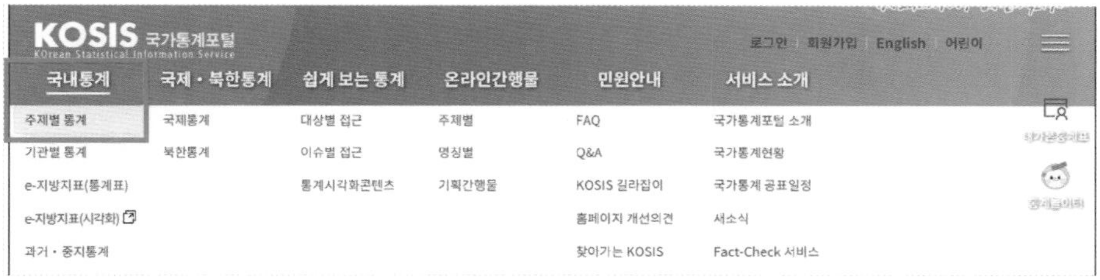

[그림 2-10-4] 국가통계포털 화면

'주제별 통계' 화면에서 아래로 내려가다 보면 '정보통신'이라는 항목을 찾을 수 있습니다. [그림 2-10-5]와 같이 '정보통신'에서 'SW융합실태조사', '2019년' 항목을 선택해줍니다. 그리고 아래쪽 '데이터 수집 및 분석 활용' 항목을 선택하여 통계 데이터를 열어봅시다.

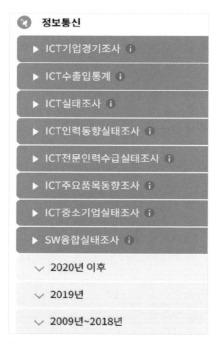

[그림 2-10-5] 주제별 통계 속 정보통신 항목

2019년 데이터 수집 및 분석 활용에 관한 통계 데이터가 [그림 2-10-6]과 같이 나타납니다. 결과를 살펴보면 지속적인 정보 수집에서 시작하여 데이터 분석 활용이 의사결정에 미치는 영향까지, 데이터 활용에 대한 답안이 '매우 그렇다'에 비해 '전혀 아니다'가 훨씬 많은 것을 볼 수 있습니다. 데이터 수집과 분석 활용이 그다지 능동적으로 이루어지지 않았던 것으로 보입니다.

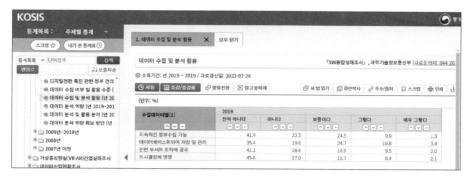

[그림 2-10-6] 데이터 수집 및 분석 활용에 관한 통계 데이터

2019년에 비해 이러한 경향에는 변화가 있었을까요? 조금 전과 동일한 방법으로 2020년 이후의 통계에 관하여 분석해봅시다. 2019년 항목 바로 위에 있는 2020년 이후 부분에서 동일하게 데이터 수집 및 분석 활용 항목을 선택하여 통계 결과를 열어봅시다. 2021년의 통계가 2019년 결과보다 세분화된 형태로 수집된 것을 확인할 수 있습니다. [그림 2-10-7]과 같이 2019년, 2021년 데이터를 엑셀 형태로 다운받은 후(❶, ❷) 이를 구글 드라이브에서 작업해봅시다. 다운받은 파일들을 드래그하여 구글 드라이브 창에 올려놓으면(❸) 업로드가 됩니다.

[그림 2-10-7] 국가통계포털 데이터를 다운받아 구글 드라이브에 업로드

(2) 데이터 전처리 및 재구조화

2019년과 2021년 사이 데이터 수집 및 분석 활용의 변화를 살펴보기 위해 간단한 데이터 전처리 과정을 해봅시다. 2019년 데이터와 2021년 데이터를 하나의 구글 시트 파일에 모은 후 둘의 통계 결과를 비교해보겠습니다. 먼저 2019년 시트 파일의 '데이터' 시트 이름을 '2019'로 바꾸고, [그림 2-10-8]과 같이 시트 파일을 'Google Sheets'로 저장합니다(❶, ❷). 그러면 화면 상단 파일명 뒤의 초록색 '.xlsx' 상자가 사라지고, 엑셀 파일이 구글 시트 형태로 저장되었음을 확인할 수 있습니다.

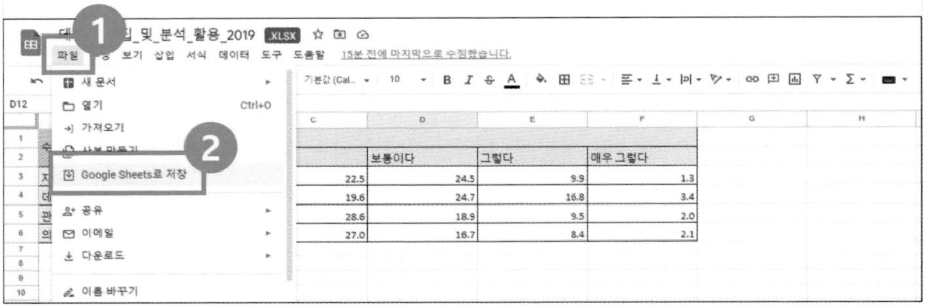

[그림 2-10-8] 업로드한 엑셀 파일을 구글 시트 형태로 저장하기

이번엔 2021년 시트 파일의 '데이터' 시트 이름을 '2021'로 바꾸고, 이를 복사하여 2019년 시트 파일에 보내겠습니다. [그림 2-10-9]와 같이 시트를 우클릭(❶)해 '다음으로 복사'(❷)한 뒤 기존 스프레드시트(❸)를 선택하고, 2019년 구글 스프레드시트가 있는 경로를 찾아 해당 파일에 넣어줍니다. 이제 두 데이터가 한 파일로 합쳐졌으니, 이를 비교해봅시다.

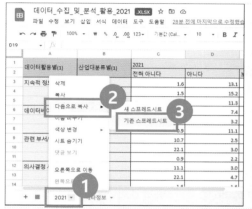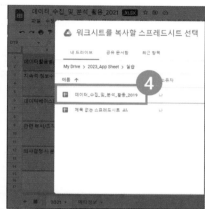

[그림 2-10-9] 2021년 데이터 시트를 복제하여 2019년 구글 시트 파일에 합치기

2019년 데이터와 달리 2021년 데이터는 산업대분류별이라는 세부 항목까지 수집되어 데이터 형식이 조금 다릅니다. 이 과정에서 학생들은 두 데이터의 구조를 비교하고, 자신이 원하는 분석을 위해 어떻게 처리해야 할지 고민하면서 데이터 처리와 관련된 역량을 습득할 수 있습니다. 여기서 우리는 '데이터 수집·분석 활용이 의사 결정에 미치는 영향'의 변화과정을 함께 분석하도록 하겠습니다. 이를 위해 2021년 데이터를 2019년 데이터 구조와 같이 더욱 단순화시키는 과정이 필요합니다. 2021년 데이터 속 산업대분류별의 제조업, 서비스업으로 나뉜 결과는 삭제하고, '전체' 항목의 값들만 사용하여 비교하기 위해서 스프레드시트 구조를 변형합시다.

[그림 2-10-10]과 같이 제조업, 서비스업 세부 데이터가 있는 행들을 선택하여 삭제하고(❶), 산업대분류별_전체가 표시된 B열을 삭제(❷)합니다. 그러면 이제 2019년과 동일한 구조를 갖는 2021년 통계 자료가 남게 되고, 두 데이터 시트는 더욱 명확히 대비됩니다.

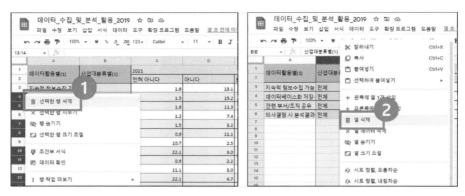

[그림 2-10-10] 데이터 비교를 위한 전처리 과정

'데이터 수집·분석 활용이 의사 결정에 미치는 영향'의 인식 변화를 살펴보기 위해서, 우리는 각 연도별 시트 중 의사 결정과 관련된 데이터를 모아 하나의 표로 구성하겠습니다. [그림 2-10-11]과 같이 2019 시트를 복사(❶)하여 '2019 사본' 시트를 생성하고, 이름을 '통합'으로 바꾸어줍니다. '의사 결정에 영향' 행을 제외한 불필요한 행들은 삭제(❷)하고 연도별 데이터가 구분되도록 A열에 연도 데이터를 입력합니다. 그리고 2021년 시트에서 의사 결정 영향과 관련된 데이터만 복사하여 2019년 데이터 아래 행에 붙여 넣습니다(❸).

[그림 2-10-11] 분석 목표에 맞게 데이터를 통합하고 재구조화

학생들에게 이러한 활동을 제시하는 과정에서 단순히 보고 따라 하도록 하기보다는, 지속적인 발문과 토의 과정을 거치며 스스로 데이터와 관련된 질문을 던지고 생각하도록 유도하는 것이 중요합니다. 분석 목적에 반드시 필요한 데이터가 무엇이고 제거할 데이터가 무엇인지 판단하며, 최종적으로 연도별 변화 결과를 분석하기 위해 적절한 형태의 데이터 구조를 구상하는 과정은 데이터 분석 역량을 넘어 재구조화 역량의 성장까지도 이끌어낼 수 있습니다.

(3) 데이터 시각화 및 분석

두 연도별 데이터를 한눈에 알아보기 쉽게 비교하려면 적절한 시각화 과정이 필요합니다. 차트를 삽입해 2019년에서 2021년으로 흘러가면서 데이터 분석 활용과 의사결정의 관계가 어떻게 변화했는지 비교해보겠습니다. 2019년 데이터와 함께 '전혀 아니다'부터 '매우 그렇다'까지 설문 반응 항목들을 선택한 상태에서, 화면 상단의 삽입–차트를 누르면 [그림 2-10-12]와 같이 원형 차트가 나타납니다. 2021년 데이터를 가지고 동일한 방법으로 원형 차트를 만들면 두 차트를 한눈에 비교해서 볼 수 있습니다.

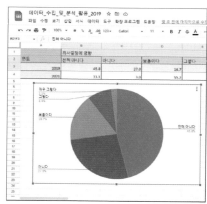

[그림 2-10-12] 원형 차트를 삽입하여 데이터 시각화하기

원형 차트 대신 3D 원형 차트를 이용해 표현하면 보다 보기 좋은 형태로 표현할 수도 있습니다. 3D 원형 차트가 비교되어 제시된 [그림 2-10-13]의 결과를 통해 분석해 볼 때, 2019년에 비하여 2021년의 결과에서는 '전혀 아니다'와 '아니다'를 합한 비율이 상당히 줄어들었음을 알 수 있습니다. 그리고 '보통'과 '그렇다'라고 답한 비율이 상당히 늘어난 점이 눈에 띕니다.

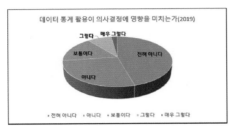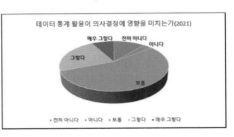

[그림 2-10-13] 데이터 통계 활용과 의사 결정에 대한 인식 변화

여기까지 우리는 국가통계포털과 연계하여 구글 스프레드시트를 사용하는 기본적인 방법을 둘러보았습니다. 해당 과정에서 구글 시트와 관련한 기본적 기능을 익히면서, 동시에 데이터의 구조를 파악하고 분석 목적에 맞게 재구조화하는 역량의 중요성까지 살펴볼 수 있었습니다. 또한 잘 시각화된 데이터는 기존 데이터(Raw Data)에 비해 강한 전달력과 호소력을 지녔음을 체감하는 것도 가능했습니다. 다음으로 구글 스프레드시트의 고유한 기능들을 들여다보면서, 보다 능동적으로 데이터 시트를 다루고 수업에 활용하는 방안에 대하여 살펴보겠습니다.

2) DB 구축과 과학·기술 통계분석

(1) 과학·기술 특허 통계분석

오늘날 많은 문서 작업들이 공유된 형태로 이루어지고 이에 발맞춰 다양한 교육 활동들도 클라우드 기반의 협업 형태로 나타나고 있습니다. 다만 아직까지 데이터를 다루는 교육 활동에서는 오프라인 스프레드시트 타입의 자료를 다루거나 공유된 파일을 다운받는 수준에서 그치는 경우가 많습니다. 구글 시트의 강력한 기능 중 하나는 스프레드시트의 DB(Database)화 및 문서 간 상호작용입니다. 복잡한 프로그램이나 텍스트 코딩 대신 최대한 익숙한 환경에서 출발하면서, 구글 스프레드시트 DB를 활용하고 상호작용할 수 있는 데이터 교육 활용 방안에 대하여 살펴봅시다.

앞에서 우리는 국가통계포털(kosis.kr)의 데이터 활용 통계를 다루어보면서 데이터 기반 탐구 수업의 기초를 살펴보았습니다. 이번에는 과학·기술 특허 데이터 통계를 통해 과학·기술 동향 분석 및 구글 시트 데이터베이스 구축을 다루어보겠습니다.

[그림 2-10-14]와 같이 '국내통계'–'주제별 통계'–'과학·기술'–'지식재산권통계'–'지식재산권(~최근)' 항목을 선택합니다. 하위 항목 중 '출원' 부분에서 '기술분야별 특허 출원' 데이터를, '등록' 부분에서 '기술분야별 특허 등록' 데이터를 각각 조회한 후 다운받습니다. 구글 드라이브에 두 파일을 업로드한 후 이전 예제와 같은 방법으로 하나의 구글 시트 파일에 합쳐줍니다.

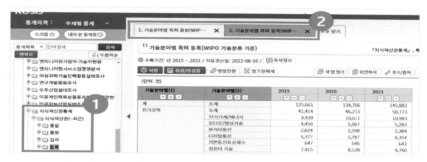

[그림 2-10-14] 지식재산권통계–기술분야별 특허 통계 자료 조회

국내에 등재되는 지식재산권 통계 분포와 변화는 어떻게 나타날까요? 과학·기술 분야별 특허 출원 시트에서 전기공학 분야 데이터를 예시로 하여 분석해봅시다. [그림 2-10-15]와 같이 전기공학 영역의 행까지 선택한 후(❶) 화면 상단의 삽입(❷)에서 차트를 선택합니다.

[그림 2-10-15] 기술분야별 특허 출원 데이터 삽입 차트

삽입된 차트에서 데이터가 보다 쉽게 나타나도록 데이터의 범위를 정리하겠습니다. [그림 2-10-16]처럼 삽입된 차트를 우클릭해 데이터 범위를 선택하고(❶), 화면 오른쪽의 차트 편집기에서 X축–기술분야별(1)을 삭제(❷)해줍니다. 여기까지만 진행하여도 데이터 분포가 시각화되지만, 전체 합계 데이터와 소계의 값이 너무 큰 탓에 다른 세부 분야별 데이터 분포가 한눈에 잘 나타나지 않습니다. 따라서 행/열 전환(❸)을 한 후 계열에서 소계 항목들을 모두 삭제(❹)해줍니다. 이때, 학생들에게 데이터 사전 처리 과정을 설명해주기 이전에 데이터 분포를 더욱 잘 나타내기 위한 방법에 관한 발문과 토의 과정을 거치면서 데이터 처리 의사 결정 능력을 향상시킬 수 있습니다.

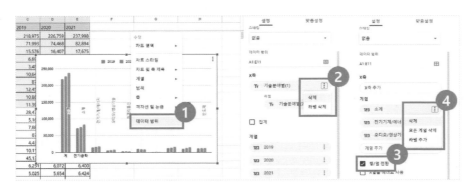

[그림 2-10-16] 전기공학 기술 특허 출원 통계 데이터 사전 처리

이렇게 처리 및 시각화한 데이터의 결과는 [그림 2-10-17]과 같이 나타납니다. 전기기계/에너지 분야, 컴퓨터 기술 분야의 분포가 우세한 가운데, 지속적인 성장까지 나타나는 것을 관찰할 수 있습니다. 변화의 추이를 보다 잘 보고자 한다면 차트 유형을 선형으로 바꿀 수 있으며, 계열을 추가·삭제함으로써 자신이 원하는 세부 항목 분포들을 중심으로 분석할 수도 있습니다.

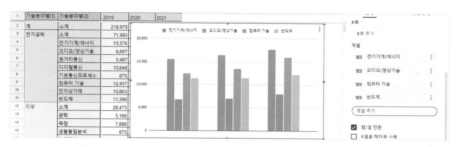

[그림 2-10-17] 전기공학 세부 분야별 기술 특허 분포 및 변화 추이

(2) 구글 시트 DB 구축을 통한 데이터 간의 연결

앞서 살펴본 활동들이 기존 오프라인 스프레드시트에서도 충분히 가능한 영역이었다면, 앞으로 진행될 실습은 구글 시트의 장점이 잘 부각되는 부분일 것입니다. 구글 시트를 데이터베이스화하여 실시간으로 해당 데이터에 접근하고 요청할 수 있도록 하면서, 과학·기술 관련 의사 결정을 논의하는 수업 방안을 살펴봅시다.

〔구글 시트 DB(Database) 구축〕
- 예제 구글 시트 DB 링크: bit.ly/datasheet01_DB
- 예제 구글 시트 DB 고유 주소 키(Key)
  : 1c4Uhvutt0_3DAQ_cnvG7msWLiwfTY3wCr49zSTQN2Ik

앞서 살펴본 특허 출원 및 등록 통계 데이터를 이용해 우리는 분야별 특허 출원 대비 등록률을 분석할 수 있습니다. 출원 데이터와 등록 데이터의 구조가 동일하므로 둘 중 하나의 시트를 복사하고, '03_비율' 시트를 만들어줍니다. [그림 2-10-18]의 ❶과 같이 출원 대비 등록률이 계산되도록 데이터 수식을 등록 수/출원 수로 작성합니다.

- [그림 2-10-18]의 ❷ 수식 형태 설명:
  · ='등록 데이터 시트명'!셀위치/'출원 데이터 시트명'!셀위치

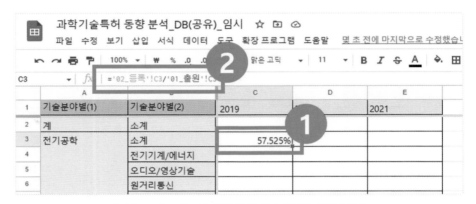

[그림 2-10-18] 기술 특허 출원 대비 등록률 데이터 설계

나머지 모든 셀도 같은 수식이 적용되고, 데이터 구조와 상대적 위치도 모두 동일하므로 복사와 붙여넣기만으로 모든 셀 값을 채울 수 있습니다. [그림 2-10-19]의 ❶과 같이 특정 셀 자체를 복사한 후 전체 데이터 셀에 붙여넣기(❷)를 하면 데이터 수식 속에 있는 셀 주소의 상대적인 위치가 바뀌며 모든 셀에서 올바른 값들이 입력됩니다. 완성된 예시 데이터베이스의 링크를 참고하여 자신만의 구글 시트 DB까지 작성해봅시다.

[그림 2-10-19] 상대 참조, 복사와 붙여넣기를 통한 DB 완성

모든 구글 스프레드시트는 위와 같이 고유한 주소 키(Key) 값을 지니고 있습니다. 이러한 고유 주소 키 덕분에 구글 스프레드시트로 데이터베이스를 작성했을 때, 다른 구글 시트 및 문서 등에서 해당 키 값을 바탕으로 다양한 정보를 요청하고 활용할 수 있습니다. [그림 2-10-19]와 같이 구글 시트 웹 주소에서 '/edit' 앞부분에 있는 값이 해당 문서의 주소 값입니다. 위에서 제공된 예제 구글 시트 DB 외에 자신만의 데이터베이스를 만든 경우에도, 이렇게 주소 키를 활용하여 문서의 데이터베이스화, 연결을 통한 인터랙티브(Interactive) 데이터 네트워크를 구축할 수 있습니다.

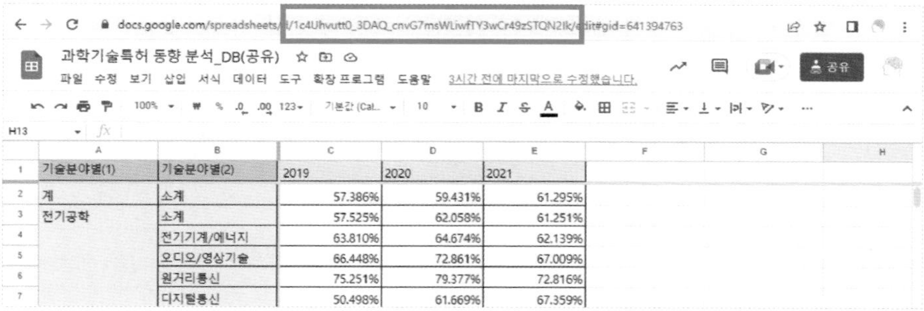

[그림 2-10-20] 구글 시트 DB 웹 주소 창 속 고유 주소 키 위치

3. 인터랙티브 데이터를 통한 과학·기술 의사 결정

1) 자연어와 유사한 함수로 데이터와 소통하기

- 실습 예제 링크: bit.ly/datasheet02_practice

이번에는 저희가 만들어둔 데이터베이스를 활용하여 특정 조건을 만족하는 데이터를 요청하는 과정을 진행해보겠습니다. 오프라인이나 드라이브에서 그냥 다운받는 스프레드시트 데이터와 달리, 데이터베이스에서 요청하여 데이터를 얻으면 실시간 변화까지 업데이트된 정보를 받을 수 있습니다. 나아가 웹 크롤링이나 데이터 포털에서 많이 활용되는 API(Application Programming Interface)를 직접 만들고 배포할 수도 있습니다.

먼저 실습 예제 링크의 파일을 드라이브에 사본으로 저장한 후 첫 번째 시트 (DBload) B4 셀의 QUERY 함수를 살펴봅시다. QUERY란 '질의하다', '묻다'라는 뜻으로, 쉽게 말해 어떠한 답변, 반응을 요청하는 명령 정도라 생각할 수 있습니다. 예제를 통해 필요한 수준에서 이해하는 것으로도 충분하지만, 보다 다양한 응용이 필요하시다면 아래의 '더 알아보기 QUERY란?'을 읽어보길 추천합니다.

더 알아보기! QUERY란?

데이터베이스에 정보, 데이터를 요청하는 행위입니다. 데이터 분야에서 가장 많이 사용되는 것은 관계형 데이터베이스인데, 이러한 데이터베이스를 효과적으로 다루기 위해서는 그에 사용되는 언어인 SQL(Structured QUERY Language)을 이해해야 합니다. 하지만 전문적인 공부가 아닌 교육 활동에 필요한 수준에서 데이터베이스와 쿼리를 활용해보고자 한다면, 구글 QUERY 함수의 기본적인 형식을 알아두는 것만으로도 충분히 도움이 될 것입니다.
- QUERY(데이터, 검색어, [헤더])
- 데이터(DATA): 데이터의 범위를 설정합니다.
- 검색어
  · 선택(SELECT): 데이터에서 선택하여 불러올 항목들을 정합니다.
  · 조건(WHERE): 불러오는 항목들의 조건들을 정합니다.
- 헤더(HEADER): 데이터 혹은 표에서 상단 레이블 행의 개수를 정합니다.

[그림 2-10-21]에서 QUERY 함수 내의 ❶ 부분은 데이터의 범위를 의미합니다. IMPORTRANGE() 함수를 통해 자신이 직접 만든 구글 시트 데이터베이스 속 정보를 대상으로 정할 수 있습니다. ❷ 부분은 선택하여 불러올 데이터를 의미합니다. 과학·기술 관련 데이터에 의거한 의사 결정 활동을 위해, 위에서 만든 특허 출원 대비 등록 비율 시트('03_비율')의 데이터를 아래와 같이 불러옵시다.

- IMPORTRANGE(구글 시트 DB 고유 주소 키, 파일 속 원하는 셀의 범위)
  · 위의 구글 시트 DB 고유 주소 키(Key) 참조
  · 모든 구글 시트의 고유 주소 키는 웹 주소창의 '/edit'의 앞부분
  · docs.google.com/spreadsheets/d/고유 주소(key)/edit#gid=641394763
  · 셀 범위: "03_비율!A2:E" ('03_비율'의 시트에서 A2부터 E열까지 데이터)

- SELECT Col2, Col3, Col4
  · 2번째, 3번째, 4번째 열(Column)의 데이터를 요청
  · Col에서 대소문자에 유의
  · 모든 열의 데이터를 전부 선택하고자 할 때에는 SELECT * 로 입력

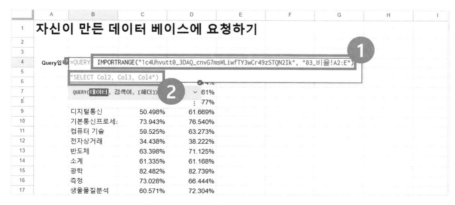

[그림 2-10-21] QUERY 함수의 형식

2) 데이터를 통한 과학·기술 통계분석 및 의사 결정

구글 스프레드시트 속 QUERY 명령어를 활용하는 것의 강점 중 하나는 텍스트 코딩에 비해 직관적이고 인간이 사용하는 언어, 즉 자연어에 가깝게 데이터를 요청할 수 있다는 점입니다. 'SELECT'에서 한 걸음 더 나아가, 'WHERE'라는 구문을 통해 특정 조건을 만족하는 데이터만 발췌하여 요청하는 작업을 수행해봅시다.

우리는 잠시 과학·기술 의사 결정을 내리는 결정권자가 되어보겠습니다. 지식재산권 분야 중에서 특허 출원 대비 등록될 확률이 높은 분야에 투자하여 손실을 최소화하는 결정을 내리고자 합니다. 이러한 단순한 결정이 옳은지 여부에 대한 토론도 수업에서 좋은 활동이 될 수 있지만, 우선 수업 본연의 목적인 '데이터 기반 과학적 의사 결정'에 집중하여 실습을 해보도록 하겠습니다. 등록 비율이 60%보다 큰 경우의 데이터를 아래와 같은 형식으로 요청할 수 있습니다.

- SELECT Col2, Col3, Col4 WHERE Col3 > 0.6 OR Col4 > 0.6
  · 3열(2019) 혹은 4열(2020)의 비율이 0.6(60%) 이상인 경우에만 요청
  · WHERE 뒷부분에 AND, NOT, BETWEEN, IN 등 다양한 구문 활용 가능

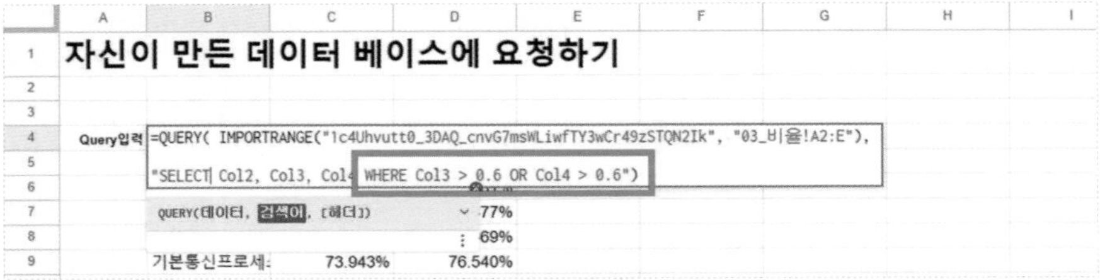

[그림 2-10-22] 'WHERE'를 통한 조건 기반 데이터 요청

위 활동에서 특허 등록 비율 조건 값을 설정하는 것부터 시작해, 더욱 다양한 조건 설정 방안을 모색하고 논의하는 활동을 해볼 수도 있습니다. 60%라는 조건 대신 AVERAGE, STDEV.S 함수를 이용한 평균과 표준편차 분석을 거친 후, 모둠별 적정

값을 찾아가는 활동을 수행하는 것도 가능합니다. 그리고 앞서 언급되었던 단순 특허 등록 비율을 통한 의사 결정의 문제점이 무엇인지 논의한 후, 이를 보완하기 위한 또 다른 방법과 그에 관한 데이터는 무엇인지 살펴보는 수업 활동으로 이어갈 수도 있습니다.

WHERE를 통한 조건 설정 부분에서 수치 값의 범위에 의한 조건 외에도, 텍스트에 대한 판별을 통해 보다 정교한 필터링이 가능합니다. contains 구문을 통해 단어 의미대로 특정 텍스트의 포함 여부를 조건으로 설정할 수 있으며 starts with, ends with를 이용해 특정 텍스트로 시작 혹은 끝나는 조건도 설정이 가능합니다.

- SELECT Col2, Col3, Col4

  WHERE Col2 contains '통신' OR Col2 ends with '기술'

  · 2번째 열(Col2)이 '통신'이라는 단어를 포함하거나

  · 2번째 열(Col2)이 '기술'이라는 단어로 끝나는 경우 선택

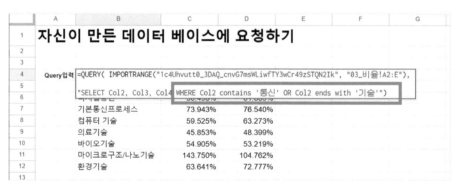

[그림 2-10-23] contains, ends with를 활용한 텍스트 조건 설정

[조건 추가를 이용한 이상치(Outlier) 제거]

QUERY 요청에 의해 불러온 결과들이 '-기술'로 끝나거나 '통신'을 포함하는 것을 확인할 수 있습니다. 그런데 불러온 데이터 중 조금 이상한 값들이 있습니다. '마이크로 구조/나노기술'은 출원 대비 등록률이 100%를 넘는 이상한 결과가 나타납니다. 출원

된 기술을 심사하는 과정에서 어떠한 이유가 있었겠지만, 현재 저희가 분석하기에는 정상적인 비율의 수치가 아닌 듯하므로 이를 제거하도록 하겠습니다. 이렇게 정상적이라 판단되는 분포를 벗어난 데이터를 이상치, 극단치(Outlier)라 부르며, 데이터 통계분석을 하는 과정에서 이를 제거하는 것은 꽤 중요합니다. [그림 2-10-24]와 같이 WHERE에 AND 조건을 추가(❶)하여 해당 데이터가 제거될 수 있도록 설정합니다.

- SELECT Col2, Col3, Col4, Col5

　WHERE Col2 contains '통신' OR Col2 ends with '기술'

　AND Col3 < 1

　· 3번째 열(Col3) 값이 1(100%)보다 작은 경우에 데이터 요청

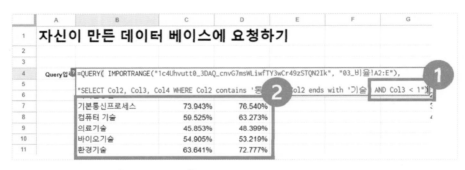

[그림 2-10-24] AND 조건 추가를 통한 이상치 제거

　이렇게 데이터베이스와 QUERY를 잘 활용하면 우리는 더욱 정교하고 최신화된 데이터에 의거한 의사 결정을 내릴 수 있습니다. IMPORTRANGE() 대신 웹 크롤링과 연계하여, 웹사이트에 산재한 데이터들도 자신의 목적에 맞게 재구조화할 수 있습니다. 그리고 학생들과의 활동 과정에서 더욱 올바르고 정교한 의사 결정을 위한 데이터 요청 및 구조화 방안에 대해 논의함으로써, 데이터에 기반을 둔 탐구뿐만 아니라 향후 자신의 의사 결정을 위한 데이터 처리 역량을 기를 수 있을 것입니다.

3) 자동화봇 의사 결정 피드백 보고서

- 실습 예제 링크: bit.ly/datasheet02_practice
  · 2번째 시트-Automation

(1) DB 기반 구글 설문 자동 작성

데이터베이스와 QUERY를 통해 데이터 시트 문서들 간의 상호작용 및 사용자와 문서의 상호작용을 구현할 수 있었습니다. 여기에 자동화 문서의 기능까지 구현해 보다 능동적인 자동화봇 데이터 문서를 설계해보도록 하겠습니다. 동일한 실습 예제 링크의 두 번째 시트(Automation)에 앞서 다루었던 QUERY 명령들을 이용하여 작성된 데이터가 있습니다. 첫 번째 QUERY는 4행에 레이블을 불러왔으며, 두 번째 QUERY는 앞서 다룬 예제와 유사한 조건으로 데이터를 요청하였습니다. F열은 average()를 통해 3개년 비율의 평균을 구한 것입니다.

	A	B	C	D	E	F	G	H	I
1	자동화봇 의사결정 피드백 보고서								
2									
3	피드백 문서	https://docs.google.com/f	<= 클릭						
4	Query입력1	기술분야별(2)	2019	2020	2021	average	decision feedback		관련 함수 및 링크
5	Query입력2	오디오/영상기술	66.448%	72.861%	67.009%	68.773%			피드백 문서(구글 폼)
6		원거리통신	75.251%	79.377%	72.816%	75.815%			자동화 함수
7		디지털통신	50.498%	61.669%	67.359%	59.842%			
8		기본통신프로세스	73.943%	76.540%	71.222%	73.902%			
9		컴퓨터 기술	59.525%	63.273%	61.268%	61.355%			
10		의료기술	45.853%	48.399%	59.390%	51.214%			
11		바이오기술	54.905%	53.219%	47.354%	51.826%			
12		환경기술	63.641%	72.777%	72.700%	69.706%			
13									

[그림 2-10-25] 자동화봇 의사 결정 피드백 보고서 시트 화면

데이터 결과를 바탕으로 이에 대한 의사 결정 피드백을 자동화봇 형태로 구현하기 위해 구글 설문지를 사용합시다. 구글 설문지와 연동해 구글 시트의 데이터를 활용하면, 기본 설문 틀에 답변이 사전에 작성된 피드백 문서를 자동화하여 생성해낼 수 있습니다. B3 셀의 피드백 문서를 클릭하면 기본 답변이 작성된 설문지 폼이 나타납니다.

이때 작성된 기본 답변들이 구글 시트의 데이터로 채워지도록 하려면, 먼저 피드백 문서 주소의 구조를 살펴보아야 합니다. [그림 2-10-26]과 같이 첫 번째 항목에 입력된 답변 'aaa'가(❶) 피드백 문서 주소상에서 'entry.103705302=aaa'(❷)의 형태로 입력되어 있는 것을 볼 수 있습니다. 다른 뒷부분의 설문 답변들도 유사한 구조로 입력이 되어 있으므로, 이 값들을 변경하면 원하는 답을 제출하는 자동화 피드백 문서를 만들 수 있습니다.

- 구글 설문 피드백 문서 주소의 구조
  · hyperlink(https://docs.google.com/forms/d/e/고유 주소
    /viewform?usp=pp_url& ...
- 설문의 사전 답변 값이 입력되는 부분 예시
  · ... &entry.103705302=aaa&entry.262401832=bbb& ...

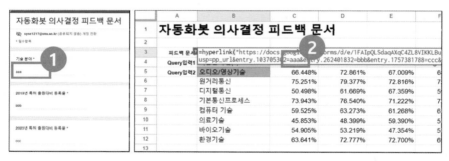

[그림 2-10-26] 피드백 문서 주소 속 데이터 입력 형식

더 알아보기! 데이터가 사전에 입력된 구글 설문 주소 얻기

설문지 작성 화면 우측 상단의 ⋯ 세로 모양을 클릭한 후 '미리 채워진 링크 가져오기'를 누르면, 새로운 설문 창이 뜨면서 예시 답변을 작성할 수 있습니다. 임의로 아무 값이나 입력하고 아래의 '링크 복사하기' 버튼을 누른 후, '링크 복사' 상자를 한 번 더 누르면 데이터가 사전 입력된 구글 폼의 주소가 복사됩니다. 주소 안에서 값이 입력된 부분을 수정하면 다양한 데이터가 사전 입력된 자동 작성 설문으로 활용할 수 있습니다.

– ...viewform?usp=pp_url&entry.103705302=aa&entry.262401832=bbb&...

QUERY로 요청한 데이터를 이용해 자동 설문 완성 문서를 만들어봅시다. 'aaa', 'bbb'로 답변이 채워져 있던 부분을 [그림 2-10-27]과 같이 시트 데이터 셀 주소로 바꾸어줍니다.

- 수정된 설문 사전 답변 주소
  · ... &entry.103705302="&B5&"&entry.262401832="&C5&"& ...

이전 값	aaa	bbb	ccc	ddd	eee	fff
수정 값	"&B5&"	"&C5&"	"&D5&"	"&E5&"	"&F5&"	"&G5&"

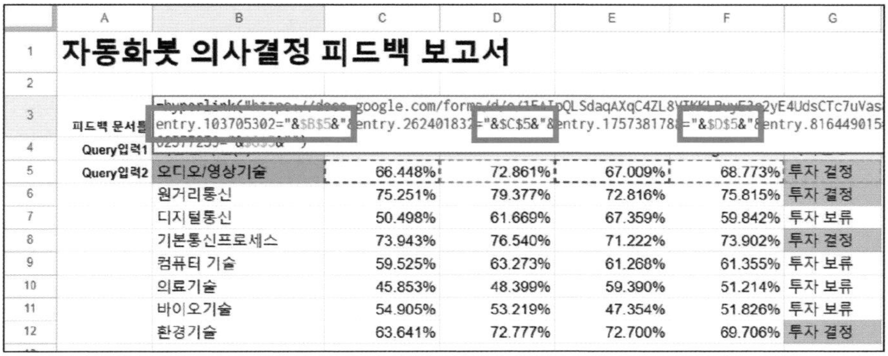

	A	B	C	D	E	F	G
1	자동화봇 의사결정 피드백 보고서						
2							
3	피드백 문서를	=hyperlink("https://docs.google.com/forms/d/e/1FAIpQLSdaqAXqC4ZL8...2yE4UdsCTc7uVas... entry.103705302="&B5&"&entry.262401832="&C5&"&entry.1757381780="&D5&"&entry.816449015...					
4	Query입력1						
5	Query입력2	오디오/영상기술	66.448%	72.861%	67.009%	68.773%	투자 결정
6		원거리통신	75.251%	79.377%	72.816%	75.815%	투자 결정
7		디지털통신	50.498%	61.669%	67.359%	59.842%	투자 보류
8		기본통신프로세스	73.943%	76.540%	71.222%	73.902%	투자 결정
9		컴퓨터 기술	59.525%	63.273%	61.268%	61.355%	투자 보류
10		의료기술	45.853%	48.399%	59.390%	51.214%	투자 보류
11		바이오기술	54.905%	53.219%	47.354%	51.826%	투자 보류
12		환경기술	63.641%	72.777%	72.700%	69.706%	투자 결정

[그림 2-10-27] 구글 시트 데이터를 이용한 자동 설문 답변

(2) 자동화봇 의사 결정 피드백 보고서 발송

[의사 결정 피드백 자동 제출 문서 설계]

설문 자동 작성 기능을 넘어 보고서 자동 발송 문서를 설계해봅시다. 통계 데이터 결괏값을 통해 투자에 관한 의사 결정을 내리고, 해당 결과를 자동화봇 방식으로 제출합니다. [그림 2-10-28]의 ❶과 같이 최근 3개년 데이터 평균에 근거하여, 특정 값보다 큰 경우 투자 결정, 그렇지 못한 경우 보류를 출력하도록 설계해봅시다(❷).

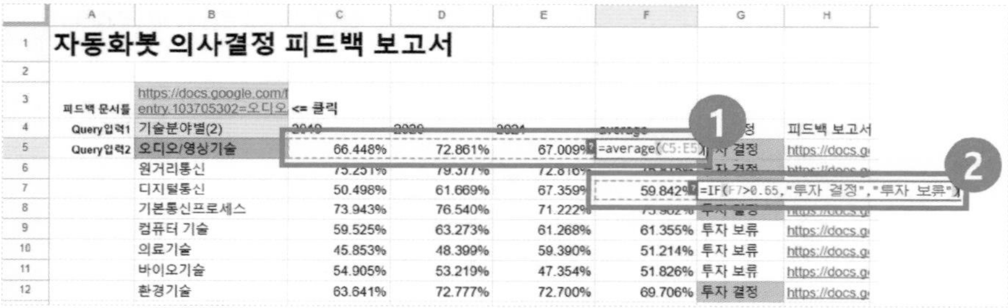

[그림 2-10-28] 최근 3년 데이터 평균과 투자 결정 여부 판단

이제 위 결과를 구글 설문으로 문서화하여 자동으로 발송하기 위한 방법을 고민해보겠습니다. 이전의 자동 설문 답변 실습에서 다룬 B3 셀의 주소 형식을 잘 들여다보면 그 힌트를 얻을 수 있습니다. 문서 주소 가운데 'viewform?'이라고 표시된 부분은 링크를 클릭했을 때 구글 설문에 자동 답변이 입력된 화면을 제시해줍니다. 이 부분을 'formResponse?'로 바꾸어주면, 화면을 나타나지 않고 곧바로 입력된 데이터에 의한 설문 자동 제출이 이루어집니다.

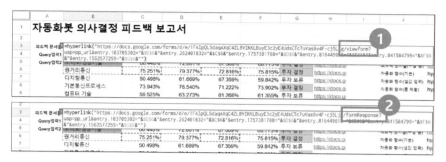

[그림 2-10-29] 사전 답변 보고서가 자동 제출되도록 수정 작성

이러한 방법을 이용하여 각 추출된 데이터 마지막 열에 피드백 보고서 자동 제출 링크를 만들어줍시다. 동일한 주소 템플릿을 복사하여 붙여 넣되, 행이 달라짐에 따라 상대 참조(❶)에 의해 자동으로 올바른 셀 주소를 찾도록 셀 주소를 입력하고, [그림 2-10-30]과 같이 만들어(❷)줍니다.

- 셀 주소 "&$B5&"의 의미
  · 열(column) 주소 B의 앞에는 $를 붙여 절대 참조로 만듦
  · 행(row) 주소 5의 앞에는 $가 없어 상대 참조
  · [그림 2-10-30]의 ❷와 같이 작성할 때, 하나의 셀만 작성해두면 나머지 셀은 단순하게 복사-붙여넣기를 해도 올바른 셀 주소가 입력됨

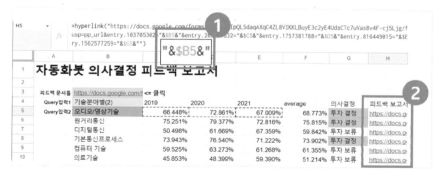

[그림 2-10-30] 상대 참조 가능한 형태의 주소 작성 및 보고서 제출 링크 작성

[App Script를 활용한 자동화봇 구글 시트]

텍스트 코딩을 사용하지 않고도 충분히 많은 기능들을 다룰 수 있지만, 구글 시트 확장 프로그램인 App Script를 사용하면 훨씬 더 다양하고 뛰어난 보고서 자동화봇을 설계할 수 있습니다. [그림 2-10-30]에서 완성된 자동 제출 문서는 클릭하면 완성된 문서를 발송해주지만, 문서의 수가 많아질 경우 일일이 클릭하는 것이 번거로워집니다. 이를 보다 효과적으로 일괄 자동 제출하는 방법을 살펴보겠습니다.

[그림 2-10-31]의 ❶과 같이 자동으로 제출하고자 하는 문서들의 링크를 모두 선택합니다. 마우스 오른쪽 버튼을 클릭하여 셀 작업 더보기(❷)로 들어간 후, 링크 열기(❸) 항목을 클릭하면 선택 링크 문서들이 한꺼번에 자동으로 제출됩니다. 이러한 방법을 활용해 데이터를 활용한 탐구 활동에서 문서를 아름답게 포장하는 것에 소요되는 시간과 노력을 줄이고, 보다 데이터 통찰과 관련된 역량에 집중할 수 있습니다. 무엇보다 구글 시트 자동화와 연계해 보고서를 제출하는 경우 수집된 답변이 또 다른 데이터베이스로 변형될 수 있어, 일반 문서보다 제출된 문서의 데이터를 재활용 및 가공하는 것이 훨씬 용이합니다.

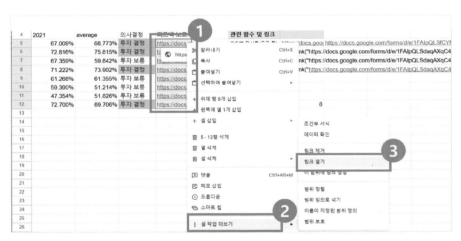

[그림 2-10-31] 자동 제출 문서 일괄 발송 방법

한 단계 더 나아가 방금 전 시행한 자동 제출 작업을 단축키로 더욱 간단하게 작동시키는 자동화봇 코드를 만들 수도 있습니다. 모든 코드를 직접 작성하기보단, 주어진 코드의 의미를 해석하고 이를 활용하는 방식으로 App Script를 다루어보겠습니다. [그림 2-10-32]와 같이 확장 프로그램–매크로–매크로 관리에서 사전에 등록된 매크로의 코드를 확인 및 수정할 수 있습니다.

- 사전 등록 매크로: 'AutomatedSubmit'
- 실행 단축키: Ctrl+Alt+Shift+0

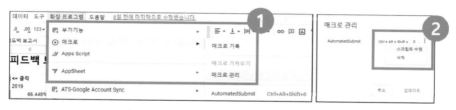

[그림 2-10-32] 매크로 관리 및 스크립트 수정

[그림 2-10-33]의 ❶은 자동화봇 제어에 필요한 시트 및 주소 저장용 변수들을 나타낸 것입니다. getSheetByName()으로 원하는 시트를 지정하고, getValues()를 이용해 특정 셀의 데이터를 획득할 수 있습니다. ❷는 반복문을 이용해 데이터베이스에서 획득된 데이터들을 저장하는 부분입니다. 단순하고 지루한 반복 작업도 군말 없이 묵묵히 수행하는 자동화봇을 만들 때 반복문은 매우 유용하고 필수적인 구문입니다. ❸에서는 ❷에서 획득한 데이터를 바탕으로 주소를 완성하고, 해당 링크를 실행시켜 자동으로 제출합니다. UrlFetchApp을 통해 다양한 요청이 가능할 뿐만 아니라 크롤링을 통한 웹상의 실시간 데이터를 활용할 수도 있습니다.

```
1    function AutomatedSumit() {   //ctrl + alt + shi
2
3        // 구글 시트 관리 및 필요 변수 선언
4        var ss = SpreadsheetApp.getActiveSpreadsheet();
5        var sheet = ss.getSheetByName('Automation');
6
7        var urls = [];
8        var url;
9
10       var valuesMat = [];
11       var values = [];
12       var value;
13
14       var i_max = 6;
15       var j_max = sheet.getRange(12, 11).getValues();;
16
17
18       // 반복문을 통한 셀 데이터 추출 및 url 작성
19       for(let j=0; j<j_max; j++){
20           for(let i=0; i<i_max; i++){
21               value = sheet.getRange(5+j, 2+i).getValues();
22               values.push(value);
23
24
25               url = "https://docs.google.com/forms/d/e/1FAI
         ormResponse?usp=pp_url&entry.103705302=" + values[
         "&entry.1757381788=" + values[j*i_max + 2] + "&en
         41584799=" + values[j*i_max + 4] + "&entry.156257725;
26
27               urls.push(url);
28               let response = UrlFetchApp.fetch(urls[j]);
29
30       }
31       console.log(urls)  // url 콘솔 창에 출력
32   };
```

[그림 2-10-33] 자동화 App Script 구성

4) 시뮬레이션 연계 데이터 기반 과학탐구

(1) 입자의 무작위 운동 DB를 활용한 확산 현상 탐구

다양한 센서를 활용한 마이크로 컨트롤러 기반의 데이터 수집 방법은 대량의 자연과학 데이터를 생산하고 이를 기반으로 하는 과학 탐구에 유용하게 사용됩니다. 이러한 데이터 생산, 수집 활동의 영역을 넓혀 교육 매체로 많이 활용되는 자연과학 시뮬레이션에서도, 데이터를 추출하고 이를 기반으로 한 탐구 활동이 가능합니다. 구글 스프레드시트의 마지막 응용으로 시뮬레이션 데이터, 수학적 모델링과 연계한 교육 활동을 살펴봅시다.

[시뮬레이션 데이터 활용]
- 예제 구글 시트 DB 링크: bit.ly/datasheet03_simulation

탄성충돌 하는 수많은 입자들로 이루어진 시뮬레이션에서, 시간이 지남에 따라 입자들의 위치, 움직임이 어떻게 변화하는지 분석해봅시다. 복잡한 통계를 사용하기보단, 구글 시트로 데이터를 다루면서 평균, 표준편차에 대한 간단한 수식(AVERAGE, STDEV.S)만으로도 유의미한 결론을 얻을 수 있습니다. 주어진 시뮬레이션 데이터를 데이터베이스화하고 학생들은 QUERY를 통해 최신화된 데이터를 요청하여 통계분석을 합니다.

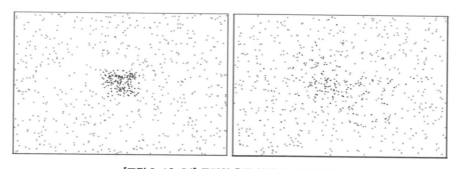

[그림 2-10-34] 무작위 운동 입자계 시뮬레이션

(출처: beyondphyed.github.io/collide_006_diffusion)

[시뮬레이션 데이터 통계분석]

많은 입자들 사이에서 발생하는 탄성충돌은 입자들이 무작위 걸음(Random Walk)에 가깝게 운동하도록 합니다. 스프레드시트와 연계한 데이터 분석을 통해, 하얀색 배경 입자들 가운데 놓인 붉은 입자들의 움직임을 분석할 수 있습니다. 위 링크에 주어진 붉은 입자 위치 데이터에서 평균과 표준편차를 분석해 결론을 도출해봅시다. 모든 방향으로 무작위 운동을 하기에 위치의 평균값은 시간이 지나도 거의 일정합니다. 그러나 입자들의 위치에 대한 표준편차의 값이 시간이 지남에 따라 점차 증가하는 현상이 데이터에 나타납니다. 이러한 결과를 분석해보고, 시간에 따른 입자들의 분포 그래프가 어떻게 달라지는지 토론해봅시다. 단순히 시뮬레이션의 시각적 현상 관찰을 넘어 확산에 대한 통계적 변화를 데이터에 기반하여 탐구하는 수업 활동과 연계할 수 있습니다. 나아가 아인슈타인에게 노벨상을 안겨준 브라운 운동을 데이터 과학의 맥락에서 시뮬레이션과 함께 분석할 수도 있습니다.

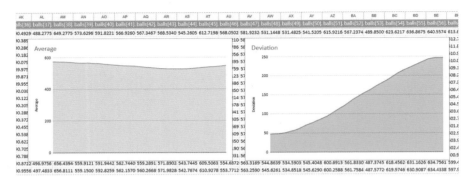

[그림 2-10-35] 무작위 운동 입자계의 위치 데이터 평균과 표준편차

(2) 감염병 전파와 개체군 생태학

앞에서 살펴본 입자계 시뮬레이션은 물리, 화학 분야에서만 사용될 수 있는 것이 아닙니다. 시뮬레이션과 연계한 데이터 기반 탐구를 응용해 다양한 자연현상 그리고 사회적 현상의 통계적 변화까지 살펴볼 수 있습니다. 널리 알려진 예로, 입자계 모델을 바탕으로 분석한 감염병 확산 모형이 있습니다. 입자의 충돌을 사람 간의 접촉으로 간주하고 이러한 접촉이 발생한 경우 일정한 확률로 감염이 되도록 설계하여, 각종 의료 통계 예측을 위한 자료로 활용이 가능합니다.

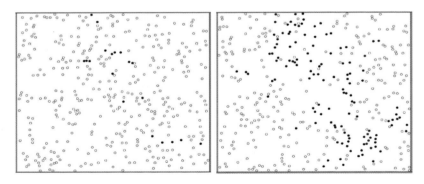

[그림 2-10-36] 입자 충돌 모델로 설계한 감염병 전파 모델(검정색 입자: 감염자)

[수학적 모델링 및 다양한 현상 분석]

또한 환경과의 관계 속에서 개체군의 변화를 연구하는 개체군 생태학이나 인구의 변화를 분석·예측하는 인구통계학과도 밀접한 관련이 있습니다. [그림 2-10-37]의 그 래프를 분석하고 어떠한 특성을 지닐 때 이와 같은 수학적 모델이 나타나는지 토론하 는 활동을 동반한다면, 학생들은 단순히 데이터를 스쳐 지나가지 않고 그 결과를 곱씹 어볼 수 있습니다. 그리고 이 과정에서 시그모이드(Sigmoid) 함수의 수학적 특성을 생 각해보고, 인구학이나 한계성장곡선 등 다양한 영역과의 관계까지 학생들은 융합적 사고를 하게 됩니다.

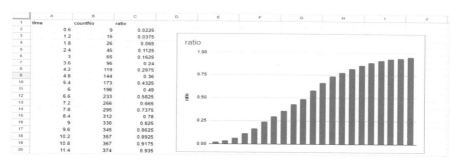

[그림 2-10-37] 시간에 따른 감염 확산 추이

우리는 텐서(Tensor)와 같은 복잡한 데이터나 심각한 텍스트 코딩 없이, 구글 스프 레드시트의 기능들을 이용하여 상당히 많은 교육 활동들을 설계할 수 있었습니다. 무 엇보다 교육 현장에서 교사나 학생들이 데이터를 다룰 때, 코딩이나 추상적 개념들이 주된 사용 장면이 되지 않고 데이터 자체를 시각적으로 바라보면서 그대로 조작할 수 있다는 것이 큰 장점일 것입니다. 프레젠테이션이나 일반 텍스트 문서에 편향되어 있 는 공유 문서 협업을 넘어, 데이터 기반의 협업 활동을 촉진하기에 구글 스프레드시트 는 매우 유용합니다. DB 구축을 통한 문서 간 상호작용, 자동화봇 및 시뮬레이션과 연 계한 데이터 탐구는 앞으로 교육 현장에 새로운 탐구방법과 함께 고민거리도 제시할 것입니다. 하지만 이러한 고민거리가 동력원이 되어 현장의 많은 교사 여러분이 더 나 은 미래 교육의 방향을 모색할 수 있길 기대해봅니다.

더 알아보기! Sigmoid 함수

S자 모양의 곡선을 띠는 함수로 로지스틱(Logistic) 함수, erf(오차 함수), tanh, gd(구데르만 함수) 등이 있습니다. 인공 뉴런의 활성화 함수에 자주 사용되며, 통계학에서도 로지스틱 분포, 정규 분포, 스튜던트 t분포 등의 누적 분포 함수로도 자주 등장합니다.

– 로지스틱 함수의 기본 형태: $f(x) = \dfrac{1}{1+e^{-kx}}$

– 로지스틱 함수의 변화율(도함수):

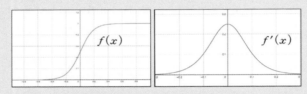

[그림 2-10-38] 로지스틱 함수 $f(x)$와 도함수 $f'(x)$

· $f'(x) = \dfrac{d}{dx}f(x) = f(x)(1-f(x))$, x의 값이 변할수록 변화율이 점차 감소
· 한정된 자원 속 개체군의 성장 모델을 비롯하여 동역학, 통계학, 딥러닝, 생물학 등을 비롯한 다양한 영역에서 사용

CHAPTER 11
들어가며

튜링 테스트(Turing Test). 수학자, 컴퓨터 과학자이자 암호 해독자였던 앨런 튜링(Alan Turing)이 1950년 제안한 테스트로, 기계가 얼마나 인간과 유사하게 대화를 나눌 수 있는지 평가하는 시험을 말합니다. 과연 기계가 정말로 인간의 언어를 이해하고 인간과 자연스럽게 의사소통을 할 수 있을까요?

오늘날 다양한 연구 덕분에 자연어 처리(NLP, Natural Language Processing)는 날로 발전해왔으며, 이러한 연구 성과에 힘입어 챗봇 또한 놀라운 성능을 보이면서 많은 주목을 받고 있습니다. 근래 오픈 AI에서 공개한 ChatGPT(Generative Pre-trained Transformer)는 단순 정보 기반의 문답을 넘어 인간의 심리를 관통하는 대화가 가능하다는 평가까지 받으며 폭발적인 관심을 끄는 중입니다.

이러한 시대적 기술 변화에 발맞춰, 본 영역에서는 단비(Danbee) 챗봇을 이용한 블록 코딩 기반의 교육용 챗봇 설계 및 활용 수업에 대하여 살펴보겠습니다. 이를 통해 앞으로 도래할 인공지능 시대에 우리가 나아가야 할 방향을 교육과 함께 고민해보고자 합니다.

11 단비로 역사 인물 소환 챗봇 설계하기

교과 활용 팁	교과 융합: 교과 선생님의 페르소나(Persona)를 담은 챗봇 만들기, 채팅 데이터 기반의 학생 언어 습관을 반영한 챗봇 설계 역사: 역사적 인물 조사하고 챗봇으로 소환하기 과학: 과학사 속 인물과 대화하며 과학적 업적 및 개념 학습

1. 단비 챗봇 소개

1) 단비 챗봇 살펴보기

단비(Danbee) 챗봇은 블록코딩을 기반으로 쉽게 교육용 챗봇을 설계할 수 있는 온라인 플랫폼입니다. 별도의 설치 과정이 없으며 회원 가입을 통해 웹상에서 직접 설계 및 테스트가 가능합니다.

[그림 2-11-1] 에이아이런(ailearn) 홈페이지

단비 챗봇을 이용하면 복잡한 텍스트 코딩을 사용하지 않고도 다양한 교육용 챗봇을 설계할 수 있습니다. 기본적인 인사를 나누는 챗봇에서 시작해 학교 소개, 수업과 관련된 개념 소개하기, 교육적 질문에 답변하기, 챗봇 속에서 다른 친구들의 다양한 의견 살펴보기 등 수업 상황과 연계한 교육 활동에 활용이 가능합니다. 또한 직접 수집한 데이터 기반의 챗봇 설계를 통해 학생들의 데이터 리터러시를 기르고, 누적된 데이터를 통해 챗봇의 답변이 더욱 다양해지도록 성능을 향상시킬 수도 있습니다.

단비의 교육 챗봇 홈페이지 에이아이런(ailearn.co.kr)에 방문하여 무료체험 신청을 하면 30일간 사용이 가능하며, 선생님 로그인 버튼을 통해 접속할 수 있습니다. 접속하면 관리하는 교육과정에 속한 학생들 정보와 함께 공지 및 문의, 에이아이런 수업에 관한 교실 정보가 나타납니다.

[그림 2-11-2] 에이아이런(ailearn) 새 챗봇 생성 화면

화면 좌측 상단의 실습 버튼을 선택하면 현재 개발 중이거나 완성된 챗봇들 목록을 볼 수 있으며, 아직 개발 중인 챗봇이 없는 경우 새 챗봇 생성 버튼을 선택하여 샘플 챗봇이나 빈 챗봇을 생성할 수 있습니다. 빈 챗봇 생성 시 챗봇의 이름과 함께 어떤 목적의 챗봇인지 알려주는 카테고리를 설정하고 챗봇에 대한 설명을 간단히 작성해주세요.

2) 챗봇 카테고리 설정하기

챗봇 카테고리	
문화 예술, 디자인	장난감, 놀이
TV, 영화	스포츠, 레저
음악 엔터테인먼트	행사, 이벤트
자동차, 교통	취미
금융, 경제	법률, 부동산
쇼핑	IT
기관, 단체	과학, 기술
입사, 취업, 창업	종교
교육	스타일, 패션, 뷰티
음식, 음료	여행, 여가
건강, 의료	기타

[그림 2-11-3] 챗봇 이름 및 카테고리 설정 메뉴

여러분의 교육 활동을 도와줄 챗봇이 처음으로 생성되었습니다. 이제 간단한 예제를 따라 해보면서 교육적 담화를 위한 챗봇 설계에 관해 구체적으로 알아보겠습니다.

[그림 2-11-4] 챗봇 생성 완료 시 화면

2. 단비로 학습용 챗봇 설계하기

1) 예제를 통해 챗봇 설계하기

(1) 시작 메시지 만들기

　사람과의 첫 만남에서 시작되는 담화는 인사입니다. 실습 화면에서 왼쪽 챗봇 제작 메뉴의 시작 메시지를 선택해봅시다. 스크롤을 아래로 내려 메시지 항목 살펴보면 사용자가 설정하기 전 기본적인 인사말이 입력된 것을 확인할 수 있습니다. 여기에 입력된 문장을 바꾸어 챗봇 시작 시 제시될 나만의 첫 인사말을 작성하고, 아래의 저장 버튼을 눌러줍니다. 바꾼 기본 메시지가 챗봇에서 잘 출력되는지 확인하기 위해 화면 우측 상단의 테스트 버튼을 눌러 대화 창을 불러옵니다.

[그림 2-11-5] 시작 메시지 설정

　　대화 창에 바꾼 기본 메시지가 잘 출력되는 것을 확인할 수 있습니다. 혹시 바꾼 메시지가 잘 출력되지 않는다면 저장 버튼을 누르고 [그림 2-11-6]과 같이 오른쪽 맨 위의 새로고침 버튼(❶)을 선택해봅시다. 저장 버튼을 누르지 않아 변경된 사항이 챗봇에 반영되지 않는 경우가 종종 발생하니, 잊지 말고 저장 버튼을 잘 눌러줍니다. 웹에서 보기 버튼(❷)을 선택하면 웹 창에서 더 큰 화면으로 볼 수도 있습니다. 다양한 기능을 포함한 후 이러한 것들이 잘 작동하는지 확인하기 위해 이렇게 테스트 대화 창과 웹에서 보기 버튼을 활용합니다.

[그림 2-11-6] 시작 메시지 테스트 대화 창

테스트 대화 창에서 챗봇의 시작 메시지에 답장을 하면 어떻게 될까요? 실패 메시지 (Default-fallback)와 함께 "알아듣지 못했을 때 나오는 메시지입니다"라는 문구가 나타날 겁니다. 챗봇이 시작 인사말은 배웠지만 아직 우리의 말을 충분히 알아듣지는 못하는 것 같습니다. 이렇게 사람의 대화를 제대로 인식하지 못하였을 때 보다 자연스러운 답변을 할 수 있도록 설정해봅시다.

(2) 실패 메시지 만들기

실습 화면 왼쪽의 챗봇 제작 메뉴에서 실패 메시지를 선택해봅시다. 스크롤을 아래로 내려 메시지 유형 항목을 보면 간단 메시지 체크 표시와 함께 실패 메시지 예시가 입력된 것을 확인할 수 있습니다. 입력된 예시 문장을 바꾸어 보다 자연스러운 실패 메시지 반응을 만들고 저장 버튼을 눌러줍시다.

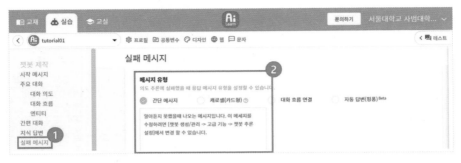

[그림 2-11-7] 실패 메시지 설정

비슷한 방법으로 화면 우측 상단의 테스트 대화 창을 열고 설정한 실패 메시지가 잘 출력되는지 확인해봅시다. '안녕'이라는 인사말을 입력하고 실패 메시지가 나타날 때, 사용자가 입력해준 실패 메시지 답변이 잘 제시되는 것을 확인할 수 있습니다. 그러나 처음보단 조금 더 자연스럽지만 여전히 다른 말들을 입력하더라도 계속 알아듣지 못하였다는 반응이 반복적으로 나타납니다. 다음에는 이를 해결하기 위해 사용자가 작성한 말의 의도를 알아들을 수 있게 '대화 의도'를 설정해보겠습니다.

[그림 2-11-8] 실패 메시지 테스트 대화 창

(3) 대화 의도 생성하기

[표 2-11-1] 주요 대화 속 기능 요약

주요 대화 기능	설명
대화 의도	사용자의 입력 문장을 통해 대화의 의도를 분류
대화 흐름	대화 의도에 따라 복잡한 대화의 흐름을 설계
엔티티(Entity)	개체란 뜻으로 사용자의 말 속 특정 정보를 추출하여 정교한 대화 의도를 알아차릴 수 있게 함 - NER(Named Entity Recognition): 개체명 인식 · 예) 성모는 2023년에 구글로 이직했다. · 여기서 성모-사람, 2023년-시간, 구글-기관(조직)으로 인식되어 의미의 범주가 결정됨

대화 의도는 대화 과정에서 챗봇이 이해하고 대응하길 원하는 방향을 설정하는 부분입니다. 사용자의 입력 문장에 따라 어떤 의도인지 분류할 수 있도록 설정하며, 단순하게 답변할 수도 있고 대화 흐름과 연결하여 보다 정교한 과정을 거치게끔 할 수도 있습니다. 실습 화면 왼쪽의 챗봇 제작-주요 대화에서 대화 의도 버튼(❶)을 선택해봅시다. 대화 의도 생성 버튼(❷)을 선택하면 사용자의 발화를 알아차릴 수 있는 대화 의도 하나가 생성됩니다. 생성된 대화 의도의 이름을 정하고 해당 대화 과정에서 어떠한 예문이 사용될지 예상해 다양한 예문들을 추가하면 챗봇의 대화 의도 인지능력을 높일 수 있습니다.

[그림 2-11-9] 대화 의도 생성 화면

[그림 2-11-10]의 예시와 같이 '인사하기' 대화 의도를 생성해봅시다. 사용자들이 챗봇에게 인사를 걸 때 제시할 것으로 예상되는 예문들을 예문 추가(❷) 부분에 입력합니다. '안녕', '안녕하세요' 등 다양한 인사 예문들을 추가하면 아래 예문 목록에 이들이 등록된 것을 확인할 수 있습니다. 작업 후에는 생성(❸) 버튼을 눌러 작성한 내용들이 지워지지 않도록 저장합니다.

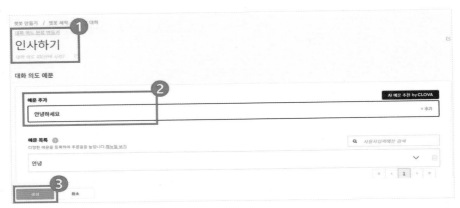

[그림 2-11-10] 대화 의도 예문 추가하기

대화 의도 예문 추가를 통해 예상되는 인사말 입력 목록을 작성했다면, 이번에는 '추론 후 답변' 항목을 작성함으로써 다양한 답변에 대한 출력 목록을 작성합니다. [그림 2-11-11]과 같이 추론 후 답변–간편 답변 작성 부분의 입력 창에 챗봇이 말하게 될 인사말 답변을 작성해봅시다. 추가(+) 버튼을 선택하여 여러 가지 답변들을 등록함으로써 챗봇이 더 다양한 답변을 하도록 하고, 동일한 답변이 반복되는 것을 피하게 설계할 수 있습니다. 저장 버튼을 선택한 후 테스트를 통해 설정한 대화 의도가 잘 작동하는지 확인합니다.

[그림 2-11-11] 대화 의도 추론 답변 작성하기

　　테스트 대화 창에서 대화 의도에 추가한 예문들을 입력하면 챗봇이 대화 의도를 파악하고 그에 맞는 답변들을 제시합니다. 흥미롭게도 자신이 추가한 예문과 반드시 일치하지 않는 문장을 넣더라도, 어느 수준까지는 챗봇이 이를 파악하여 추론 답변을 내놓을 수 있습니다. '안녕하세요'와는 다른 '안녕하', '안녕하니'와 같은 문장들도, 인사하기 대화 의도를 통해 처리되어 답변을 출력하는 것을 볼 수 있으며, 의미가 모호한 경우에도 [그림 2-11-12]의 세 번째 예시와 같이 되물어보면서 대화 의도를 재확인 (Reconfirm)하는 과정을 거칩니다.

[그림 2-11-12] 대화 의도 예시 문답

우리는 첫 번째 예제로 인사하는 챗봇을 만들어보면서 챗봇의 가장 기본적인 요소
들에 대하여 살펴보았습니다. 챗봇과의 담화를 시작하기 위한 '시작 메시지'를 비롯하
여, 대화를 알아듣지 못하였을 때 출력하는 '실패 메시지', 사용자가 작성한 말의 의도
를 파악하도록 하는 '대화 의도'까지. 이제 두 번째 예제를 통해 수업에 활용할 수 있는
챗봇 골격을 위한 요소들을 살펴보면서, 교육용 챗봇 설계를 위한 준비를 해보도록 하
겠습니다.

2) 인물(과학자) 추천 및 탐구 챗봇

(1) 대화 흐름 기능이란

대화 흐름 기능을 활용하여 사용자에게 정해진 항목 중 하나를 추천하는 챗봇을 만
들어봅시다. 대화 흐름이란 사람 간의 대화 속 이야기 흐름처럼, 챗봇과의 이야기 속
흐름을 설정하는 부분입니다. 이야기의 흐름이 시작되려면 상대방의 의도를 알아차
려야 하듯, 대화 흐름을 설계할 때에는 대화 의도와 연결해 주로 활용하게 됩니다.

이번 예제에서는 여러 인물(과학자)들을 제시하고 사용자 선택에 따라 다른 답변을
제공하는 챗봇을 만들겠습니다. 우선 예제 1에서 만든 인사 챗봇을 복제해줍시다.
[그림 2-11-13]과 같이 챗봇 목록에서 예제 1의 인사 챗봇 우측 상단의 점 모양 버튼(❶)
을 클릭하면 메뉴에 설정과 함께 복제 항목이 있습니다. 복제 버튼을 선택하여 ❷와 같이
동일한 챗봇을 복제해줍시다. 복제된 챗봇의 이름과 카테고리도 새롭게 변경합니다.

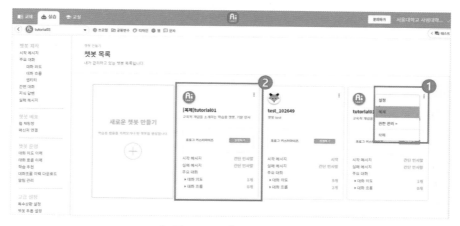

[그림 2-11-13] 챗봇 복제하기

이렇게 복제를 통해 생성된 두 번째 챗봇은 방금 전 만들어둔 인사하기 기능을 그대로 사용합니다. 다만 챗봇의 목적이 조금 달라졌으니 챗봇 제작-시작 메시지에서 처음 사용자에게 제시할 기본 메시지를 변경하여, 본 챗봇이 과학자 추천 봇임을 소개해줍시다.

(2) 대화 흐름 생성하기

[그림 2-11-14] 대화 흐름 생성

주요 대화-대화 흐름 항목에서 대화 흐름 생성 버튼을 선택합니다. 생성할 대화 흐름명을 물어보는데, 연결할 대화의 의도와 흐름을 고려하여 적절하게 설정하면 됩니다. 우선 '과학자 추천'이라고 설정하여 사용자에게 정해진 과학자 중 한 명을 추천하는 흐름을 만들어보겠습니다. [그림 2-11-15]와 같이 생성된 대화 흐름이 목록에 나타난 것을 확인할 수 있습니다.

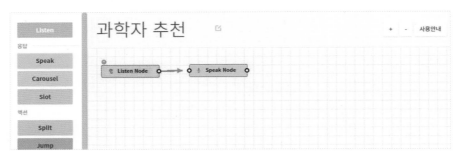

[그림 2-11-15] 대화 흐름 내부 화면

대화 흐름 이름을 클릭하면 Listen Node, Speak Node와 함께 대화 흐름 내부 화면이 나타납니다. 블록 형태로 생긴 여러 Node들에서 단계별로 설계자가 의도하는 대화나 기능이 수행되고, 화살표로 연결하면 그 흐름이 이어집니다. 다양한 Node를 사용하고 단선적이지 않은 흐름을 만들수록 더욱 정교하고 대화에 가까운 챗봇을 제작할 수 있습니다.

[표 2-11-2] Node 메뉴

메뉴		기능
Listen		사용자의 말을 들으면서(Listen) 대화 의도와 대화 흐름을 연결하여 흐름이 시작되도록 함. 대화 흐름에서 1개만 존재
응답	Speak	챗봇이 말을 하도록(Speak) 하는 역할. 이미지, url도 가능
	Carousel	카드 형식으로 여러 가지 선택 옵션을 제시
	Slot	사용자의 답변을 파라미터(Parameter)에 저장
액션	Split	여러 가지 조건에 따라 대화 흐름의 분기가 달라지도록 함
	Jump	파라미터를 다른 대화 흐름으로 연결. 여러 개의 대화 흐름을 작성하면 대화 흐름들을 오갈 수 있음
	Sleep	Node 흐름을 일정 시간 동안 멈춤
개발	Knowledge	지식라이브러리에서 조건에 맞는 값을 추출하여 파라미터에 저장
	Api	API를 사용하여 파라미터에 정보를 입력. ChatGPT 및 구글 스프레드시트와 연동한 데이터 요청·저장·조회 가능
	Function	Text Coding을 이용하여 사용자가 원하는 명령을 제어할 수 있음(사용 언어: Javascript)
	Parameter	Text Coding을 사용하지 않고 파라미터에 데이터 값을 직접 입력

주어진 모든 Node의 기능을 읽고 기억하려 하기보단, 예제에 필요한 일부 Node를 직접 다루어보고 흐름을 완성하면서 그 기능을 습득해봅시다. 우선 기본적인 Node를 연결하여 답변이 잘 출력되는지 확인해보겠습니다. 새로운 Node를 생성하고자 할 때에는 왼쪽 목록 중 하나를 클릭할 수 있고, 이미 만든 Node를 우클릭하여 복제할 수도 있습니다.

(3) 대화 의도와 대화 흐름 연결

[그림 2-11-16] 대화 의도와 대화 흐름 연결 화면 1

Listen Node를 더블클릭하면 Node 편집 화면이 나타납니다. 대화 의도 연결에서 새 대화 의도 생성을 눌러, 현재의 '과학자 추천' 흐름과 연결할 새 대화 흐름을 만들어줍니다. 그러면 대화 의도 메뉴 화면으로 이동하는데, 이렇게 화면이 전환될 때 작업했던 내용이 사라지지 않도록 반드시 '저장하며 이동' 버튼을 눌러줍시다.

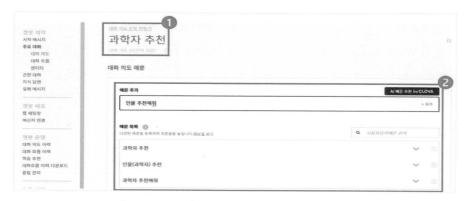

[그림 2-11-17] 대화 의도와 대화 흐름 연결 화면 2

기존의 대화 의도 설정과 동일하게 대화 의도의 이름을 정하고, 예상되는 예문들을 추가하여 예문 목록을 만들어봅시다. 다음으로 스크롤을 내려 '추론 후 답변' 항목을 작성하면서, '간편 답변' 대신 '대화 흐름에 연결'에 체크 표시를 해줍니다. 하지만 아직은 대화 흐름이 목록에 뜨지 않으며, 대화 의도를 먼저 저장해야만 대화 흐름과 연결할 수 있다는 메시지가 표시되어 있습니다. 따라서 아래 생성(❷) 버튼을 눌러 대화 의도를 만든 후 [그림 2-11-18]과 같은 대화 흐름이 나타나게 합니다. '과학자 추천' 대화흐름과 연결 후 다시 저장 버튼을 눌러줍시다. 여기까지 잘 되었다면 이제 성공적으로 대화 의도와 대화 흐름을 연결하신 겁니다.

[그림 2-11-18] 대화 의도와 대화 흐름 연결 화면 3

이제 다시 대화 흐름으로 돌아와 Node들을 통해 흐름도를 만들어봅시다. 자신의 의도에 맞게 주어진 Node를 선택하고 이를 연결하여 흐름을 완성하는 과정은 절차적 사고(Procedural Thinking) 관련 경험을 제공하고, 더불어 추상화와 알고리즘 설계 역량을 기르게 해줍니다. 문제 해결을 위한 탐구를 설계하듯 우리의 목적을 위한 챗봇 흐름도를 함께 설계해보고 다양한 Node의 활용법을 익혀봅시다.

(4) 분기점 활용해 대화 흐름 설계하기

우리는 사용자 반응에 따라 다른 답변이 도출되도록 대화 흐름에서 분기점을 만들어볼 겁니다. 우선 Slot Node를 클릭하여 흐름도 안에 새로운 Node를 추가해줍니다.

사용자가 답한 내용을 '파라미터'라는 곳에 저장해야 반응에 따른 효과적인 처리를 할 수 있으므로, Slot Node 안에 새로운 파라미터를 추가해보겠습니다. 이때 '파라미터'는 변수(Variable)와 같이 변화하는 값들을 저장하는 공간의 역할을 합니다. 추가된 'Slot Node1'을 더블클릭하여 편집 화면을 띄우고 + 질문 추가 버튼을 눌러줍시다.

질문이 추가되면 [그림 2-11-19]와 같이 + 파라미터 추가(❶)를 눌러주고, 새로운 파라미터의 이름을 설정(❷)합니다. 사용자의 반응을 저장하기 위한 파라미터이니 '사용자반응'이라는 이름으로 설정해봅시다. 파라미터를 세션 파라미터(❸)로 설정하면 대화 흐름이 종료된 이후에도 사용할 수 있습니다. 다양한 활용을 원한다면 세션 파라미터로 설정해줍시다.

[그림 2-11-19] Slot Node와 파라미터 추가

파라미터가 추가되었으니 이제 사용자가 선택할 수 있는 버튼 메뉴를 만들어보겠습니다. [그림 2-11-20]과 같이 우선 '무조건 물어보기'(❶)를 체크한 후 아래 + 버튼 추가(❷)를 통해 챗봇이 추천할 과학자 후보를 작성해줍시다. 그러면 오른쪽 '미리 보기' 화면에 추천 과학자 목록 버튼이 나타나는 것을 확인할 수 있습니다. 추천 과학자를 모두 작성하였으면 적용 버튼을 눌러 Slot Node를 닫아줍시다. 이렇게 만들어진 Slot Node 덕분에 사용자는 서술식 답변뿐만 아니라 버튼 방식의 예시 답안도 고를 수 있습니다. 그리고 이 답변은 우리가 설정해둔 '사용자반응' 파라미터에 저장됩니다.

[그림 2-11-20] Slot Node 속 버튼식 답변 추가

다음으로 '사용자반응' 파라미터에 저장된 값에 따라 다른 분기점이 나타나도록 Split Node를 사용해보겠습니다. [그림 2-11-21]과 같이 Split Node(❶)를 클릭하고 추가된 'Split Node1'(❷)의 편집 화면에서 '+ 조건 추가'(❸)를 선택합니다.

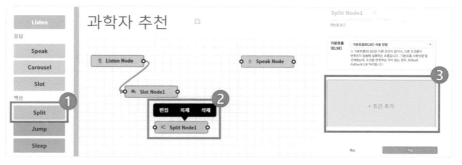

[그림 2-11-21] Split Node와 조건 추가

조건이 추가되면 [그림 2-11-22]의 ❶처럼 받은 메시지를 누르고, 세션 파라미터– '사용자반응'을 선택해줍니다. 그리고 앞에서 추천한 과학자들의 이름을 조건값(❷)에 하나씩 작성하며 사용자 답변에 따른 분기 조건들을 만들어줄 수 있습니다. 이번 예

제에서는 간단히 '==(같다)'는 조건을 이용하여, '아인슈타인', '보어', '멘델', '베게너'에 대한 4가지 분기를 만들어줍시다. 조건 작성이 끝나면 적용 버튼을 눌러 저장해주세요.

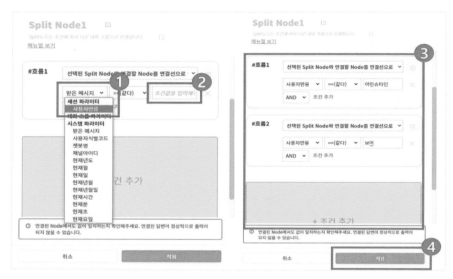

[그림 2-11-22] Split Node 속 조건 설정

[그림 2-11-23]의 ❶과 같이 'Slot Node1'에서 'Split Node1'로 흐름을 연결합니다. 그리고 Split Node1 분기점에서 나뉜 답변을 제시하기 위해 Speak Node(❷)를 설정해줍니다. 편집 화면에서 '⊕ 파라미터 본문 입력'(❸)을 누르고 목록의 '사용자반응[sys.any]'을 선택하면, Message 창에 #{사용자반응}(❹)이 추가된 것을 확인할 수 있습니다. #{사용자반응} 파라미터를 통해, 사용자의 답변이 달라져도 항상 같은 답변만 하는 현상을 피하고 좀 더 자연스러운 대화의 첫걸음으로 나아갈 수 있습니다. 적용 버튼을 눌러 Speak Node의 설정을 저장하고 'Split Node1'에서 'Speak Node'로 연결하여 흐름을 연결합니다.

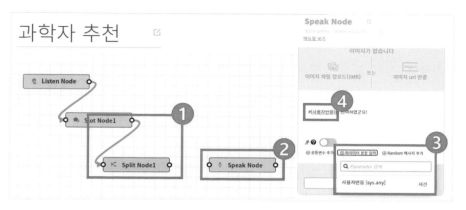

[그림 2-11-23] Speak Node 속 파라미터 본문 입력

이제 마지막 설정을 점검하고 챗봇이 잘 작동하는지 테스트를 해보겠습니다. [그림 2-11-24]처럼 'Split Node1'(❶)의 편집 화면에서 '아인슈타인'에 연결된 #흐름1(❷)을 눌러 목록의 'Speak Node'를 선택합니다. 그리고 화면 아래의 저장(❸) 버튼을 선택하고 화면 우측 상단의 테스트를 눌러줍니다. 저장 버튼을 누르지 않고 테스트를 진행하면 새롭게 설정한 내용들이 반영되지 않으니, 반드시 테스트 전에 대화 흐름 전체 저장을 눌러주세요.

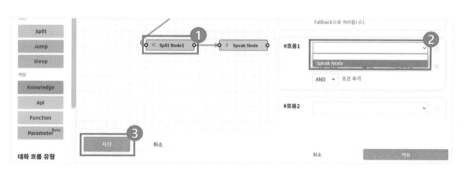

[그림 2-11-24] Split Node 흐름1 설정 후 대화 흐름 저장

테스트 창에서 챗봇 시작 메시지가 등장합니다. 챗봇에게 인사말을 건네면 '인사하기' 대화 의도를 통해 인사말 답변이 돌아옵니다. 예제 2 처음 부분에 예제 1의 챗봇에

서 복제하였던 기능이 잘 작동하는 것을 확인할 수 있습니다. 대화 흐름_'과학자 추천'을 불러오기 위해 대화 의도_'과학자 추천'에서 등록한 예문을 입력해봅시다. '인물 추천해줘', '과학자 추천해줘' 등과 같이 사전에 등록된 예문을 입력하면, [그림 2-11-25]의 ❷와 같이 챗봇이 대화 의도를 알아차리고 과학자를 추천하는 대화 흐름으로 연결되는 것을 볼 수 있습니다. Slot Node에 의해 제시된 과학자 중 한 명을 선택해 버튼 답변을 하면, #{사용자반응} 파라미터가 사용자의 답변을 저장했다가 Speak message에 ❸과 같이 출력하는 것을 확인할 수 있습니다. 대화 의도의 예문을 다시 입력해줌으로써 다른 과학자 추천과 선택을 이어나갈 수 있습니다.

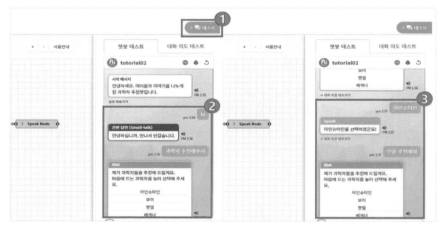

[그림 2-11-25] 예제 2 중간 테스트

그런데 아직 '아인슈타인'에 대한 Speak Node만 설정했기에 다른 선택을 하는 경우에는 오류(Error) 메시지가 발생합니다. 나머지 선택지에 대한 Speak Node들까지 만들고 Split Node와 연결한 후, [그림 2-11-26]과 같이 #흐름2·3·4의 설정까지 완료해줍시다. 이때 Speak Node를 새롭게 추가하는 것보다, 기존 '아인슈타인' Speak Node를 클릭하여 '복제' 후 내용을 변경하면 더욱 편리하게 완성할 수 있습니다. 여기서 Speak Node들의 이름을 변경해주면 선택 분기 흐름을 한눈에 알아보기 쉽습니다.

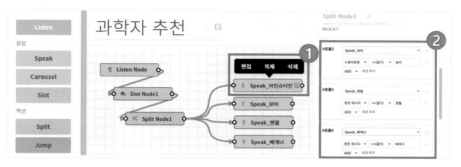

[그림 2-11-26] 분기점별 Speak Node 연결 설정

Speak Node의 출력 Message에서 #{사용자반응}만을 제시하는 것이 단순하게 느껴진다면, 보다 다양한 답변을 만들어봅시다. Message 안에서의 텍스트 변화를 넘어다양한 형태의 피드백을 제공할 수도 있습니다. 이미지 url 연결(❶)을 통해 해당 인물관련 사진을 제시할 수 있으며, [그림 2-11-27]의 ❷와 같이 버튼 추가에서 Web Link를 걸어 인물의 생애 및 관련 교과 웹사이트를 방문할 수 있도록 설정하는 것도 가능합니다.

[그림 2-11-27] Speak Node에서 이미지, Web Link 버튼 추가

[그림 2-11-28] 예제 2 웹에서 테스트하기

3. 챗봇으로 역사적 인물 소환하기

앞서 배웠던 예제와 같이 인물을 통해 수업을 시작하고 여러 가지 선택지와 웹 자료를 활용하는 수업 초대 방법은 과학 교과뿐만 아니라 다양한 영역에서 사용이 가능합니다. 챗봇과 함께 인물을 통한 교과 영역의 역사적 과정에 대한 학습과 더불어, 역사적 위인들이 겪었던 고민, 탐구 맥락, 다른 학자들과의 논박 등을 살펴보는 것은 학문의 실천 전통(Practice)에 대한 초대로 이어집니다. 이번 실습에서는 보다 다양한 기능과 흐름을 사용하여, 현재 만나볼 수 없는 역사적 인물을 소환하고 대화를 나눌 수 있는 챗봇을 설계해보겠습니다.

1) 인물 챗봇 설계를 위한 탐색

(1) 인물의 삶 탐색 및 관련 데이터 수집

수업에서 역사적 인물을 챗봇으로 소환하기 위해 먼저 인물의 삶을 조사합니다. 수업 활용 시 교과 단원에 적합한 인물을 각자 조사하고, 발표 및 공유한 내용들을 바탕으로 인물 챗봇을 설계할 수 있습니다. 혹은 모둠별로 다른 인물을 조사한 후 해당 인물의 삶과 업적, 고난 및 극복 과정을 소개함으로써 수업으로 초대할 수도 있습니다. 본 챕터에서는 통계역학의 개척자 루트비히 볼츠만을 예시로 과학자의 삶을 조사하고 그를 챗봇으로 불러보겠습니다. 이를 통해 추상적이고 어렵게 느껴질 수 있는 열·통계 물리 관련 교과 내용과 현상을 보다 친근하고 담화 기반 형태로 도입할 수 있습니다.

우선 인물(볼츠만)의 삶에 관한 탐색과 함께 챗봇 설계에 관한 흐름도를 구상해봅니다. 아래와 같이 3가지 영역으로 구분된 대화 흐름을 만들고, 사용자의 대화가 각 대화 흐름으로 연결될 수 있도록 대화 의도를 연결해줄 것입니다. 인물의 특색에 따라 자유롭게 대화 흐름의 종류와 수를 조절하여, 수업 내용에 자연스러운 초대가 이루어지도록 수정할 수 있습니다.

- 삶: 인물의 생애 탐구
- 주요 업적: 학문적 성과, 결과
- 탐구 과정: 업적을 이루는 과정 및 고난 극복 과정 등

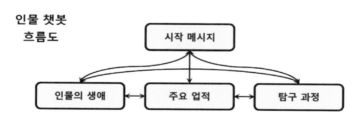

[그림 2-11-29] 인물 챗봇 흐름도

이전 챕터에서 만든 챗봇을 복제하여 인물 챗봇으로 수정해보겠습니다. 앞에서 배운 방법과 동일한 방법으로 챗봇을 복제하고 이름 및 카테고리를 설정합니다. 단비 챗봇에 어느 정도 익숙해졌다면, 새로운 빈 챗봇을 생성한 후 인사말 대화 의도 및 흐름 등을 직접 작성해도 좋습니다.

2) 역사 인물 소환 챗봇 제작

(1) 흐름도 간의 연결로 단순 대화에서 벗어나기

[그림 2-11-30]과 같이 빈 '첫 인사' 대화 흐름을 만든 후(❶) 인사하기 대화 의도와 연결합니다(❷). 시작 메시지에서 '첫 인사' 대화 흐름 연결을 선택해주면(❸) 챗봇 처음 등장 시 해당 대화 흐름으로 이동합니다. 역사 인물 소환 봇의 첫 인사말이 보다 자연스럽게 나오도록 간단 메시지 대신 대화 흐름 속에서 시작 메시지를 출력하고, 인물 생애, 주요 업적, 탐구 과정 등의 대화 흐름을 선택할 수 있도록 만들어보겠습니다.

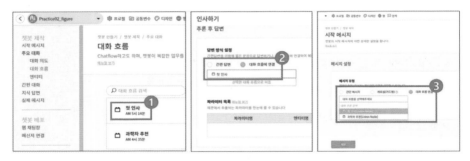

[그림 2-11-30] 첫 인사 대화 흐름 생성 및 시작 메시지와 연결

'첫 인사' 대화 흐름에서 Speak Node를 추가하여 [그림 2-11-31]과 같이 시작 메시지를 작성하고(❶), Slot Node를 추가한 뒤 사용자반응 파라미터를 연결합니다(❷). 사용자가 인물에 관한 세부 탐색을 할 수 있도록 [그림 2-11-31]의 ❸과 같이 각 항목에 대한 버튼을 추가해줍니다. 시작 메시지 출력 시 인물 사진의 url을 추가하면 보다 자연스러운 담화 환경을 제공할 수 있습니다.

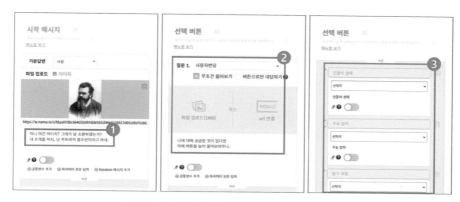
[그림 2-11-31] 시작 메시지 및 선택 버튼 추가

대화 흐름 창에서 시작 메시지 Speak Node와 선택 버튼 Slot Node를 연결하고(❶) 저장합니다(❷). 이상 없이 잘 연결되었다면 [그림 2-11-32]와 같이 테스트 화면에서 시작 메시지와 함께 선택 버튼이 잘 나타나는 것(❸)을 확인할 수 있습니다.

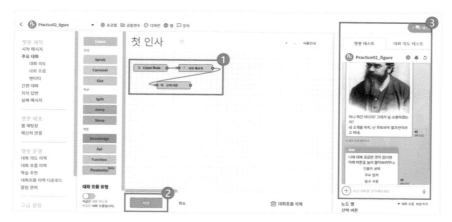
[그림 2-11-32] 시작 메시지, 선택 버튼 연결 후 테스트

Jump Node를 사용하면 선택 버튼을 클릭했을 때 각 내용에 맞는 대화 흐름으로 이 동할 수 있습니다. [그림 2-11-33] ❶ 부분의 Jump Node를 추가하고 각 Node의 이름을 인물의 생애, 주요 업적, 탐구 과정으로 설정합니다(❷). 그리고 선택 버튼 Slot Node

안에서 각 버튼을 '선택지–노드 직접연결'로 설정한 뒤(❸), 버튼 이름과 동일한 Jump Node와 연결되게끔 선택해줍니다(❹).

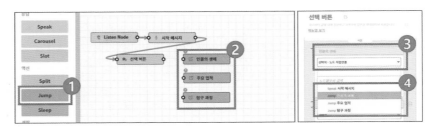

[그림 2-11-33] Jump Node 추가 및 Slot Node 내에서 연결

버튼을 클릭하면 3가지 Jump Node로 연결되도록 설계했지만, 아직 각 Jump Node에서 연결될 대화 흐름들을 만들지 않았습니다. 인물의 생애 대화 흐름을 만들고(❶), 대화 흐름창 안에서 Listen Node를 누른 다음 새 대화 의도를 생성합니다(❷). 동일한 이름으로 대화 의도와 예문을 만든 후(❸) '대화 흐름에 연결'을 선택합시다. 동일한 방법으로 나머지 주요 업적, 탐구 과정 대화 흐름도 생성해 연결합니다.

[그림 2-11-34] Jump Node와 연결될 각 대화 흐름 및 의도 생성

(2) 인물 조사 내용을 바탕으로 전체 흐름도 완성하기

이제 인물 소환 봇을 위한 기본적인 대화 흐름의 틀은 모두 완성되었습니다(❶). 챗봇 흐름도의 설계대로 대화 흐름들이 연결될 수 있게 Jump Node를 클릭하고(❷) 같은

이름의 대화 흐름과 연결합니다(❸). 챗봇 설계에 익숙해진다면 더욱 세분화된 대화 흐름과 전체 흐름도 구조를 만들 수도 있습니다.

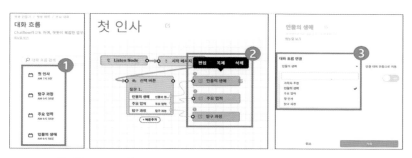

[그림 2-11-35] Jump Node와 연결될 각 대화 흐름 및 의도 생성

인물(볼츠만)의 생애 조사 데이터를 반영한 대화 흐름을 만들어보겠습니다. 생애를 유년, 중년, 말년으로 구분한 예시 흐름도를 따라 하면서, 다양한 인물 특색에 맞는 대화 흐름 설계 아이디어를 고민해봅시다.

[표 2-11-3] 인물의 생애 대화 흐름(예시)

생애 주기	조사 데이터를 바탕으로 작성한 담화 내용
유년	난 오스트리아 제국 시절, 1844년에 빈에서 태어났어. 아버지는 세무 공무원이었고, 어머니는 베를린에서 이주한 시계공이었지. 난 부모님에게 가정에서 초등 교육을 받았고, 15살에 린츠에 있는 고등학교에 입학하였어.
중년	내 중년은 학문적 활동이 활발하던 시기야. 25세가 되는 1869년에 난 그라츠 대학의 이론물리학(수리물리학) 교수가 되었고, 여러 과학자들과 공동 연구를 했지. 1873년에는 빈 대학의 수학 교수로 임용되었다가 1876년 다시 그라츠 대학으로 돌아왔어. 그리고 바로 이 시기에 통계물리학의 기본 개념을 발전시켰단다.
말년	말년에는 빈 대학에 다시 돌아왔는데, 동료 교수들과 친해지지 못했어. 철학, 과학사 교수인 에른스트 마흐와 원자론을 둘러싸고 불편한 관계가 계속되었지. 나 역시 물리학뿐만 아니라 철학을 가르쳤는데, 그래도 내 강의는 꽤나 인기가 많았어. 그 때문에 황제들이 궁전으로 초청하기도 했지.

참고: 위키백과–루트비히 볼츠만(https://ko.wikipedia.org/wiki/루트비히_볼츠만)

인물의 생애 대화 흐름에서 위 담화 내용과 같이 유년, 중년, 말년으로 나누어 이야기할 수 있도록 Slot Node를 사용하여 '생애 주기 선택' Node를 만듭시다. + 버튼 추가로 유년, 중년, 말년 버튼이 나타나도록 만들어줍니다(❶). 그리고 Speak Node를 이용하여 각 시기별 인물의 답변 내용을 출력하도록 흐름을 설계합니다(❷).

[그림 2-11-36] 생애 주기별로 답변하는 대화 흐름 설계

Speak Node의 답변 문장이 너무 길게 느껴진다면, 여러 개의 Speak Node로 쪼개고 메시지 노출 시간을 늘려서 천천히 대화하듯 답변하게끔 만들 수도 있습니다. 각 생애 주기별 답변을 둘 이상으로 쪼개어 설계한 후 생애 주기 선택 Slot Node의 버튼들과 연결해줍니다(❶). [그림 2-11-37]의 ❷는 유년, 중년, 말년이 각 버튼에 연결된 대화 흐름창의 모습입니다.

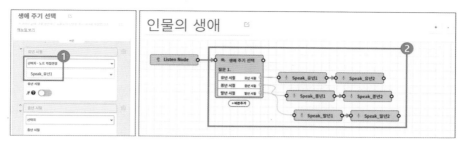

[그림 2-11-37] 생애 주기 선택 버튼과 Speak Node 연결

위와 같이 설계하면 특정 생애 주기에 관해 답변을 받을 수는 있지만, 마지막 Speak Node가 출력되고 나서 다시 선택지 화면으로 돌아갈 수는 없습니다. 마지막에 Speak 가 끝난 후 생애 주기를 선택하도록 하거나, 맨 처음 챗봇 시작 화면으로 갈 수 있도록 '결론 분기' Slot Node를 추가해봅시다. 두 개의 버튼을 추가하고 생애 주기 선택 흐름 으로 가는 경우(❶)와, 처음 시작 화면으로 가는 경우를 만들어줍니다(❷). 이제 Speak 가 끝난 후에 다른 생애 시절을 탐색하거나 맨 처음 시작 메시지로 이동할 수 있게 되 었습니다.

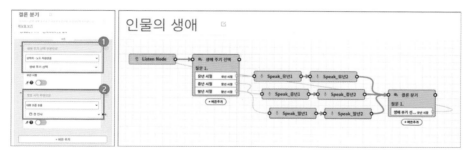

[그림 2-11-38] 결론 분기 및 인물의 생애 대화 흐름 완성 예시

이와 같이 인물 조사 내용을 바탕으로 교과서에서 직접 찾기 어려운 인물 생애 대화 흐름을 만들어보았습니다. 수업 활동에서 보다 교과 내용 지식 및 개념과 연계한 수업 을 하고자 한다면, 주요 업적 대화 흐름을 이용하여 역사적 인물의 학문적 성과를 중심

으로 대화를 설계할 수 있습니다. 담화 기반의 챗봇 환경 속에서 역사적 인물이 직접 자신과 관련된 업적, 과학 이론을 설명해준다면, 학생들은 단순 활자 매체 정보를 습득할 때보다 생동감 있고 살아 있는 학습을 경험하게 될 것입니다.

나아가 학생들이 단순히 과학 지식의 결과만을 암기하는 것을 지양하고, 역사적 탐구 맥락을 들여다보게끔 하고 싶다면 탐구 과정을 적극 활용하기 바랍니다. 과학자의 탐구 방법 및 시행착오, 어려움에 봉착하였을 때 극복한 지혜 등과 인물 소환 챗봇을 연계한다면, 학습자들은 설계 과정뿐만 아니라 완성된 챗봇과의 대화 속에서도 많은 것들을 배우게 될 것입니다.

이처럼 학생들이 직접 조사한 데이터에 기반하여 설계된 챗봇은 수업 활동 전·중·후에 항상 학생들의 학습을 수반하게 됩니다. ChatGPT와 같은 정교한 자연어 담화 챗봇처럼 높은 성능을 이끌어내긴 어렵지만, 블록 코딩만을 이용하여 역사적 인물의 페르소나와 지식이 담긴 챗봇을 만들 수 있다는 것은 상당히 고무적인 일입니다. 아울러 API를 활용한다면 그 성능을 향상시킬 수도 있습니다. 또한 뛰어난 교사의 페르소나와 노하우를 담은 교육 챗봇은 많은 교사들로 하여금 불필요한 교육 노동의 해방을 가져다주고, 본연의 교육 목적에 걸맞은 활동에 집중할 수 있는 여력을 제공할 것입니다. 본 챕터에서 미처 충분히 담지 못한 ChatGPT나 구글 API와 연계한 학생 응답 데이터 관리까지 접목할 수 있는 수준이 된다면, 앞으로 챗봇 활용 수업의 가능성은 더욱 무궁무진해질 것이며 궁극적으로 데이터 기반 맞춤형 교수 학습에 다다를 것이라 생각합니다.

더 알아보기! API를 활용한 챗봇 성능 향상

OpenAI에서 훈련시킨 ChatGPT는 텍스트 기반 담화에서 인간과 같은 반응을 생성할 수 있습니다. 트랜스포머를 활용하여 대량의 데이터를 사전에 학습시킨 생성적 사전 학습 트랜스포머(GPT) 모델로, 그 뛰어난 성능이 세계의 이목을 집중시키고 있습니다. 향상된 검색엔진처럼 질의-응답에 활용하는 것을 넘어, ChatGPT API를 활용한 다양한 응용 프로젝트 설계 및 챗봇 성능 향상 방법을 살펴봅시다.

① OpenAI 계정을 만들고 API Key를 획득합니다.
· platform.openai.com/account/api-keys

② 획득한 API Key를 복사해두고 구글 스프레드시트에서 확장 프로그램의 부가 기능 메뉴를 선택합니다.
· 확장 프로그램-부가 기능-부가 기능 설치하기

③ 'GPT for Sheets and Docs'를 검색하여 설치하고 권한을 허용합니다.

④ 확장 프로그램에 새롭게 추가된 'GPT for Sheets and Docs' 항목에서 Set API Key에 복사한 Key를 입력한 후, Enable GPT functions를 선택합니다.

⑤ GPT() 함수를 이용하여 원하는 요청, 명령 Prompt를 실행합니다.

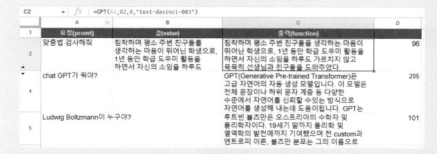

[그림 2-11-39] 구글 시트 속 ChatGPT API 활용

· 입력 형식: GPT(요청, [값], [온도], [길이(max token)], [모델])

단비 챗봇 대화 흐름에서 구글 API Node를 활용하면 구글 시트를 통해 ChatGPT에 질의하고 대화 데이터까지 관리할 수 있습니다. 챗봇 설계에 익숙해진 후에는 이러한 고급 기능까지 활용해 챗봇의 성능 향상에 도전해봅시다.

맺음말

이 책에 나온 모든 프로그램을 차례대로 해보셨다면 6~7가지 프로그램을 사용해 보신 것입니다. 혹시 적용해보면서 '굳이 이렇게까지 해야 하나?'라는 생각을 하지는 않으셨나요?

교육은 백년지대계라는 말이 있는 것처럼 일반적으로 다른 어느 분야에 비해도 변화가 느린 편이었습니다. 하지만 세계적인 패러다임의 변화는 우리 교육에도 인공지능이나 IoT와 같은 첨단 기술의 바람의 몰고 왔습니다. 거기에 코로나19 상황으로 이 바람은 더욱 거세졌습니다.

이제까지 느끼던 교육의 변화 속도와 이번은 좀 다른 것 같습니다. 정부 주도하에 급격한 변화가 일어나고 있기 때문입니다. 2022 개정 교육과정이나 디벗 사업, 지능형 과학실, 인공지능 서술형 평가, 인공지능을 이용한 맞춤형 수업, 챗봇까지 너무 많은 변화가 예상되고 있습니다. 2년 후부터 적용되는 2022 개정 교육과정 교과서를 받아보는 많은 선생님들께서는 '내가 어떻게 이걸 가르칠 수 있을까?'라는 고민을 하실지도 모르겠습니다.

게다가 요즘 가장 뜨거운 화두인 ChatGPT의 등장은 교육계를 흔들어놓았습니다. 이제까지 하던 평가를 모두 바꿔야 할지 모릅니다. 이제까지 매우 중요하다고 여기던 글쓰기, 정보 수집 및 변형, 분석 등이 클릭 몇 번으로 표절 검사도 피해갈 만큼 완벽하게 가능하기에 평가의 목적과 개념, 방법이 전부 흔들릴지도 모르는 것이 현재 우리 모습입니다. 텍스트만 다루는 지금 수준의 ChatGPT도 놀라운데, 시간이 흐르면서 더욱 발전하여 이미지, 영상 등을 모두 다룰 수 있다면 엄청난 일이 벌어질지도 모릅니다. 그렇다면 과연 지금 하는 교육은 무슨 의미가 있을까요?

우리에게 친근한 수학으로 예를 들어보겠습니다. 수학은 매우 중요한 과목입니다. 계산기가 나왔을 때도, IBM이 나왔을 때도 더 이상 수학을 배울 필요가 없다고 말하는 사람이 있었을 것입니다. 하지만 양자컴퓨터 이야기가 나오는 지금도 여전히 수학은 중요한 과목입니다. 수학을 가르치는 방법과 내용은 변했지만 수학은 여전히 가르치고 있습니다. 왜냐하면 수학을 학습하면서 학생들이 사고력, 논리력, 추리력 등 기초적인 역량을 키울 수 있기 때문입니다.

이 책의 각 장들은 변하지 않는 단단한 학문의 본질을 지키면서도, 혁신의 바람 위에 살짝 얹혀 교사와 학생 모두 목적지에 더욱 쉽고 정확하게 갈 수 있도록 돕기 위해 구성되었습니다. 마치 알라딘의 마법 양탄자처럼 말입니다. ChatGPT가 수고롭지 않게 만들어줄 수도 있지만, 학생들과 선생님이 각 교과의 문제를 해결하기 위해 직접 코딩을 해보면서 알고리즘을 구성하고 문제를 분석하며 Computing Thinking, Critical Thinking을 키워야 합니다. 처음에는 낯설고 어렵겠지만 한 장 한 장 따라 하다 보면 어느새 이 책에서 다룬 여러 프로그램을 응용할 수 있는 수준에 오를 것입니다. 미래 교육을 향한 선생님의 전문성 함양에 저희의 작은 노력이 도움이 되었길 바랍니다.

참고 문헌

American Association of School Librarians, & Association for Educational Communications (1998). Information Power: building partnerships for learning. American Library Association.

American Library Association (2000). Information literacy competency standards for higher education.

Athanases et al. (2013) Athanases, S. Z., Bennett, L. H., & Wahleithner, J. M. (2013). Fostering data literacy through preservice teacher inquiry in English language arts. The Teacher Educator, 48(1), 8-28.

Bawden, D. (2001). Information and digital literacies: a review of concepts. Journal of documentation.

Breivik, P. S. (2005). 21st century learning and information literacy. Change: the magazine of higher learning, 37(2), 21-27.

Carlson, J., Fosmire, M., Miller, C. C., & Nelson, M. S. (2011). Determining data information literacy needs: A study of students and research faculty. portal: Libraries and the Academy, 11(2), 629-657.

Deahl, E. (2014). Better the data you know: Developing youth data literacy in schools and informal learning environments. Available at SSRN 2445621.

EDUCAUSE (2022). 2022 EDUCAUSE Horizon Report Teaching and Learning Edition.

Eisenberg, M. B., & Berkowitz, R. E. (1988). Curriculum Initiative: An Agenda and Strategy for Library Media Programs. Ablex Publishing Corp., 355 Chestnut St., Norwood, NJ 07648-9975.

Ferrari, A. (2012). Digital competence in practice: An analysis of frameworks. Sevilla: JRC IPTS, 10, 82116.

Gašević, D., S. Dawson, and G. Siemens (2015). "Let's Not Forget: Learning Analytics Are About Learning." TechTrends 59 (1): 64–71. doi:10.1007/s11528-014-0822-x.

Gilster, P., & Glister, P. (1997). Digital literacy (p. 1). New York: Wiley Computer Pub..

Hobbs, R. (2010). Digital and Media Literacy: A Plan of Action. A White Paper on the Digital and Media Literacy Recommendations of the Knight Commission on the Information Needs of Communities in a Democracy. Aspen Institute. 1 Dupont Circle NW Suite 700, Washington, DC 20036.

JISC (2014), Developing digital literacies, Rettrieved from www.jisc.ac.uk/full-guide/developing-digital-literacies

Livingstone, S., M. Stoilova, and R. Nandagiri. in press (2020). Data and Privacy Literacy: The Role of the School in Educating Children in a Datafied Society Wiley Blackwell Handbook on Media Education Research. Oxford: Wiley Blackwell.

Mandinach, E. B., & Gummer, E. S. (2013). A systemic view of implementing data literacy in educator preparation. Educational Researcher, 42(1), 30-37.

Masschelein, J., & Simons, M. (2015). Education in times of fast learning: the future of the school. Ethics and Education, 10(1), 84-95.

Mayer-Schönberger, V., & Cukier, K. (2013). Big Data: die Revolution, die unser Leben verändern wird. Redline Wirtschaft.

McDonough, A. M. (1963). Information economics and management systems. Washington, D.C: AGRIS.

OECD (2022). Reinforcing and innovating teacher professionalism: Learning from other professions. OECD Education Working Papers, 276. doi.org/10.1787/ 117a675c-en

Otto, J. L. (2012). Assessing and improving data literacy: A study with urban and regional planning students. PNLA Quarterly, 76(4), 5-23.

Qin, J., & D'Ignazio, J. (2010). Lessons learned from a two-year experience in science data literacy education. International Association of Scientific and Technological University Libraries 31st Annual Conference, 188-204.

Ridsdale, C., Rothwell, J., Smit, M., Ali-Hassan, H., Bliemel, M., Irvine, D., ... & Wuetherick, B. (2015). Strategies and best practices for data literacy education: Knowledge synthesis report.

Shields, M. (2005). Information literacy, statistical literacy, data literacy. IASSIST quarterly, 28(2-3), 6-6.

Tedeschi, L. O. (2019). ASN-ASAS SYMPOSIUM: FUTURE OF DATA ANALYTICS IN NUTRITION: Mathematical modeling in ruminant nutrition: approaches and paradigms, extant models, and thoughts for upcoming predictive analytics. Journal of animal science, 97(5), 1921-1944.

UNESCO (2018). A Global Framework of reference on Digital Literacy Skills for indicator 4.4.2, UNESCO Institute for Statistics.

UNESCO (2021). Reimagining our futures together: A new social contract for education. Educational and Cultural Organization of the United Nations. Pelletier, K., McCormack, M., Reeves.

Zins, C. (2007). Conceptual approaches for defining data, information, and knowledge. Journal of the American society for information science and technology, 58(4), 479-493.

교육부 (2015). 2015 개정 교육과정 총론.

교육부 (2022). 2022 개정 교육과정 총론.

김성범, & 강성현 (2016). 제4차 산업혁명을 주도하는 데이터 사이언스. ie 매거진, 23(3), 9-13.

김수진, & 이문수 (2015). ICILS 2013 컴퓨터.정보 소양에 영향을 미치는 요인 비교. 교육평가연구, 28, 1423-1446.

김영환, 김우경, & 박지숙 (2021). 키워드 네트워크 분석을 활용한 디지털 리터러시 연구 동향 분석 2011-2015년과 2016-2020년 비교분석. 리터러시연구, 12(4), 93-125.

김종윤, 오은하, & 김희동 (2017). 초등학생의 디지털 리터러시 활동 실태 조사 연구. 국어교육학연구, 52(2), 176-213.

노은희, 신호재, 이재진, 정현선 (2018). 디지털 리터러시 실태조사 연구. 한국교육과정평가원.

배경재, & 박희진 (2013). 디지털 정보활용교육 운영실태 및 개선방안 연구. 한국도서관·정보학회지, 44(2), 241-265.

배화순 (2019). 데이터 리터러시의 사회과 교육적 함의. 시민교육연구.

손미현, 정대홍, & 손정우 (2018). 지식정보처리역량 관점에서 중학생들의 과학탐구활동 어려움 분석. 한국과학교육학회지, 38(3), 441-449.

이애화 (2015). 디지털 리터러시 교육을 위한 디지털 역량의 개념적 특성과 한계. 교육문화연구, 21(3), 179-200.

임종섭 (2015). 데이터리즘. 서울: 커뮤니케이션북스.

한국과학창의재단 (2021). 지능형 과학실 구축운영 도움자료.

허주, 이동엽, 김소아, 이상은, 최원석, 이희현, 김갑성 (2018). 교직환경 변화에 따른 교원 정책 혁신 과제(II): 교사전문성 개발 지원 체제 구축 방안 연구. 한국교육개발원.